逻 辑 学 教 程

《逻辑学教程》编写组　编著

主　编　王建伟　陆　媛

副主编　李勇进　和万传

参　编　李　龙　赵兴源　翟希贤

西安电子科技大学出版社

内 容 简 介

逻辑作为一门基础性学科，在人们现实思维和认识过程中起着不可替代的重要作用。本书以传统逻辑学内容为主，辅以适当的数理逻辑知识。

本书共分为 11 章。第一章介绍逻辑学的研究对象，逻辑学的学科任务。第二章介绍概念的本质，概念的基本特征，概念的种类及其语言表达形式，概念之间的关系。第三章介绍直言命题的实质、特征、真假关系以及命题中的项的周延性问题，直言命题的逻辑性质，对当关系和命题变形推理，以及三段论推理的基础知识。第四章介绍关系的逻辑性质，关系命题的结构及其与性质命题的区别，关系推理的基础知识及演算。第五章介绍模态命题，模态推理的本质、类型以及几种模态推理的规则。第六章介绍复合命题的实质、特征与种类及以复合命题为前提的演绎推理的各种形式结构与规则。第七章介绍命题逻辑判定推理有效性的方法。命题自然推理的规则及推导等。第八章介绍普通逻辑基本规律的内容和要求，逻辑规律的客观性质和关系在人的思维中的反映。第九章介绍归纳推理在认识过程中的地位，归纳推理的基本知识，探求因果联系的五种逻辑方法各自的特点和作用。第十章介绍假说的形成与检验的基本知识，以及假说对于科学理论发展的极端重要的意义。第十一章介绍论证和反驳的组成、种类及其规律、规则，正确地理解和把握各种论证和反驳的方法。

本书是为高校文理科相关专业开设逻辑学基础课程所编写的教材，可作为高等院校文、理科各类学生的教学用书，也可作为公务员、工程硕士、MBA、MPA 类考生考试参考用书。

前　言

随着科学技术的革命及相关学科的发展，逻辑学学科体系得到了极大充实和发展，现代科学技术革新离不开作为科学基础的逻辑学理论，逻辑学正在广泛地渗透到几乎所有科学技术领域，日益显现出重大的理论意义和实用价值。

在新的历史条件下，为配合中国经济社会大发展的现实需要，学界已经在努力地改变过去一段时间逻辑学学科被边缘化的不利局面。近几年，逻辑学的教学及科研都取得了很大成绩，有了长足的进步。如今，人们对其重要性越来越重视，从教育层面看，国内许多高等院校的相关专业都开设有逻辑学课程，逻辑学的重要地位正得以逐步确立。

为了更好满足高等教育对逻辑学教学的新需求，加强高校间的学术交流，促进高校逻辑教学水平不断提高，更好地获得逻辑学所提供的那些有益的思维方式，彻底地理解逻辑学的关键概念，把这些逻辑思维应用于实际的情形，出于这样的考虑，我们编写了此书。本书讲述了传统逻辑的最基础内容，之后分别设专章、专节简介各种逻辑类型，主要以传统逻辑为主，同时辅之以适当的数理逻辑知识和符号。因此，本书不仅是对逻辑思维能力培养与训练的基础教材，也为学习各种现代逻辑提供了必需的预备知识。为了避免内容上的晦涩，书中尽可能采用最直白的语言来解释基本原理、观点、产生谬误的原因、谬误的形式等基础的逻辑问题，同时在内容编排上对传统逻辑进行了较全面的分析和讲解。全书共 11 章，主要内容包括绪论、概念、各类命题及其推理、普通逻辑的基本规律、论证与谬误等，并在各章内容后配以相应的思考题和练习题。各章均增加解题思路及示范的内容，以有效引导读者通过练习题的解答自觉进行逻辑思维的训练。本书既可作为高等院校非逻辑学专业大学生、专科生的教材，也可作为有关工作人员和广大逻辑学爱好者的参考读物。

由于参编人员较多，这种情况下，书中各章节必然出现深浅不一、借鉴不当、不够严谨以及疏漏之处，虽已尽力审改，也不得不强调文责自负。本书各个章节编写分工为：第一章由和万传编写；第二章由李勇进编写；第三章由陆媛编写；第四章由翟希贤编写；第五章由王建伟编写；第六章1、2、3节由王建伟编写；第六章4、5节由陆媛编写；第七章由王建伟编写；第八章由赵兴源编写；第九章由赵兴源编写；第十章由翟希贤编写；第十一章由李龙编写。

本书在编写过程中参考了同类书籍的相关内容，吸纳了同行老师们的真知灼见，同时也得到一些老师和同学的大力支持，他们为本书整理及表格符号的调整做出了大量工作，在此一并致以诚挚的谢意。

由于编者水平所限，自知不足之处在所难免，真诚期望得到各位读者的批评指正。

编　者

2014 年 6 月

目　　录

第一章 绪 论

第一节 逻辑学的起源与发展

"逻辑"一词乃英文 Logic 的音译，源于希腊文，原意指思想、理性、规律等。古代西方学者用"逻辑"一词来指称研究推理论证的学问。中国古代和近代学者曾用"名学"、"辩学"、"名理"、"论理学"等表示"逻辑"，到 20 世纪，中国学界逐渐通用"逻辑"这一译名。

在现代汉语里，逻辑有四种不同层次和角度的含义：(1) 表示客观的规律性。如：这并不符合生活逻辑；(2) 表示思维的规律性或规则。如：这句话不合逻辑；(3) 某种特殊的理论、观点或说法。如：强盗逻辑无处不在。(4) 研究思维形式及其规律的学科。如：人们要学一点逻辑。

逻辑学按其历史发展阶段和类型的不同，可以分为传统逻辑和现代逻辑。

一、传统逻辑的产生与发展

逻辑学是一门古老的科学，它已经有两千多年历史。传统逻辑的发源地是古代的中国、印度和希腊。

早在春秋战国时期，中国的逻辑思想就有很大发展，并涌现出众多代表人物及其学说。惠施、公孙龙、墨子、荀况、韩非等人是典型代表。中国古代的逻辑学，在历史上被称为"名学"、"辩学"，总称"名辩之学"。中国古代逻辑思想主要体现在《墨经》和《正名篇》中。

古代印度的逻辑学称为"因明学",大约在公元一世纪出现。代表作是《胜论经》和《正理经》。"因"指理由、原因,"明"指智慧和知识。因明源于佛学,因此也称"佛家逻辑"。因明学的代表著作是陈那的《因明正理门论》。

古代希腊是逻辑学的主要诞生地。公元前五世纪出现了"智者派"。古希腊学者亚里士多德对逻辑学进行了全面研究,并且在历史上建立了第一个演绎逻辑系统。代表作是《工具论》。当时,逻辑学称为"分析学"或"论辩学"。亚里士多德明确提出并表述了矛盾律和排中律,同时也涉及到同一律。

在亚里士多德之后,古希腊的斯多噶学派着重研究假言命题、选言命题、联言命题以及由它们所组成的推理形式,提出不同类型推理的规则和逻辑公式,充实了亚里士多德逻辑学说的内容。

欧洲中世纪,西班牙彼得的《逻辑大全》对一些逻辑问题进行新的探讨,研究了语义悖论及其解决方法等。

17 世纪,英国哲学家弗兰西斯·培根提出归纳法,奠定了归纳逻辑的基础。培根的主要著作是《新工具》。在这部著作中,培根批评了亚里士多德的演绎逻辑,陈述了"三表法"和"排除法"。

18 世纪到 19 世纪,德国古典哲学家康德首次使用"形式逻辑"这个名称,他对逻辑的一些看法对后世有一些影响。

此后,英国哲学家约翰·穆勒继承并发展了培根的归纳逻辑,系统阐述了寻求现象间因果联系的五种方法,即契合法、差异法、契合差异并用法、共变法和剩余法,即"穆勒五法",它丰富了传统逻辑的内容。

逻辑学的思维方式对西方科学和民主精神产生了巨大影响。

二、现代逻辑的兴起和发展

有的学者把"现代逻辑"称为"数理逻辑"或"符号逻辑"。

现代逻辑主要运用人工语言，即符号语言建立形式系统。

17世纪末，德国哲学家莱布尼兹提出用数学方法处理演绎逻辑的思想。1847年，英国数学家布尔建立"逻辑代数"，把莱布尼兹的逻辑思想变成了现实，成为数理逻辑的早期形式。20世纪初，罗素和怀德海建立命题演算和谓词演算，使数理逻辑进一步系统和完善。本世纪30年代初，歌德尔证明的两条不完全性定理标志着数理逻辑发展到了一个新阶段。40年代以来，数理逻辑得到迅速发展，其一是集合论、证明论、递归论和模型论应运而生并得到发展；其二是二值外延逻辑向非二值或非外延逻辑发展，出现模态逻辑、时态逻辑、道义逻辑、多值逻辑、相干逻辑、模糊逻辑等。

在数理逻辑得到发展的同时，辩证逻辑的理论和体系开始建立起来。德国古典哲学家黑格尔研究人类辩证思维的形式和规律，提出第一个辩证逻辑体系。19世纪中叶以后，马克思、恩格斯和列宁对辩证逻辑有许多精辟论述。

同时，归纳逻辑也有新发展，归纳方法与概率统计方法结合，并且运用了数理逻辑的工具。凯因斯、赖兴巴赫、卡尔纳普等人对归纳逻辑作出了重要贡献。

20世纪70年代前，现代数理逻辑越来越趋于形式化，它离人的生活越来越远，人们期盼逻辑学的回归，美国学者就提出逻辑研究要回归生活。

第二节 逻辑学的研究对象

一、思维及其形式

思维，是看不见摸不着的一种思想过程。《现代汉语词典》解释为：在表象、概念的基础上进行分析、综合、判断、推理等认识活动的过程。思维是人类特有的精神活动，是从社会实践中产生的。思维分为逻辑思维和形象思维。逻辑学的研究对象是思维。这种思维指的不是形象思维，而是逻辑思维、抽象思维。

思维具有间接性、概括性和依赖性等特点。思维并不直接反映现实，它已经经过人脑的加工，失去了具体可感的形象。即使是形象思维也经过了大脑的过滤和加工，已经面目全非。间接性，也就隐含了概括性，表述出来的思维总是概括的，它不可能原模原样再现对事物的认识过程。同时，思维要通过媒介来表现，而语言是表现思维的最重要工具。思维依赖语言来表现。

思维与语言密不可分。思维通过语言来存在和体现。没有语言，思维无以表现。没有思维，语言即为胡言乱语，同样难以发展。思维是语言的内容，语言是思维的载体。从某种意义上讲，逻辑研究的是语言。但语言一般有人工语言和自然语言之分，普通逻辑研究的对象是自然语言。换句话说，思维的形式就是语言的形式。语言形式一般可分为概念、命题、推理等。

二、逻辑形式与逻辑规律

任何事物都有它的内容和形式。思维也有内容和形式之分。思维内容就是指思维所反映的特定对象及其属性；思维形式就是指思维内容的反映方式，即概念、命题和推理等。命题和推理所具有的结构，就是思维的逻辑形式。下面举例说明，例如：

① 爽！

这是用一个概念表示思维的形式。

② 地球是圆的。

这是用一个命题来表示思维的形式。

③ 一切正义的事业都是会胜利的，

　我们的社会主义事业是正义的事业，

　所以，我们的社会主义事业是会胜利的。

④ 所有金属都是导体，

　　所有铜都是金属，

　　所以，所有铜都是导体。

例③和例④是两个推理，它们的具体内容不相同，但仔细分析一下，它们的形式结构相同。它们都有三个不同的命题，其中包含有三个不同的概念。我们以 M、P、S 分别表示上述两个推理中那三个不同的概念，它们的逻辑形式即为：

　　所有的 M 都是 P，

　　所有的 S 都是 M，

　　所以，所有的 S 都是 P。

这种推理形式在普通逻辑中占重要地位。用这种推理形式能从真实前提必然推出真实结论。

由上面所述可知：任何一种逻辑形式都包含有两个组成部分：一是逻辑常项，一是变项。逻辑常项指逻辑形式中不变部分，在同一种逻辑形式中都存在，它是区分不同种类逻辑形式的唯一依据；变项则指逻辑形式中可变部分，在逻辑形式中可以表示任一具体内容，变项中不管代入何种具体内容，都不会改变其逻辑形式。例如．在"所有 S 都是 P"这一逻辑形式中，S 和 P 所表示的概念的具体内容是可以变换的，我们可以用任何一个概念去替换它。因此，S 和 P 是变项。与此相反，"所有"和"都是"在这种逻辑形式中都存在，不能任意改变，因此，"所有"和"都是"是逻辑常项。

在逻辑学所研究的逻辑形式中，推理形式是它的主体。命题是推理的组成部分，是构成推理的要素，普通逻辑研究命题形式是为分析推理形式提供依据的。概念是命题的组成部分，是构造命题的要素，普通逻辑研究概念是出于准确地分析命题形式的需要，归根到底，也是为分析推理形式提供依据的。

逻辑学除了研究以推理形式为主体的各种逻辑形式以外，还研究正确运用逻辑形式所必须遵守的基本的逻辑规律。即：同一律、矛盾律和排中律。这三条规律既是对正确运用逻辑形式的概括，又是为正确运用逻辑形式服务的，只有遵守这三条规律，才能使思维具有确定性、一贯性和明确性，它们是人们进行正确思维的必要条件。

逻辑学除了研究思维的逻辑形式及其基本规律之外，还研究人们在思维和认识的过程中经常用到的一些简单的逻辑方法，例如定义、划分等等。

根据以上所述，关于逻辑学的对象，我们可以作如下概括：逻辑学主要研究思维的逻辑形式，同时也研究思维的逻辑规律和简单逻辑方法。

第三节　逻辑学的学科任务

一、必然性推理及演绎论证的有效性

在研究推理时，普通逻辑一般把推理分为两类：一类是必然性推理，即演绎推理；一类是或然性推理，包括归纳推理和类比推理。这两类推理性质不同：演绎推理，前提与结论之间的联系是必然的，而归纳推理和类比推理，从前提到结论的过渡是或然的。所以，普通逻辑研究推理的主要任务是，保证演绎推理形式的有效性，提高归纳推理和类比推理结论的可靠性。

在一个演绎推理中，当所有前提为真时，其结论必然为真。这样的演绎推理形式就是有效的，否则，便是无效的。例如：

① 所有的金属都是导电的，

　　铁是金属，

　　所以，铁是导电的。

② 所有的石头都有重量，

所有的动物都有重量，

所以，所有的动物都是石头。

在这两个推理中，例①前提都真，结论也真，而且结论是由前提必然推出的，因此，该推理有效；例②前提都真，结论却假。因此，该推理无效。

推理的有效性，指的是推理形式的有效或无效，它只与推理形式有关，而与推理前提的内容的真假无关。例如：

③ 所有金属都是固体，

所有的铁都是金属，

所以，所有的铁都是固体。

④ 所有金属都是固体。

所有的汞都是金属，

所以，所有的汞都是固体。

在这两个推理中，例③的前提有一个是假的，例④不仅前提有一个是假的，而且结论也是假的。但是，从推理形式看，例③和例④都是有效的。它们同例①具有同样的推理形式。这说明，推理的有效性属于推理形式问题，不受前提或结论真假的影响。

但是，一个推理要保证得到一个真实结论，不仅要求推理形式有效，而且要求推理前提真实，二者必须皆备。在上述各例中，例②前提真实，但结论虚假，其原因在于推理形式无效；例③和例④推理形式都是有效的，但是它们的结论有的真，有的假，其原因在于它们包含有虚假的前提；唯有例①的前提真实，并且推理形式有效，因此，它的结论必然真实。

真实前提是获得真实结论的一个必要条件，但是，逻辑推理并不能保证前提真实。普通逻辑只能解决推理有效性问题，它告诉人们什么样的推理有效，怎样才能实现有效推理，以及如何检验一个推理有效还是无效。

二、或然性推理及归纳证明的可靠性

或然性推理，是在真前提下只能或然地(并非必然地)推出真结论的推理。主要有简单枚举归纳推理和类比推理。

在归纳推理和类比推理中，前提与结论之间的联系不是必然的，而是或然的，即使前提都真，结论也未必真，前提只能为结论提供一定程度的支持。例如：

A 车间生产效率高，

B 车间生产效率高，

C 车间生产效率高，

D 车间生产效率高，

(A、B、C、D 是某工厂的部分车间)

所以，所有车间都生产效率高。

这是一个归纳推理。在这里，所有前提都是真实的，但却不能保证结论一定真实，它的真实前提只是为结论的真实提供了一定程度的支持。支持程度越大，结论可靠性程度越高。

逻辑学在研究归纳推理和类比推理时，主要是解决如何提高其结论的可靠性程度的问题，即寻求提高其可靠性程度的逻辑要求。

第四节　逻辑与语言的关系

一、逻辑形式与语言形式

逻辑与语言之间的关系十分密切。逻辑的研究对象是思维，而思维与语言密不可分。不管是思维活动的产生，还是思维活动的实现以及思维结果的表达与扩散，都要借助语言。"语言是思维的直接现实"，没有语言，思维无法呈现。

　　思维与语言之间的紧密关系，具体表现为思维的逻辑形式与语言形式联系紧密。概念、命题和推理的表达，要借助于语词和语句，没有语词和语句，概念、命题和推理就无法表达。例如，"鸡"、"植物"、"资本主义"等概念是用语词来表达的："所有的鸟都有嘴巴"、"有的金属不是固体"等命题是用语句来表达的；还有些推理是用复句表达的。

　　因此，在研究思维的逻辑形式时，普通逻辑一刻也离不开语言形式。尽管逻辑学只研究思维的逻辑形式，不研究思维的语言形式，但是逻辑学对逻辑形式的认定必须借助于对语言形式的分析和研究，它通过对语言形式的分析来实现对逻辑形式的研究。

　　当然，虽然逻辑形式与语言形式联系密切，但也不能忽视它们之间的区别。逻辑形式，是指不同思维内容所具有的共同结构；语言形式，则是指某种语言的表达方式，二者并不等同。具体说，其主要区别是：第一，同样一种逻辑形式可用不同语言形式表达。例如，"所有 S 都是 P"这一命题形式，可以用"所有的金属都是导电的"、"没有一个天才不是勤奋的"等不同的语言形式表达；第二，同样一个语言形式在不同场合却能够表达不同逻辑形式。比如，"他下课了"，可以指"他讲课结束了"，也可以指"他听课结束了"，还可以指"他的教练生涯结束了"。

　　因此，在研究思维的逻辑形式时，我们必须注意它与语言形式的区别。通过分析语言形式可以研究逻辑形式，但又不能把语言形式同逻辑形式混为一谈。

二、自然语言与人工语言

　　语言是人类认知世界及进行表述的方式和过程。它是一套音义结合的符号系统，是人们进行交际的重要工具。语言可分为自然语言与人工语言。自然语言是在社会发展中约定俗成的、人们表达日常思维的语言，如汉语、英语、德语、法语等各民族语言都是自然语言。自然语言丰富繁杂，具有极强表现力。人类各种知识的记载、保存和传播主要借助自然语言实现。但是，自然语言有其天生缺陷，即它带有很大程度的多义性和模糊性，从而造成自然语言不够精确，人们有时难以把握其确切含义。人工语言是为了达到某种目的而在自然语言基础上构造的表意符号系统，又称为符号语言。在这种语言中，用特定的符号表达它所要表达的思想内容，用公式表达对象间的某种关系。人工语言具有单义性，它没有自然语言丰富，也没有自然语言的表现力，然而它避免了多义性和模糊性，增强了精确性、简洁性等。例如，将"所有的物种都是进化的"、"如果下雨了，那么地上会湿"分别记为：

"$\forall x(S(x) \rightarrow P(x))$"

"$p \rightarrow q$"

这里就是使用人工语言表示命题。

同一个命题或推理，它的形式可以用自然语言表达，也可以用人工语言表达。例如：

如果今天下午有雨，那么我不去锻炼；

今天下午下雨了；

所以，我不去锻炼。

这个推理的形式可以表达为：

如果 p，那么 q

p

所以，q

也可以表达为：

$((p \rightarrow q) \wedge p) \rightarrow q$

前者用自然语言，后者用人工语言。

传统逻辑有一个显著特点，就是它在表达逻辑形式时，只使用自然语言。现代逻辑不同于传统逻辑，其主要表现之一是它使用人工语言。本书以介绍传统逻辑为主，所以它主要使用自然语言，为了准确把握其逻辑形式，也介绍了人工语言的相关表达式。

三、对象语言与元语言

人们在讨论问题时，一般使用自然语言。如果讨论对象是语言，我们还是要用语言这种工具，这样就涉及两种语言了。现代逻辑把它们加以区分，分别称为对象语言与元语言。所谓对象语言，就是作为讨论对象的语言。所谓元语言，就是用来讨论对象语言的语言。例如，我们在课堂上用英语讲授汉语，这时，所讲授的汉语就是对象语言，用来讲授汉语的英语就是元语言。又如，在一本用汉语写的俄语语法书中，被讨论的俄语是对象语言，用来讲解俄语的汉语就是元语言。

元语言相对对象语言而确定，讨论元语言的语言是元元语言。一般说来，元语言的语言要比对象语言丰富，而且有更强的表达力。有时，对象语言与元语言不必不同，即它可以既是对象语言又是元语言。例如，我们是用英语来讲解英语语法，那么英语就既是对象语言，又是元语言。

现代逻辑重视对象语言与元语言的区分，因为这种区分对于避免和克服语义悖论有很大帮助。普通逻辑并未严格区分对象语言与元语言。

第五节　学习逻辑学的意义

一、逻辑学的性质

逻辑学的研究对象是思维的逻辑形式及其规律。在思维活动中，思维的逻辑形式和思维的内容紧密结合，无法截然分开。没有思维的内容，思维的逻辑形式就没有存在的必要；没有思维的逻辑形式，思维的内容也就无法反映和表达。但是，人们在逻辑研究中可以把思维的逻辑形式从思维内容中抽离出来，只研究思维的逻辑形式。所以，我们认为，逻辑学是一门具有高度抽象性的科学。从这个角度看，它和某种语言的语法很相似。语法是词、短语、句子等语言单位的结构规律。逻辑学在研究概念、命题和推理时，也具有和语法一样的特点。因此，有人把逻辑称作"思维的语法"。

逻辑学的研究对象决定了它还是一门具有工具性质的科学。具体地说，逻辑学使人们深入了解认识事物、表述论证思想时经常运用的逻辑形式和逻辑规律，达到正确认识和严密论证的目的。因此，逻辑学既是认识事物的工具，又是论证假设的工具。

二、学习逻辑学的意义

学习逻辑学的意义在于，通过对逻辑学基本知识的学习和应用，训练和提高人们的思维能力，开发智能，促进人们对自己和世界的理解，为大学生以后进入社会做好良好的逻辑知识储备。

具体说来，学习逻辑学的意义有这样几个方面：

(1) 学习逻辑学可以给人们提供必要的思维工具。

在实践中，人们要思考问题，认识事物。我们在思考问题、认识事物的时候，一要正确，二要效率。怎样做到这两条呢？首先必须积极投入社会实践，进行调查研究。其次通过学习逻辑学，掌握思维工具，从而提高思维效率。

(2) 学习逻辑学，有助于人们准确表达和论证假设。

写文章应当准确、简明和生动。学习和掌握逻辑学知识，能够帮助人们运用正确的逻辑形式，合乎逻辑地表达和论证假设，达到概念清楚、判断恰当、推理有效，使人们说话写文章中心明确、条理清楚，结构严谨，有说服力。只有这样，人们才能更有效地从事学习和工作。

(3) 学习逻辑学，有助于人们反驳谬误、揭露诡辩。

所谓谬误，主要是指由于违反思维规律而造成的逻辑错误，此外也包括在思维和语言表达中出现的其他错误。学习逻辑学知识，人们就可以运用逻辑规律，有效分析谬误，指出其问题之所在，从而达到维护真理的目的。诡辩也是一种谬误，其特点是：有意利用逻辑错误，颠倒是非、混淆黑白，为错误言论进行辩解，骗取他人支持。因此，一切诡辩不仅反辩证法，同时也反逻辑。

(4) 学习逻辑学，有助于人们学习掌握其他科学知识。

逻辑学研究思维的逻辑形式和规律，它为人们深入分析和理解哲学等其他学科提供有效的逻辑分析工具。具体科学都是由概念、命题和推理构成的逻辑系统。学习逻辑学知识，对于人们准确地把握各门具体科学的逻辑结构及学科间内在联系，将会有很大帮助。

三、学习逻辑学的方法

要学好逻辑学，就要有明确的学习目的。有人认为，不学逻辑还不是照样说话、写文章？当然，有些人没有学过逻辑，他们的言谈、文章也可能合乎逻辑。但是，有的人由于不懂逻辑而常常不自觉地犯了逻辑错误；有的人可能感觉到自己或别人的言论有问题，可由于不懂逻辑而不会分析。如果学了逻辑学，变自发运用逻辑为自觉运用逻辑，那么他们说的话、写的文章就会有更强的说服力量。

要学好逻辑学，就要深入理解和掌握基本逻辑概念和逻辑理论。要充分理解概念的定义，把握逻辑形式特征及表达公式以及它们的规则。在学习和运用中慢慢体会定义、公式、规则。逻辑学是以思维的逻辑形式为主要研究对象的，要表达这些逻辑形式，就离不开特定的公式符号，公式符号可以帮助我们记忆，有利于训练抽象思维能力。

要学好逻辑学，就要多练多用。现在的大学生毕业后多数要参加公务员考试，考题中就有一些逻辑题。学好逻辑学，是考好公务员笔试的一个重要前提。同时，逻辑是一种思维工具，在学习和训练过程中，把学和用结合起来。在日常生活中，要自觉运用逻辑知识思考问题、说话、论辩、写作和工作等。只要我们坚持逻辑思维，在学习和生活中分析话语和文本的逻辑结构，我们的逻辑思维能力就会得到极大提高。

思 考 题

1. 逻辑学的对象是什么？
2. 逻辑与语言有什么关系？
3. 学好逻辑学有什么意义？
4. 怎样学好逻辑学？

练 习 题

一、指出下列各段文字中"逻辑"一词的含义。

1. 强权即公理——这是帝国主义的逻辑。

2. 这需要有能力去解释和说服，不仅用逻辑，同样也要运用情感。

3. 这是乔和他的逻辑！

4. 用当时的逻辑来说，他的血需要冷却一下。

5. 此外，我们想要完全地从逻辑模型分析出那些实现细节，并且在代码生成过程中将它们这些细节作为参数"粘贴进来"。

6. 这是北约进行军事干预的逻辑，但却并不在联合国安理会决议的条款之内。

7. 那么按你的逻辑，人类意识不可能有自己的议事日程。

8. 我不明白支持他论据的是什么逻辑。

9. 马丁对于这一悖论的解释尽管严格说来不合乎逻辑,却似乎是最好的解释了。

10. 具体地说,你的毕业论文符合逻辑。

11. 逻辑与形而上学之间有类似之处。

12. 这种事不能以逻辑来解释。

二、请指出下列各段文字中具有共同逻辑形式的命题或推理,并用公式表示之。

1. 只有努力学习,才能考上大学。

2. 无论多么困难,都要坚持不懈。

3. 不但人长得漂亮,而且聪明。

4. 一边走路,一边唱歌。

5. 不管来不来,总得打个电话告诉我。

6. 只要条件允许,就和她结婚。

7. 不管是刮风还是下雨都坚持每天去上学。

8. 与其坐着干着急,不如打个电话去问一下。

9. 哪怕你不答应,我也要去。

10. 宁可自己委屈点,也不让孩子受苦。

11. 与其在家睡觉,不如出去散步。

12. 如果你努力学习,那么你一定会有所进步。

13. 虽然月亮会发光,但它不是恒星。

14. 成功不是天上掉下来的,而是通过拼搏换来的。

第二章 概　　念

第一节　概念及其特征

一、什么是概念

概念是反映思维对象本质属性或者特有属性的思维形式。

作为思维对象的事物有许多，在自然界，有客观存在的动植物、山川河流以及各种自然现象等。在人类社会，有国家政权、商品交换等。此外在精神领域中，有感觉表象、思想意识、情感意志等。

这些可以被人类所认识的事物，都具有各方面的性质，如形状、性能、颜色、动作、高低、大小等等。此外，这些事物都与其他事物发生一定的关系，如方位关系、因果关系、大于或小于关系等等。事物自身的性质及其与其他事物之间的关系，逻辑上统称为事物的属性。

事物与属性是不可分的，事物都是有属性的事物，属性也都是事物的属性。属性的异同形成了事物的不同种类，具有相同属性的事物组成一类，而具有不同属性的事物则分别组成不同的类。

在一类事物的属性中，有些是特有属性，有些是非特有属性。事物的特有属性就是只为某类事物所具有而其他事物所不具有的属性。根据是否具有这些特有属性，人们可以将一类事物跟其他事物区别开来。例如在人的几种属性中，能思维、会说话、能制造或使用工具进行劳动等，就是人的特有属性，因为只有人具有这些属性，而其他对象不具有这些属性；而有重量、有生命、能自由移动身体等，则是人的非特有属性，因为不仅人具有这些属性，还有其他对象也具有这些属性。

在事物的各种属性中，有一种属性代表某类事物的本质，它决定着事物的性质，并派生出该类事物的其他属性。这种决定一事物之所以成为该事物并区别于其他事物的属性叫做事物的本质属性。而非本质属性就是对该事物不具有决定意义的属性。例如，在人的若干属性中，"能制造或使用生产工具进行劳动"是人的本质属性，人的其他属性如"会行走"、"有皮毛"等均是由这个本质属性派生出来的，不起决定作用。由此可见，事物的本质属性一定是事物的特有属性。

人们对事物的认识，有着一个由浅入深、由表及里、由现象到本质的发展过程。开始，人们通过实践中获得的各种感官刺激去感知对象、取得感性认识，即认识到事物的现象、片面和外部联系。然后，随着社会实践的不断深入，人们的认识也不断向前发展，在感性认识的基础上，运用分析、比较、抽象、概括等方法，逐渐认识到对象的特有属性或本质属性，并借助语词形成概念。

人们对事物的理性认识也是一个不断深入的过程。在认识刚开始的阶段，人们可以凭借把握该类事物的某些特有属性，形成关于该类事物的概念，这些不深刻或不太深刻的概念是初级概念。而伴随着社会实践的不断发展和人们认识水平的不断提高，对事物的认识也不断的深刻，逐渐掌握到事物的其他本质属性，得以形成比较深刻的概念。人们对事物的认识程度决定了形成的概念的深刻程度。

二、概念与语词

概念赋予语词思想内容，语词则是概念反映对象的语言表达形式，这二者关系密切，不可分离。概念的形成和存在离不开语词，任何概念都是通过语词来表达的，这些语词既可以是单音词、多音词，也可以是词组。

由于概念和语词分属不同学科的研究对象，所以，概念与语词之间的关系并不是一一对应的。

首先，概念是一种思维形式，它的内容是客观的，必须依赖语词来表达，但不是所有语词都表达概念。以汉语为例，各种实词(名词、动词、形容词、数量词等)都表达概念，而只有语法意义没有词汇意义的虚词，一般不表达概念。

其次，在同一国家、同一民族的语言中，同一个概念也可以用不同的语词来表达。例如，"宇宙观"和"世界观"、"马达"和"电动机"等。表达同一概念的不同语词叫做同义词。

此外，同一个语词在不同的语境中，可以表达不同的概念。例如，"运动"一词，作为物理学概念，指的是物体的存在形式；作为政治概念，指的是大规模的政治行动；作为日常语，又多指体育活动。

三、概念的特征

概念有自身的内容和确定的对象范围，这是因为概念既反映对象的特有属性或本质属性，同时也反映了具有这种特有属性或者本质属性的对象。由此构成了概念的两个基本逻辑特征：内涵和外延。

概念的内涵就是反映在概念中的对象的特有属性或本质属性。例如"三角形"的内涵就是"在同一平面中由三条互不平行的直线所围成的封闭图形"。

概念的内涵不等于对象本身固有的特有属性。这是因为概念的内涵是一种主观认识，而事物本身的特有属性则是一种客观存在。主观认识与客观存在有时相符，有时则可能不相符。对象的特有属性有的已经被认识，有的可能尚未被认识。另外，事物的特有属性可能是多方面的，而一个概念往往只反映其中的一个或几个特有属性，而并不反映对象的所有特有属性。

概念的外延就是具有概念所反映的特有属性或本质属性的对象，通常称为概念的适用范围。例如，"三角形"的外延包括存在于任何地方的锐角三角形、直角三角形、钝角三角形。

对于概念的外延，当且仅当客观事物被反映到概念之中成为其对象时，才转化为概念的外延。

内涵是概念质的方面的特征，它回答概念"反映了什么对象"的问题；外延是概念量的方面的特征，它回答概念"反映了哪些对象"的问题。

概念的内涵和外延在一定时间、一定范围内是确定的，一个概念之所以区别于另一概念，正是由于两者在内涵和外延方面有着明确的界限，这是概念的确定性。但是，概念又随着客观事物的发展和人们认识的深入而发生变化，不能固定不变，这是概念的灵活性。概念是确定性和灵活性的统一。既不能固化概念，也不能主观任意的改变概念的内容和适用范围，而应该以正确的认识的看待其确定性和灵活性。

第二节　概　念　种　类

一、单独概念、普通概念及空概念

根据外延是否为唯一对象，概念可分为单独概念和普遍概念。

单独概念是反映唯一对象的概念。它的外延只有于一个特定对象。例如："湖南"、"上海"、"广东"，反映的是某一个地方；"1988 年 10 月 1 日"、"2000 年元旦"等，反映的是某一个特定的时间；"云南大学"、"云南省政府"等，反映的是某一个特定的机关单位等等。这些概念都只反映一个特定对象，因此都是单独概念。

语词中的专有名词都表达单独概念。此外，某些词组也表达单独概念，例如："云南第一高峰"、"人均 GDB 最高的国家"等。这些词组所表达的概念都只有一个单独的对象，都是单独概念。

普遍概念是反映两个或两个以上对象的概念。它的外延是由两个或两个以上对象组成的类，所以又叫类概念，例如"国家"、"电脑"、"公司"、"河流"等。这些概念所反映的都是由许多具有共同属性的对象所组成的类，它们都是普遍概念。

从语言角度来说，语言中的普通名词或名词性词组表达普遍概念，如：猫、海、食堂等。动词、形容词所表达的概念，也往往是普遍概念。例如：动词"跳"、"坐"是对某一类对象的某种状态的概括；形容词"巨大"、"漂亮"、"光滑"等是对某一类对象某种性质的概括。这些语词所表达的概念，其外延不是单一的对象，因而都是普遍概念。

概念反映对象的类，一类中的每一个对象，相对于类来说叫做"分子"。有的大类中包含着小类，小类又叫做"子类"。类包括的分子可以很多，也可以是一个甚至没有任何具体的分子。例如，"中国 56 个民族"这个类就是由 56 个分子组成，"世界第一高峰"这个类就是由珠穆朗玛峰这个唯一的分子组成。而与"天堂"、"神仙"这些概念相应的类在客观事实中不存在任何具体的分子，这种分子为零的类叫做"空类"。这种外延为空类的概念就是空概念。

二、集合概念与非集合概念

根据概念所反映的对象是否为同一种事物个体组成的群体，概念可分为集合概念和非集合概念。

客观事物存在两种不同联系：一种是类与其分子的联系，另一种是群体与个体的联系。事物的类和群体是不同的，组成类的分子都具有该类的属性，但是组成群体的个体却不具有该群体的属性。

语词一定要放到一定的语言环境当中，也就是一定要在一个语句当中来分析，才能确认它所表达的概念究竟是一个集合概念还是非集合概念。脱离了语言环境，离开了语句，语词究竟表达一个什么概念是无法确定的。不管是什么语词，只有结合语言环境才能够确认它究竟表达的是一个什么概念。

语言中表达概念的语词既可表达集合概念，也可表达非集合概念，例如："群众"在不同的语句中既可表示没有当领导或没有入党的普通人，也可表示许多普通人组成的整体，前者如"领导没来，只来了几个普通群众"，后者如"党员干部任何时候都不能脱离群众"。

由此可见，一个语词在不同的语句中，既可以表达集合概念，也可以表达非集合概念，因此，区分集合概念与非集合概念，除了要了解集合概念的特点外，还要注意分析语词所处的语言不同环境，简称语境。

三、正概念与负概念

根据概念所反映的特有属性是正属性(即对象具有的某属性)还是负属性(即对象缺少的某属性)，概念可以分为正概念(肯定概念)和负概念(否定概念)。

在思维对象中，有些事物与其他事物的差别(即特有属性)不在于比其他对象多某种属性，而在于比其他对象少某种属性。例如，非组织成员的特有属性是"没有加入组织"，非正义战争的特有属性是"不具有正义性"等。这种相对缺少的属性叫做负属性。反映负属性(即反映对象不具有某属性)的概念就是负概念。"非组织成员"、"非正义战争"、"未完成"等概念，都是负概念。

从语言角度来说，表达负概念的语词一般带有"非"、"不"、"无"、"未"等否定词，这是区别负概念和正概念的外部语言标志。但不是所有带有"非"、"不"、"无"、"未"等否定词的都是负概念,例如"无产阶级"、"不丹"、"未名湖"等。

事物在具有某些属性的同时也必然不具有另一些属性。所以,对同一对象既可以从它具有的某种属性这一角度形成正概念,也可以从另一角度去反映它不具有某种属性,形成负概念。例如,运动,反映其具有匀速性质的,可以形成正概念"匀速运动";也可以反映其不具有的性质,形成负概念"非变速运动"。突出具有某属性就选择正概念,强调不具有某种属性就运用负概念。

负概念与它对应的正概念处在一个特定的范围之内,这个范围就是二者的外延之和,逻辑上叫做负概念的"论域"。例如:"非正义战争"的论域是战争,"无理数"的论域是实数。

上述对概念的几种分类,是从不同角度划分的。任何一个概念都可以根据不同标准归入相应的类别。

第三节 概念间的外延关系

逻辑所讨论的概念间的关系仅仅是概念外延间的关系,它是客观对象之间一种最普遍的关系——同异关系在思维中的反映。根据两个概念的外延有无重合部分或重合部分的多少,概念间的关系可分为全同关系、真包含关系、交叉关系、全异关系。

一、全同关系

如果 A 与 B 两概念的外延完全重合,即概念 A 的全部外延都是概念 B 的外延,并且概念 B 的全部外延也都是概念 A 的外延,那么,概念 A 与概念 B 之间的关系就是全同关系。例如:

A	B
昆明	云南省省会城市
《纯粹理性批判》的作者	伊曼努尔·康德
世界屋脊	青藏高原

在以上例子中，A 与 B 两个概念之间的关系就是全同关系，各例中的两个概念的外延是完全重合的。

概念间的全同关系，可用图 2-1 表示。汉语中经常用"……是……"或者"……既是……"来表达概念的全同关系，例如："昆明是云南省省会城市"。如果两个概念具有全同关系，那么在一个判断中或者对话写作的上下文中可以交换使用，这是符合逻辑规律的。由于全同关系概念从不同方面反映全同关系对象的不同属性，因此在语言表达中用全同关系概念来指称某对象，不仅可以避免语言单调重复，而且可以从不同侧面充分揭示对象的特有属性。

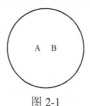

图 2-1

需要注意的是，全同关系概念是两个概念，它不同于表达同一概念的等义词。例如，"土豆"与"马铃薯"是等义词，它们不仅外延相同，而且内涵也相同，因而表达的是同一个概念，而不是全同关系的两个概念。

二、真包含于关系

如果概念 A 的全部外延仅仅是概念 B 的外延的一部分,即概念 A 外延小，概念 B 的外延大，所有的概念 A 外延都包含在概念 B 的外延里，那么，概念 A 与概念 B 之间的关系就是真包含于关系(概念 A 真包含于概念 B)。例如：

A	B
昆明	云南省城市
中学生	学生
正方形	四边形

在以上三例中,概念 A 与概念 B 之间的关系就是真包含于关系。概念 A 的外延全部被概念 B 包含, 概念 A 的外延只是概念 B 外延的一部分。

概念间的真包含于关系, 可用图 2-2 表示。

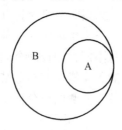

图 2-2

以"正方形"和"四边形"为例, "四边形"这个概念外延大, "正方形"这个概念外延小, 而且"正方形"这个概念的全部外延都包含在"四边形"这个概念的外延中, 所以, 在这两个概念之间, 前者包含于后者。

用代入法能够准确地判定两概念是否具有真包含于关系: 将两概念代入"所有 A 是 B, 有的 B 不是 A"的公式, 如果能令两判断为真, 则 A 真包含于 B; 否则就不具有真包含于关系。

三、真包含关系

如果概念 A 的部分外延是概念 B 外延的全部, 即有的概念 A 的外延不是概念 B 的外延, 但所有的概念 B 的外延是概念 A 的外延, 那么, 概念 A 与概念 B 之间的关系就是真包含关系(概念 A 真包含概念 B)。例如:

A	B
电脑	联想电脑
增长	经济增长
篮球运动员	NBA 篮球运动员

在以上三例中，前一个概念与后一个概念两个概念之间的关系就是真包含关系。前者的部分外延是后者的全部外延，将其全部包含。

概念间的真包含关系可用图 2-3 表示。图中 A 表示外延大的概念，B 表示外延小的概念，而且 A 包含 B。

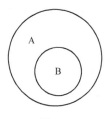

图 2-3

概念间的真包含于关系和真包含关系是相对的，如果 A 真包含于 B，则 B 就真包含 A；反之亦然。在具有真包含于和真包含关系的一对概念中，外延较大的概念叫做属概念，外延较小的概念叫做种概念，所以，真包含关系又叫做属种关系；真包含于关系又叫做种属关系。通常把真包含关系和真包含于关系统称为属种关系。

从概念的外延关系来看，概念的属种关系是一个类与它的一个子类的关系；从概念所反映的对象来看，具有属种关系的两个概念所反映的对象是一般与特殊的关系。类与子类的关系、一般与特殊的关系都不同于事物整体和部分的关系，每一个子类都有类的属性，每一个特殊也有一般的属性，但是事物整体的属性却不是部分所必有的，因此，不能把事物的整体和部分的关系与属种关系混为一谈。

四、交叉关系

如果 A 与 B 两概念的外延都仅有一部分彼此重合，即有如果 A 概念只有一部分外延与 B 概念的外延重合，且 B 概念也只有一部分外延与 A 概念的外延相重合，那么，A 与 B 之间的关系就是交叉关系。例如：

A	B
工人	共产党员
运动员	男人
学生	青年人

以上三个例子里的每对概念之间都是交叉关系，它们之间有且只有部分外延相重合。

概念的交叉关系可以用图 2-4 表示。图中 A、B 两个概念的外延有部分相同，也各有一部分不相同。

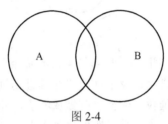

图 2-4

以上全同、真包含于、真包含和交叉等四种概念间的关系，有一个共同特点，即至少有一部分外延是重合的。逻辑上把这四种关系统称为概念间的相容关系。

五、全异关系

全异关系指的是两个概念的外延没有任何一部分是重合的关系，即如果概念 A 的外延与概念 B 的外延没有重合部分，概念 B 的全部外延也不与概念 A 的外延重合，那么，A 与 B 之间的关系就是全异关系。全异关系又叫不相容关系。例如：

A	B
杯子	手机
足球	面条
负数	自然数

以上每行两个概念之间外延没有任何部分相重合，它们之间的

关系就是全异关系。

概念间的全异关系可以用图 2-5 来表示。图中 A、B 两个概念的外延没有任何部分重合。

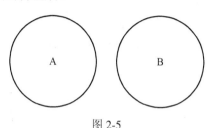

图 2-5

具有全异关系的两个概念，有时候属于同一论域，例如"负数"和"自然数"，也有属于不同论域的。对于同一论域而言，概念的全异关系可以分为：矛盾关系和反对关系。

(一) 矛盾关系

如果两个具有全异关系的概念同时也包含于一个属概念中，并且它们的外延之和等于其属概念的外延，那这两个概念就是矛盾关系。例如：

A	B
金属	非金属
正义战争	非正义战争
社会主义国家	非社会主义国家

从上面所举的例子可以看出，各行两个概念的外延完全不同，但都包含于一个属概念之中，而且其外延之和等于属概念的外延。以"正义战争"和"非正义战争"来说是在战争的范围内，不是正义战争就一定是非正义战争，中间没有第三种情况。

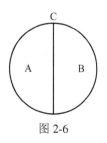

图 2-6

矛盾关系可用图 2-6 来表示。图中 A、B

两个概念外延没有任何重合的部分，都包含于属概念 C，且 AB 外延之和等于 C 的外延。

(二) 反对关系

如果两个具有全异关系的概念同时包含于一个属概念中，且外延之和小于其属概念的外延，则这两个概念就是反对关系。例如：

A	B
大学生	中学生
负数	正数
鲢鱼	鲫鱼

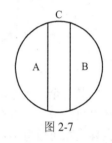

图 2-7

反对关系可以用图 2-7 表示。反对关系的概念之间存在中间项，因此在它们共同的邻近属概念的范围之内，不能进行非此即彼的推演。例如，由一个数不是正数，不能推断它是负数，因为存在着第三种情况——零。

在人们的思维中，涉及到的概念可能是两个、三个甚至更多概念之间的关系。这时仍然按照上述方法，先考察两个概念之间的关系，然后再考察另外两个概念之间的关系，依次进行。

了解概念间的各种关系，对于掌握各类概念的逻辑特征，准确地运用概念，防止发生乱用概念的逻辑错误，具有重要的意义。

第四节　定　义

一、什么是定义

定义是揭示概念内涵的逻辑方法。给概念下定义，就是用最简洁的语句揭示概念所反映的对象的特有属性；对科学概念下定义，也就是揭示对象的本质属性。例如，逻辑是研究思维形式的结构、正确思维的规律和常用的思维方法的科学。这就是给逻辑下定义，揭示了逻辑这一概念的内涵。

定义由被定义项、定义项和定义联项三部分组成。被定义项就是被揭示内涵的概念，如上文所举的例子"逻辑"，定义项就是用来揭示被定义项内涵的概念。如上例中被定义项后面的用偏正词组表达的概念。定义联项就是表示被定义项和定义项之间的必然联系的判断词，如上述例中的"是"。

我们用 Ds 表示被定义项，用 Dp 表示定义项，定义的结构可以用公式表示如下：

　　Ds 就是 Dp

二、下定义的方法

要作出一个科学的定义，必须掌握有关的知识，了解概念所反映的对象的特有属性或本质属性。

定义有属加种差定义和语词定义之分。

(一) 属加种差定义

属加种差定义法作为最常用的定义法，其一般方法如下：要给概念 Ds 下定义，就先确定 Ds 的邻近属概念 P(实际上就是对 Ds 进行一次概括)，然后找到 Ds 与 P 类其他对象的差别(即 Ds 所指对象的特有属性，逻辑上称为"种差")，并将两者的差别与 P 构成偏正词组以作为定义项。例如，要给"商品"下定义，应先确定"商品"的邻近属概念为"劳动产品"，然后将商品与其他劳动产品加以比较，找到它们的差别是"为交换而生产的"，将二者构成偏正词组"为交换而生产的劳动产品"作为定义项，于是一个完整的定义即告完成："商品就是为交换而生产的劳动产品。"这种先确定属概念再找种差的定义方法就叫做"属加种差定义"。用属加种差的方法可以给绝大多数概念下定义。

属加种差定义方法的逻辑公式为：

$$被定义项 = 种差 + 邻近属概念$$

种差就是被定义项所指对象的某种特有属性。事物的特有属性是多方面的，因此，确定种差的方法也是多样的。在定义中，作为定义项构成部分的"种差"常有以下几个类型：

(1) 性质种差——所揭示的内涵是某类事物所特有的性质。例如：人就是能够制造和使用生产工具的动物，法人就是根据法律参加民事活动的组织等。

(2) 形成种差——所揭示的内涵是某类事物所特有的产生或形成的过程。例如：水是由 2 个氢原子和 1 个氧原子化合而成的化合物。日蚀是因运行到地球与太阳之间的月球的遮挡而形成的太阳暂时失光的天文现象。

(3) 关系种差——所揭示的内涵是某类事物与它类事物所特有的关系，例如：负数就是小于零的实数。直系亲属是指和本人有直接血缘关系或婚姻关系的人。

(4) 功用种差——所揭示的内涵是某类事物所特有的功用。例如：血压计就是用来测量血压的仪器。商品就是用来进行交换的劳动产品。

上述四种揭示种差的方法，都属于真实定义，也称事物定义，实质上都是属加种差的定义方法。这种定义是最常用的，但它也有局限性，对单独概念和哲学范畴就难以采用或不能采用这种方法下定义。单独概念所反映的是独一无二的个别事物，要区别个别事物需要掌握它的很多属性，更难以用简练的句子揭示其本质属性，因而对单独概念我们常用特征描述的方法来说明它。哲学范畴的外延是最大的类，没有比它外延更大的属概念，因此不可能采用属加种差的方法下定义。

(二) 语词定义

语词定义是揭示语词所表达的意义的定义，语词定义可分为说明的语词定义和规定的语词定义。

1. 说明语词定义

说明的语词定义就是对已有确定意义的语词给以说明。例如，"乌托邦"原为希腊语，"乌"是没有，"托邦"是地方，"乌托邦"是指没有的地方，也就是一种空想、虚构。这就说明了"乌托邦"词义的语词定义。

2. 规定语词定义

规定语词定义就是对某个语词的特殊含义或特别用法作出规定性的解释。被定义的语词多为新出现的语词，或是在某种特殊意义上使用的语词。例如，"新四化，就是中国特色新型工业化、信息化、城镇化和农业现代化。"这就是规定的语词定义。

三、定义的规则

(一) 定义必须是相应相称的

定义必须是相应相称的，就是指定义项的外延和被定义项的外延应是相同的。虽然外延相同的概念可以具有不同的内涵，但是，外延不同的概念绝对不会具有相同的内涵。因此，如果定义项的外延与被定义项的外延不同，它就必然没有准确揭示被定义项的内涵。

违反这条规则，就会犯"定义过宽"或"定义过窄"的逻辑错误。"定义过宽"是指定义项的外延大于被定义项的外延。"定义过窄"是指定义项的外延小于被定义项的外延。例如：

① 普通逻辑就是研究思维的科学。

② 秘书就是在党政机关为领导提供辅助管理、综合服务的工作人员。

例①犯有"定义过宽"的逻辑错误，因为研究思维的科学除普通逻辑外，还有哲学、辩证逻辑、心理学、脑生理学等科学，定义项"研究思维的科学"的外延大于被定义项"普通逻辑"的外延。例②犯有"定义过窄"的错误，因为它将在企事业单位、社会团体工作的许多秘书人员排除在"秘书"的外延之外，定义项的外延小于被定义项"秘书"的外延。

(二) 定义项中不得直接或间接包含被定义项

人们之所以要给概念下定义，是因为这个概念的内涵本来是不明确的，需要用定义的方法加以揭示。如果定义项中直接包含了被定义项，等于说在用一个内涵不明确的概念给它自己下定义，当然不能起到准确揭示概念内涵的作用。这种错误的定义叫做"同语反复"。例如：比喻就是用比喻的方法来增强语言形象性的一种常用修辞格。该例中用"比喻"来解释"比喻"，不能说明"比喻"与其他修辞格的差别，因而是个无效定义。

有的定义的定义项虽然不直接包含被定义项，但定义项中却包含有不够明确的概念，而要解释清楚这个概念，又必须用被定义项。这种定义就叫做"循环定义"。例如：人就是有理性的动物。在这个定义中，"理性"是一个比"人"更难理解的概念，人们不理解"理性"的意思，也就不能理解这个定义。于是定义者就对"理性"作了如下的解释(定义)："所谓理性，就是人的大脑所特有的思维功能。"这等于是在用两个都不明确的概念互相下定义，这种"循环定义"当然是无效的。

(三) 定义一般用肯定的语句形式和正概念

给概念下定义的目的是要揭示概念的内涵，指出被定义项所反映的对象的特有属性或本质属性。如果在定义中使用否定的语句形式，不是用正概念而是用负概念，则达不到下定义的目的。

例如，在"商品是不供生产者本人消费的产品"这一定义中，定义项包含了"不供生产者本人消费的产品"这个负概念，它只是说明商品不具有供生产者消费的属性，并没有揭示商品到底有什么本质属性，不能起到定义的作用。

(四) 定义必须清楚确切

定义要求揭示被定义项的内涵，指明被定义项所反映的对象的特有属性或本质属性，这就要求表述定义的语句必须清楚确切。否则，如果语言含混不清，或隐含寓意，就不能达到明确概念内涵的目的。例如：痒是一种难定部位、难以形容的莫名其妙的感觉。定义项中的"难以形容"、"莫名其妙"等则是说不清楚的含混的语词，犯有"定义含混"的错误。

四、定义的作用

定义是揭示概念内涵的逻辑方法，在人们的思维过程中具有重要作用。

(1) 定义是人们巩固认识成果的重要方式之一。给概念下定义就是揭示概念所反映事物的特有属性或本质属性，并把这一类事物同别的事物区分开来。人们对某类事物及其属性有了具体的认识之后，就可以采用定义的形式总结和概括对这一类事物的认识。

(2) 定义可以使人们更好地掌握知识。在学习一门科学知识时，最重要的就是明确这门科学中的基本概念，因此就要了解这些概念的定义。了解了这些概念的确切定义，就能更好地掌握这门科学知识。

(3) 定义有检验概念是否明确的作用。如果能给概念做出明确的定义，说明所使用的概念是明确的；反之，则不能说明所使用的概念是明确的。正如恩格斯所说："对日常的运用来说，这样的定义是非常方便的，在有些地方简直是不能缺少的。"

需要注意的是，客观事物是不断发展变化的，定义只是用概括的形式揭示一个概念的内涵，不可能全面、彻底地揭示事物。因此，一方面要看到揭示客观事物本质属性的科学定义的重要作用，另一方面也要注意对事物的认识不应当受定义的局限。

第五节 划 分

一、什么是划分

划分是通过把一个概念所反映的对象分为若干个小类，以明确概念外延的逻辑方法。例如，根据体裁的不同，文学作品可分为小说、诗歌、散文、文学剧本四类。通过这样的划分，可以使人们对"文学作品"这个概念的外延有比较清楚的理解。

划分由划分的母项、划分的子项、划分的标准三部分组成。划分的母项就是被划分的概念，如上述例子中的"文学作品"；划分的子项就是划分出的表示每个小类的概念，如上述例子中的"小说……"等。母项与各子项的关系是属概念和种概念之间的关系。把母项分为若干子项的根据，叫做划分的标准。在思维中，任何正确的划分都是根据一定的标准进行的，因此，划分的标准是划分不可缺少的组成部分。但在语言表达中，划分的标准有时可以省略。上述例子直接指出了划分的标准是"体裁"。

划分与分解不同。划分的目的是明确概念的外延，划分得到的子项应是母项的种概念；分解的目的是了解对象的内部结构，分解后得到的是对象的组成部分。例如：将"树"分为乔木和灌木、针叶树和阔叶树、落叶树和长绿树等是划分，因为"乔木"、"阔叶树"、"落叶树"等都是"树"的种概念；而将"树"分为树根、树干、树冠，则不是划分而是分解，因为"树干"等不是"树"的种概念，而是树的组成部分。

二、划分的方法

(一) 一次划分和连续划分

一次划分即确定某一划分标准并依据它将母项分为若干个子

项。上面所举的划分的例子都是一次划分。连续划分又称多次划分，即对一次划分后得到的全部子项或部分子项，分别再进行划分，以明确子项的外延情况。例如：数可分为实数和虚数，实数又可分为有理数和无理数，有理数又可分为整数和分数。这就是连续划分。

对概念是否要进行连续划分，要根据各子项的外延是否需要进一步明确来确定。

(二) 二分法

有一种特殊的划分方法叫做二分法。二分法就是根据对象是否具有某种属性，把一个概念(母项)划分为一个正概念和一个负概念两个子项。例如，我们可以把战争划分为正义战争和非正义战争(划分标准是"有无正义性")；把元素划分为金属元素和非金属元素(以有无"金属"的性质为划分标准)。

二分法的优点在于，划分时不一定知道划分的母项究竟包含几个小类，只要了解其中一个小类，就可以根据概念间的矛盾关系，把母项划分为两个互相排斥的子项。二分法的缺点在于，划分后的两个子项中，负概念那个子项的外延是不够明确的。

三、分类

分类是根据对象的本质属性或显著特征将对象分为若干个类，使每个类相对于其他类都具有确定的地位。

划分是分类的基础，分类是划分的特殊形式。任何分类都是划分，但不是所有的划分都是分类。首先，分类的根据和划分的根据在要求上不同。凡是能够区别子项的一般属性都可以作为划分的根据，而分类则要求用对象的本质属性或显著特征作为根据。分类的根据越是本质属性，分类的价值越高。其次，划分和分类的作用不同。分类是人们关于某些对象的知识的系统化，被固定在每门科学之中，而且在科学发展的相当长时期中都起作用。而划分则一般是满足人们在日常实践中的需要。

分类有自然分类和辅助分类。根据对象的本质属性把对象排列为各个类，就是自然分类。例如，把"三角形"分为"等边三角形"和"非等边三角形"。辅助分类是根据对象某种显著特征将对象排列为各个类，其目的是为了从被分类的其他对象中易于找出某个个别的对象。例如汉语字典，根据字的部首进行编排，目的是为了便于从整部字典中查到某个字。

四、划分的规则

(一) 划分必须是相称的

划分必须相称，指的是划分所有的各子项外延之和必须与母项的外延相等。划分的目的就是明确概念的外延，如果子项的外延之和与母项的外延不相等，则说明没有正确揭示母项的外延。违反这条规则的逻辑错误有两种："多出子项"和"子项不全"。

"多出子项"就是子项外延之和大于母项的外延。例如：高等学校可以分为本科院校、专科学校和中专学校。此例多出了"中专学校"这一子项，因为它不属于"高等学校"的范围。

"子项不全"就是子项的外延之和小于母项的外延。例如：整数可以分为正整数和负整数两类。此例缺少了一个子项(零)，因此犯有"子项不全"的逻辑错误。

(二) 每次划分的依据必须同一

所谓依据必须同一，就是说在每一次划分中，依据只能有一个，不能时而采取这一依据，时而采取另一依据。

根据不同的标准对一个概念进行划分，可能得到不同的子项。例如：对"文学作品"这一概念，根据体裁划分得到的是小说、诗歌、散文、剧本等子项；根据作品产生的年代划分得到的是古代文学作品、现代文学作品等子项；根据作品产生的国度划分得到的是中国文学作品、外国文学作品等子项。

但是，在一次划分中不能同时根据几个标准，否则子项就会出现相容混杂的现象，也容易遗漏子项。违反这条规则的逻辑错误叫做"划分的标准不同一"或"混淆根据"，这种错误的划分因为思路不清晰，很难达到明确概念外延的目的。

(三) 划分的子项是互相排斥的

子项互相排斥是指各个子项之间是不相容关系。如果各个子项之间不是不相容关系，那么就会有一些对象既属于这个子项，又属于另一个子项，引起混乱，出现逻辑错误。违反这条规则的逻辑错误叫做"子项相容"。

上述三条规则是相互联系的，遵守这些规则才能够正确实施划分。

第六节　概念的限制和概括

一、内涵和外延的反变关系

在具有属种关系的系列概念中，外延越大的概念，其内涵就越少；外延越小的概念，其内涵就越多。这种内涵与外延间的反向变化关系叫做"内涵与外延间的反变关系"，它是不以人的意志为转移的一条逻辑规律。例如，"动物"、"脊椎动物"两个具有属种关系的概念内涵和外延之间的关系。先从外延上看，"动物"的外延比"脊椎动物"大。再看内涵，"脊椎动物"既反映对象"能移动身体的生命体"，它也反映了对象在生理构造上的一个重要特征——"有一条脊椎骨"，因此"脊椎动物"的内涵比"动物"丰富。

二、概念的限制

概念的限制是通过增加内涵将一个外延较大的属概念过渡到外延较小的种概念，以明确概念的一种逻辑方法。例如，对"经济"增加"市场"的内涵，就限制为"市场经济"；对"生物"增加"能移动身体"的内涵，就限制为"动物"。在思维和语言表达中，如果发现所使用的某个概念因为外延过大而不明确，就可以用限制的方法使它明确起来。

概念的限制可以连续进行。例如：战争——革命战争——中国革命战争。

概念的限制是属概念到种概念的过渡，被限制的概念应是限制后的概念的属概念。例如，"汽车——出租汽车"、"昆虫——蝴蝶"是概念的限制，因为两者之间具有真包含(属种)关系。而"汽车——汽车轮子"、"出租汽车公司——出租汽车司机"则不是概念的限制，因为它们之间不具有真包含关系。

对概念进行限制有助于人们对事物的认识从一般过渡到特殊，使认识具体化。

三、概念的概括

概念的概括是通过减少内涵，将一个外延较小的种概念过渡到外延较大的属概念，以明确概念的一种逻辑方法。例如，对"公务秘书"减少"公务"的内涵，就概括为"秘书"。

概念的概括是种概念到属概念的过渡，被概括的概念应是概括后的概念的种概念。例如，"客观唯心主义——唯心主义"是概念的概括，因为两者之间具有真包含于(种属)关系。

概括之所以能够使概念明确，是因为通过概括能够揭示对象的更一般的共同属性。例如，生物教师告诉学生说："蝴蝶是昆虫，昆虫是无脊椎动物"，这就把"蝴蝶"概括到"昆虫"进而概括到

"无脊椎动物"，从而使学生对"蝴蝶"的所属范围及一般属性更为明确。概念的概括可以连续进行，而究竟要概括到什么程度，则应根据实践的需要。但是概括到范畴，就达到了概括的极限，因为范畴是一定领域内的最高的属概念，它的外延最广，不可能再进行概括了。

思　考　题

1. 什么是概念？概念和语词有何联系和区别？

2. 什么是概念的外延？什么是概念的内涵？

3. 概念可分为那些种类？

4. 概念之间的关系包括哪些？

5. 什么是概念的限制？限制应注意的问题和容易犯的逻辑错误是什么？

6. 什么是概念的概括？概括应注意的问题和容易犯的逻辑错误是什么？

7. 什么是划分？划分由哪几部分组成？划分和分解有何不同？

8. 划分的方法有哪几种？

9. 划分应遵守哪些规则？

10. 什么是定义？定义由那几部分组成？下定义的方法是什么？

11. 定义有哪几种？

12. 下定义应遵守哪些规则？

练　习　题

一、指出下列语句是从内涵方面还是从外延方面来说明标有横线的概念的？

1. 人们在生产过程中结成的社会关系叫<u>生产关系</u>，如资本主义的生产关系、社会主义的生产关系。

2. 艺术就是用语言、动作、线条、色彩、音响等不同的手段构成形象以反映社会生活，并表达作家、艺术家的思想感情的一种社会意识形态。包括语言艺术、造型艺术、表演艺术、综合性艺术四大类。

3. 纺织品就是用各种纤维作原料经过纺织加工而成的产品。纺织品中以棉纤维做原料的称为棉纺织品，以麻织品做原料的称为麻纺织品，以羊毛之类做原料的称为毛纺织品，以蚕丝做原料的称为丝纺织品，这些纺织品统称为天然纤维纺织品。随着化学工业的发展，出现了多种以化学纤维做原料的化学纤维纺织品，例如，人造棉、锦纶、涤纶、维纶、腈纶等。

4. "经"，是我国古籍的通称，凡带有原理、原则性质的著述，皆可称为"经"。现在所指的"十三经"，是历经各代，直到宋代才形成。它指的是(《周易》、《尚书》、《诗经》、《周礼》、《仪礼》、《礼记》、《左传》、《公羊传》、《穀梁传》、《论语》、《孝经》、《尔雅》、《孟子》)。

5. 地震是由于地球内部的某种动力活动而产生的地壳震动。如火山地震、构造地震、陷落地震。地下深处岩层断裂错动发出震动的地方叫震源，地面上正对着震源的地方叫震中。

6. 森林资源包括森林和林地以及林区范围内的植物和动物。根据森林的不同效益，将它分为五类：(防护林、用材林、经济林、薪炭林、特殊用途林)。

7. 生产力是人们在生产过程中影响和改造自然界、获得物质资料的力量。

8. 科学是反映自然、社会和思维的客观规律的知识体系。科学是一种社会意识形态。但它与艺术不同，艺术是通过各种典型的、生动的、具体的形象来反映客观世界的；而科学则是通过概念、定义、公理等逻辑思维形式来反映客观世界的。科学分为自然科学和社会科学两大类；而哲学则是自然知识和社会知识的概括和总结。

二、指出下列标有横线的概念是单独概念还是普遍概念，是正概念还是负概念？

1. 美术作品是通过线条、色彩，形象反映社会生活，表现思想感情的艺术作品。

2. 刘少奇同志亲自领导过"一二·九"运动。

3.《闰土》的作者是伟大的文学家鲁迅。

4. 东北林区是我国林业资源最丰富的林区。

5.《昆明日报》是中共昆明市委主办的报纸，我们每人都拿着《昆明日报》。

6. 非司机开车要处以罚金。

三、指出下列各题中标有横线的语词所表达的概念是在集合意义上使用还是在非集合意义上使用的。

1. 世界上著名的群岛有阿留申群岛、夏威夷群岛、马六甲群岛、印度尼西亚群岛等。

2. 群众是真正的英雄，而我们自己往往是幼稚可笑的。

3. 我们的干部必须关心群众的生活，注意工作方法。

4. 铁人王进喜是一个石油钻探工人，他是 20 世纪中国工人阶级的杰出代表之一。

5. 中国人死都不怕，还怕困难吗？

6. 我们的学生来自全国不同地区。

7. 在人民的国家中，人民享有广泛的民主和自由。

8. 只见树木，不见森林，是一种片面性。

9. 中国是发展中的社会主义国家，属于第三世界。我们坚定地同亚洲、非洲、拉丁美洲以及其他地区的发展中国家站在一起。

10. 人贵有自知之明。

四、请用欧拉图表示下列各题中概念之间的关系：

1. A：文学作品　　　　B：古典文学作品

    C：中国文学作品

2. A：劳动模范　　　　　　B：农民
    C：共产党　　　　　　　D：教师

3. A：大学毕业生　　　　　B：青年
    C：先进工作者

4. A：工人　　　　　　　　B：青年人
    C：中年人　　　　　　　D：共产党员

5. A：大学毕业生　　　　　B：女青年团员
    C：男先进工作者　　　　D：体育爱好者
    E：技术革新能手

6. A：党员　　　　　　　　B：干部
    C：党内高级干部

7. A：普遍概念　　　　　　B：正概念
    C：集合概念　　　　　　D：概念

8. A：干部　　　　　　　　B：司法干部
    C：青年　　　　　　　　D：学生

9. A：中国人　　　　　　　B：冰心
    C：现代小说家

10. A：生物学　　　　　　　B：物理学
    C：植物学　　　　　　　D：自然科学

11. A：米　　　　　　　　　B：分米
    C：厘米　　　　　　　　D：毫米

五、指出下列各题中标有横线的概念间的关系。

1. 事物的矛盾法则，即对立统一法则，是唯物辩证法最根本的法则。

2. 中国共产党人是无产阶级的先锋队，是不谋任何私利的政党。

3. 通过进修，不少青年教师成了业务骨干。

4. 形式逻辑、数理逻辑、辩证逻辑是不同但又有联系的三门学科。

5. 没有矛盾的想法是不符合客观实际的天真想法。在我们面前，有两类社会矛盾，这就是敌我之间的矛盾和人民内部的矛盾。

六、下列语句是否表达了定义？如表达了定义，是否正确？如不正确，请指出违反了哪条定义规则，并作简要分析。

1. 健康是个体在身体上、精神上、社会上的完全安宁状态。什么叫"社会上的完全安宁"？对它的理解可以因人而异，难以规定统一标准，何况社会上的安宁并不取决于个体的生物学状态，按这个目标，必定超出医学的范围。

2. 智力就是人的认识、理解客观事物的能力。

3. 什么叫理性？所谓理性就是区别于动物的高级神经活动。何谓高级神经活动？高级神经活动就是理性活动。

4. 革命者就是参加革命的人。

5. "大国"就是比小国领土较大、人口较多的国家；"小国"则是比大国领土较小、人口较少的国家。

6. 剩余价值不是工人全部劳动创造的商品价值。

7. 正方形就是四角相等的四边形。

8. 宗教是麻醉人民的鸦片。

9. 凡是看机会而采取行动的人叫做机会主义者。

10. 生命就是内在关系对外在关系的不断适应。

11. 狮子是兽中之王。

12. 占有土地，自己不劳动，或只有附带劳动，而靠剥削农民为生，叫做地主。岛是海洋中的陆地。

13. 教师是辛勤的园丁。

14. "新闻就是关于多数人感兴趣而带有刺激性事件(如战争、犯罪等)的报道。"

七、下列各题是不是划分？为什么？

1. 河北省分为石家庄、保定、衡水、沧州、唐山等地区。

2. 地球上的陆地分为亚洲、欧洲、北美洲、南美洲、非洲、澳洲和南极洲。

3. 这个班的学生，除了七名女生外，其余都是男生。

4. 一年可分为春、夏、秋、冬四季。

八、下列语句是否表达了划分？如表达了划分，是否正确？如不正确，请指出违反哪条划分规则及所犯的逻辑错误。

1. 现在世界上的国家，分为社会主义国家和资本主义国家。

2. 辩证法作为一种世界观和方法论，有唯物主义辩证法和唯心主义辩证法，从另一个角度，可分为古代辩证法和现代辩证法。

3. 地球以赤道为界分为南半球和北半球，以本初子午线为界分为东半球和西半球。

4. 这个货架上放着许多商品，其中有玩具、儿童玩具、电动火车、塑料制品和各种棋类等。

5. 这次各地送来的候选图书，题材包括语文、写作、光学、力学、物理学、电学、化学、动物学、生物学、有机化学等许多方面，体裁也比较多样。

6. 文学作品可分为小说、诗歌、戏剧。小说有长篇小说、短篇小说、现代小说。诗歌有叙事诗、抒情诗、讽刺诗；戏剧有喜剧、悲剧、话剧、舞剧、曲艺、儿童剧、地方剧种等。

7. 直系亲属有祖父母、父母、子女、兄弟、姐妹等。

8. 市场分为国际市场、国内市场、农村市场、商品市场、金融市场、劳动力市场、资本主义市场和社会主义市场。

九、对下列概念各作一次限制和概括。

1. 脑力劳动者

2. 诗歌

3. 牛

4. 资本主义国家

5. 机电产品

6. 历史科学

7. 中国人

8. 北方大学

十、下列概念的限制是否正确？为什么？如不正确，请加以改正。

1. 唯物主义　　　限制：费尔巴哈　　　概括：哲学

2. 鲁迅　　　　　限制：少年时代的鲁迅　概括：作家

3. 圆周　　　　　限制：圆桌　　　　　概括：圆形

4. 天鹅　　　　　限制：白天鹅　　　　概括：白羽毛的鸟

5. 近体诗　　　　限制：押韵的诗　　　概括：诗

6. 学生　　　　　限制：中学生　　　　概括：知识分子

7. 勇敢　　　　　限制：勇敢的人　　　概括：品德

8. 违法行为　　　限制：贪污行为　　　概括：犯罪行为

9. 军队　　　　　限制：人民战士　　　概括：专政工具

10. 喜马拉雅山　　限制：山脉　　　　　概括：喜马拉雅山最高峰

11. 非金属元素　　限制：碳　　　　　　概括：元素

第三章 直言命题及其推理

第一节 命题和推理概述

一、命题特征

命题就是对事物情况的陈述。客观事物有各种各样的情况，各种事物的性质，一事物与它事物的关系等都是事物的情况。当人们认识了事物的情况，并通过语句把这种认识陈述和表达出来，就形成了命题。例如：

① 北京是中华人民共和国首都。

② 如果骄傲，那么就会落后。

③ 2是偶数。

④ 我们不但要建设社会主义物质文明，而且还要建设社会主义精神文明。

以上各例都是命题，它们分别陈述了四种不同的事物情况。从中我们可以看出命题有如下特征：

(1) 任何命题都有所陈述。如果对事物情况无所陈述，就不能称之为命题。例如："这个案件应该如何处理？"这是个疑问句，既未说明该案件应怎样处理，也未说明不应怎样处理，即未对"这一案件究竟如何"这一事物情况做出陈述，而只是提出一个问题，所以，它不是命题。又例如："你认为原告要求的精神损害赔偿合理吗？"这也是提出一个问题，而没有作明确的陈述，因而也不是命题。

（2）任何命题都有真假。命题既然是对事物情况的陈述，它就应该有真假。如果一个命题所陈述的与客观实际情况相一致，这个命题就是真的；如果一个命题所陈述的与客观实际不一致，这个命题就是假的。例如："法是有阶级性的"就是一个真命题；"检察院是国家的审判机关"则是一个假命题。任何命题或者真，或者假，但不能既真又假。命题的真、假二值，逻辑上统称为命题的真值，又称为命题的逻辑值。真命题的真值(或逻辑值)为真，假命题的真值(或逻辑值)为假。

命题有内容和形式两个方面，它们既相联系，又相区别。逻辑学并不研究命题的具体内容，各个命题的具体内容属于各门具体科学所研究的对象，逻辑学只从命题形式方面研究它的特征、种类，以及各种形式的命题之间的真假关系。

二、命题与判断

命题是对事物情况的陈述，判断是对事物情况的断定，也就是对陈述事物情况的命题的断定。一个命题可以被断定，也可以未被断定，而断定了的命题就是判断。任何一个判断都是命题，但并非任何一个命题都是判断。命题比判断的范围要广，它既包括已被断定的命题——判断，也包括未被判断的命题——非判断。例如：

某新闻单位对某县领导卖官一事予以披露，导致该领导被上级部门撤职。该领导就到法院控告"某新闻单位严重侵犯了我的名誉权。"

这一命题对该领导来说是真的，是一个判断，但对法官来说，这未必是真的，是一个未被断定的命题。

又如：

在课堂讨论中，某甲说："没有一种法律是无阶级性的。"

某乙说："我不同意你的观点。"对于某乙来说，某甲的话就是一个命题，但对某甲来说却是一个判断。同样，某乙的话对某甲来说是命题，对某乙来说就是判断。

再如：

某律师在法庭辩论中说："如果被告无民事行为能力，那么他的监护人应承担责任。"在这里，该律师并未断定"被告无民事行为能力"，也没有断定"他的监护人应承担责任"。因而这两个命题都是未被断定的命题，而不是判断。

从以上分析可以看出，判断是主观的认定，而命题则不一定是主观的认定，逻辑学主要研究未断定的命题，同时也要研究已断定的命题。所以，从逻辑学的发展来看，用"命题"的提法代替"判断"要更科学些，而且"判断"在哲学上是理性思维形式，是一个哲学用语，逻辑学摒弃"判断"而改用"命题"，也是逻辑学独立于哲学的体现。

三、命题与语句

通常说，语句是一组表示事物情况的声音或笔画，是命题的物质载体。一方面，任何命题都是通过语句来表达的，没有语句，也就没有命题；另一方面，命题则是语句的内容，因此，命题与语句有着密切的联系。

命题与语句也有区别，它们不是一一对应的。

首先，虽然命题都通过语句来表达，但并非所有语句都表达命题。例如："法律冲突是指在涉外民事关系中，由于其涉外因素导致有关国家的不同法律在效力上的抵触"和"国际司法的调整范围是什么"是两个语句。第一句是陈述句，有真假之分，表达命题；第二句是疑问句，并未对事物有所陈述，无真假之分，因而不是命题。一般说来，能够表达命题的语句是陈述句、疑问句中的反问句和某些感叹句。

其次，同一命题可以用不同的语句来表达，例如，"他的行为已触犯了法律"和"难道他的行为没有触犯法律吗？"这是两个不同的语句，前者是陈述句，后者是反问句。但它们表达的意思是相同的，即表达同一个命题，只不过在感情色彩和语言风格上有所不同。这也说明我们可以在不同的场合使用不同的语句来表达同一个命题，从而加强语句的感染力。

最后，同一语句还可以表达不同的命题。例如："某甲不走前门，偏走后门，结果等待他的是警察的手铐。"这句话有两种解释，即可以表达两个不同的命题：其一是警察在房子的后门将某甲抓个正着；其二是某甲不走正道，触犯法律，被警察抓住。这种情况说明，认真分析一个语句的语境，从而明确它陈述哪种情况，表达什么命题，是非常重要的。否则，就会把一个语句表达的不同命题混为一谈。

四、命题形式及其种类

任何命题总是通过一定的形式表达出来，是形式和内容的统一。命题形式是指命题内容的联系方式。例如：

① 不满 10 周岁的人是无民事行为能力的人。

② 法律与道德是相联系的。

③ 他或者有罪，或者无罪。

④ 只有认识落后，才能改变落后。

以上都是不同形式的具体命题，它们的逻辑形式分别为：

① 所有的 S 都是 P

② a 与 b 有 R 关系

③ p 或者 q

④ 如果 p，那么 q

命题形式是多种多样的，根据命题中是否包含有命题联结词和其他命题成分，把命题分为两大类——简单命题和复合命题。简单命题是不包含命题联结词和其他命题成分的命题，它的变项是词项。复合命题是包含命题联结词和其他命题成分的命题，它的变项是命题。简单命题根据命题陈述的是事物的性质还是关系又可分为直言命题和关系命题。在复合命题中，作为其构成成分的命题称作支命题，把支命题联结起来的语词称作命题结词词。根据命题联结词的不同，复合命题又可分为负命题、联言命题、选言命题、假言命题，另外，根据命题中是否包含模态词又把所有命题分为模态命题和非模态命题。

五、推理及其分类

推理是一个命题序列，是以一个或一些命题为根据或理由得出另一个命题的思维过程。推理由前提和结论两部分组成。作为根据或理由的命题是前提，由前提推出的命题是结论。例如：

① 凡年满 18 周岁的公民都有选举权和被选举权。

所以，有些年满 18 周岁的公民有选举权和被选举权。

② 如果某甲是完全民事行为能力人，则某甲应对自己的行为承担责任，

某甲是完全民事行为能力人，

所以，某甲应对自己的行为承担责任。

③ 虐待家庭成员且情节恶劣的是犯罪行为，

犯罪行为应追究刑事责任，

所以，有些应追究刑事责任的是虐待家庭成员且情节恶劣的行为。

④ 金是能导电的，

银是能导电的，

铜是能导电的，

铁是能导电的，

铅是能导电的，

金、银、铜、铁、铅……是金属，

所以，所有的金属都是能导电的。

这些都是推理。例①是从一个命题推出另一个命题，例②～例④是从两个或两个以上的命题推出另一个命题。

推理不是命题的任意组合。在推理中，作为前提的命题与作为结论的命题之间必须有推论关系，其标志是"所以"。

推理是多种多样的，可以根据不同的标准对推理进行不同的分类。

首先，根据推理的前提和结论之间是否有蕴涵关系，即前提为真是否必然推出结论为真，可把推理分为演绎推理与非演绎推理。演绎推理就是前提与结论之间存在蕴涵关系的推理，非演绎推理就是前提与结论之间不存在蕴涵关系的推理。上述例①～例③是演绎推理，例④是非演绎推理。

其次，在演绎推理中，根据推理的前提是复合命题还是简单命题把演绎推理分为简单命题推理和复合命题推理。简单命题推理又分为直言命题推理和关系命题推理。复合命题推理又分为联言推理、选言推理、假言推理。

再次，根据推理是否包含模态命题，把推理分为模态推理和非模态推理。上述各例都是非模态推理。

逻辑学研究推理的中心任务是：保证演绎推理形式的有效性，提高非演绎推理结论的可靠性程度。演绎推理是前提蕴涵结论的推理，是必然性推理。即是说，一个有效的演绎推理形式，其变项在任意代入下，都有前提为真，则结论为真，而不会出现前提为真而结论为假的情况。这样的演绎推理形式被称作有效式。反之，不能保证前提真而结论为真的推理形式，便是无效式。一个推理是否有效是就其形式而言的，它与推理内容无关。非演绎推理的前提并不蕴涵结论，即是说，非演绎推理的前提和结论之间的联系不是必然的，而是或然的，即使前提都真，结论也未必真，前提只能为结论提供一定程度的支持。因此，在演绎推理中存在推理是否有效的问题，在非演绎推理中不存在推理是否有效的问题。逻辑学在研究非演绎推理时，主要是解决如何提高其结论的可靠性程度，即寻求提高其可靠性程度的逻辑要求。

命题逻辑是研究复合命题及其推理的。它为检验复合命题推理是否有效提供判定方法和检测程序。

第二节　直言命题及其直接推理

一、什么是直言命题

直言命题就是直接陈述对象具有或不具有某种性质的简单命题。直言命题也称性质命题。例如：

① 凡违反法律的民事行为是无效的。

② 有些教师不是优秀教师。

直言命题由主项、谓项、联项和量项四部分构成。

主项是表示被陈述对象的词项。如例①中的"违反法律的民事行为"、例②中的"教师"，逻辑学上通常用"s"来表示。

谓项是表示被陈述对象具有或不具有的性质的词项。如例①中的"无效的"、例②中的"优秀教师"，逻辑学上通常用"p"来表示。

联项是表示主项和谓项之间的联系的语词。联项是用来刻画直言命题的质，通常简称为命题的质。直言命题的联项有两种："是"和"不是"。"是"称肯定联项，"不是"称否定联项。在语言表达中，肯定联项有时可以省略，例如，"证据属实"。否定联项则不能省略。

量项是表示主项所指称的对象的数量语词，一般位于主项之前或之后。主要是用于表示主项的数量范围。量项一般有三种：全称量项、特称量项和单称量项。

全称量项表示该命题陈述了主项所指称的对象的全部,即陈述了主项的全部外延。表示全称量项的语词通常有"所有"、"一切"、"任何"、"凡"等。全称量项可以省略。如例①就可省略量词"凡"变为"违反法律的民事行为是无效的"。省略联项后,其含义不会改变。

特称量项表示该命题至少陈述了主项所指称的对象中的一个,即对主项作了陈述,但未陈述主项的全部外延。表示特称量项的语词通常有"有的"、"有些"、"有"等。特称量词不能省略。应当特别说明的是,特称量项"有的"等的含义与我们日常用语中所说的"有的"的含义有所不同。日常用语中,当我们说"有的是什么"时,往往意味着"有的不是什么";当说"有的不是什么"时,也往往意味着"有的是什么"。即是说,日常用语中的"有的"的含义是"仅仅有一些而不是全部"。而作为特称量项的"有的"等,只是陈述在某一类事物中有对象具有或不具有某种性质,至于有多少对象具有或不具有这种性质则没有做出明确的陈述,少者可以是一个,多者可以是全部。因此,当一个具有特称量项的命题陈述某类中有对象具有某种性质时,并不必然意味着该类中有对象不具有这种性质,反之亦然。这就说明,特称量项的含义是"至少有一个",它并不排斥全部。换言之,特称量项只是表示主项所指称的对象是存在的,所以,特称量项又称存在量词。

单称量项表示在一个命题中对主项外延的某一个别对象作了反映。可以用"这个"、"那个"来表示。如"这个杯子是很有价值的"。

二、直言命题的种类

根据不同的标准,可以将直言命题分为不同的种类。

(一) 按直言命题质的不同分类

按直言命题质的不同可分为:肯定命题和否定命题。

肯定性质命题是反映对象具有某种性质的命题。例如：

昆明是云南省的省会城市。

否定性质命题是反映对象不具有某种性质的命题。例如：

昆明不是海滨城市。

(二) 按直言命题量的不同分类

按直言命题量的不同可分为：全称命题、特称命题和单称命题。

全称命题是反映某类中的每一个对象具有或不具有某种性质的命题。例如：

所有团员都是青年人。

所有被子植物不是裸子植物。

特称命题是反映某类中有对象具有或不具有某种性质的命题。例如：

有的水生动物是用肺呼吸的。

有的事物不是固体。

单称命题是反映某一个别对象具有或不具有某种性质的命题。例如：

冰心是中国著名的作家。

地球不是最大的行星。

(三) 按直言命题质和量的结合分类

按直言命题质和量的结合可分为以下六种：

(1) 全称肯定命题，是陈述主项所指称的全部对象都具有某种性质的命题。例如：

所有法院都是审判机关。

所有法人都是具有民事行为能力的。

全称肯定命题形式为：所有 S 都是 P。用符号表示为：SAP。简记为：A。

(2) 全称否定命题，是陈述主项所指称的全部对象都不具有某种性质的命题。

　　　　所有抢劫罪都不是过失犯罪。

　　　　正当防卫不是违法行为。

　　全称否定命题形式为：所有 S 都不是 P。用符号表示：SEP。简记为：E。

　　(3) 特称肯定命题，是陈述主项所指称的对象至少有一个具有某种性质的命题。

　　　　有的民事诉讼证据是能够证明民事案件真实情况的事实。

　　　　有的民事诉讼证据是证据。

　　特称肯定命题的形式为：有 S 是 P。用符号表示为：SIP。简记为：I。

　　(4) 特称否定命题，陈述主项所指称的对象至少有一个不具有某种性质的命题。

　　　　有的同学不是党员。

　　　　有的教师不是青年教师

　　特称否定命题的形式是：有 S 不是 P。用符号表示为：SOP。简记为：O。

　　(5) 单称肯定命题，当直言命题的主项是单独词项时，其指称的对象是独一无二的，因此它不需要量词来刻画主项的数量。这种主项是单独词项的命题叫单称命题。

　　单称命题的主项可以是专有名词，如"昆明市人民法院是中级人民法院"中的"昆明市人民法院"；也可以是摹状词(通过对某一种对象某方面特征的描述而指称该对象的词组)，如"《古代法》的作者是梅因"中的"《古代法》的作者"或"这个合同不是有效合同"中的"这个合同"。

　　单称肯定命题是陈述主项指称的单个对象具有某种性质的命题。例如：

　　　　雷锋是我们学习的榜样

这个民事案件是适用简易程序审理的。

单称肯定命题的形式是：这个 S 是 P。

从主项同谓项外延间的关系看，由于单称肯定命题所陈述的是主项所指称的对象的全部(某单个对象)具有某种性质，因而单称肯定命题陈述的主项和谓项外延间的关系，与全称肯定命题陈述的主项和谓项外延间的关系完全相同。单称肯定命题也陈述其主项和谓项外延间的关系是全同关系或真包含于关系。正因为如此，在传统逻辑中，特别是在三段论中，都将单称肯定命题作为全称肯定命题处理。其命题形式也用符号表示为：SAP。简记为：A。

(6) 单称否定命题，是陈述主项指称的单个对象不具有某种性质的命题。

李律师不是本案被告的诉讼代理人。

单称否定命题的形式是：这个 S 不是 P。

从主项同谓项外延间的关系看，由于单称否定命题所陈述的是主项所指称的对象的全部(某单个对象)不具有某种性质，因而单称否定命题陈述的主项和谓项外延间的关系，与全称否定命题陈述的主项和谓项延间的关系完全相同，单称否定命题也陈述其主项和谓项间的关系是全异关系。正因为如此，在传统逻辑中，特别是在三段论中，都将单称否定命题作为全称否定命题处理。其命题形式也用符号表示为：SEP。简记为：E。

由于在传统逻辑中，特别是在三段论中，单称命题是作为全称命题处理的，因而在讨论直言命题的逻辑性质及直言命题间的逻辑推演时，一般只讨论 A、E、I、O 四种。

三、A、E、I、O 四种命题之间的真假关系及传统逻辑中的"逻辑方阵"

具有相同素材的直言命题，就是指具有相同的主项和谓项的直言命题。指明"具有相同素材"这一点很重要，因为假如所要讨论的直言命题没有相同的主、谓项，就没有办法讨论它们之间的真假关系了。例如，我们可以讨论命题"所有逻辑学家都是哲学家"与命题"有的逻辑学家是哲学家"之间有什么样的真假关系，又比如一个命题为真时，另一个命题的真假情况如何，但我们却无法有意义地比较"所有人都是会死的"与"有的天鹅不是白色的"这两个命题之间的真假关系，因为这两个命题所讨论的是不同的事物。

> 所有当事人都上诉。
>
> 所有当事人都不上诉。
>
> 有的当事人上诉。
>
> 有的当事人不上诉。

上述四个命题分别是 A、E、I、O 命题，把上述四个命题主、谓项外延间关系的真假制约情况归纳起来，如表3-1所示。

表3-1　A、E、I、O 命题主、谓项外延间的真假关系

A B C	S P P	P S	S P	S P	S P
A	+	+	−	−	−
E	−	−	−	−	+
I	+	+	+	+	+
O	−	−	+	+	+

注：A 代表命题的真假，B 代表 S 与 P 的外延关系，C 代表命题的种类；
　　"+"表示真，"−"表示假。

按照这个图表，我们也可以进一步总结出同素材的 A、E、I、O 四种命题之间的真假关系，即对当关系。传统逻辑中用一个正

方图形来表示这种对当关系，也就是所谓"逻辑方阵"，如图 3-1 所示。

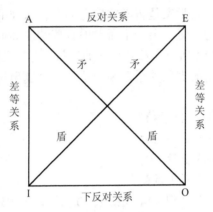

图 3-1　逻辑方阵

根据逻辑方阵图可知，所谓对当关系具体是指：反对关系、下反对关系、矛盾关系、差等关系。

(一) 矛盾关系

矛盾关系是指 A 命题与 O 命题、E 命题与 I 命题之间的真假关系，它们之间既不能同真，也不能同假，因而必有一真，也必有一假。于是，由一个真，就可以推出另一个假；由一个为假，就可以推出另一个为真。例如：由 A 命题"所有人都是会死的"为真，可以逻辑地推出 O 命题"有的人不是会死的"为假；由 I 命题"有的天鹅是黑色的"为真，可以逻辑地推出 E 命题"所有天鹅都不是黑色的"为假。

(二) 反对关系

反对关系是指 A 命题与 E 命题之间的真假关系，它们之间不能同真，但可以同假。于是，如果一个为真，另一个必为假。例如：A 命题"所有的战争都是可怕的"为真，E 命题"所有战争都不是可怕的"为假。如果一个为假，则另一个真假不定。例如：A 命题"所有科学家都是哲学家"为假，相应的 E 命题"所有科学家都不是哲学家"也为假，这是两个具有反对关系的命题同时为假的例子；而 A 命题"所有男人都是女人"为假，相应的 E 命题"所有男人都不是女人"为真，这是两个具有反对关系的命题一假一真的例子。

(三) 差等关系

差等关系是指 A 命题与 I 命题、E 命题与 O 命题之间的关系。可以将这种关系概括为：如果全称命题为真，则相应的特称命题为真；如果特称命题为假，则相应的全称命题为假。例如，由 A 命题"所有玫瑰花都是带刺的"为真，可以逻辑地推知 I 命题"有的玫瑰花是带刺的"为真；如果 I 命题"有的大学生是白痴"为假，则可以逻辑地推知 A 命题"所有大学生都是白痴"为假。但是，如果全称命题为假，则相应的特称命题真假不定；如果特称命题为真，则相应的全称命题真假不定。例如：A 命题"所有的乌鸦都是黑色的"为假，I 命题"有些乌鸦是黑色的"为真，这是具有差等关系的全称命题为假，相应的特称命题为真的情形；E 命题"所有人都不是会死的"为假，O 命题"有的人不是会死的"也为假，这是具有差等关系的全称命题为假，相应的特称命题也为假的情形。另一方面，O 命题"有的科学家不是哲学家"为真，E 命题"所有科学家都不是哲学家"为假，这是具有差等关系的特称命题为真，相应的全称命题为假的情形；I 命题"有的人是会死的"为真，相应的A 命题"所有人都是会死的"也为真，这是具有差等关系的特称命题为真，相应的全称命题也为真的情形。

(四) 下反对关系

下反对关系是指 I 命题与 O 命题之间的真假关系，它们之间可以同真，但不能同假。于是，由一个为假，可以逻辑地推出另一个为真。例如：由 I 命题"有些儿童是共产党员"为假，可以逻辑地推知 O 命题"有些儿童不是共产党员"为真。但从 I 命题为真，不能逻辑地推知 O 命题的真假，即是说，O 命题可真可假。例如：I 命题"有的科学家是哲学家"为真，相应的 O 命题"有的科学家不是哲学家"也为真，这是两个具有下反对关系的命题都为真的情形；但 I 命题"有的人是会死的"为真，相应的 O 命题"有的人不是会死的"为假，这是具有下反对关系的直言命题一真一假的情形。

现在，我们可以考虑如何通过同时使用这四种关系来判定相应命题的真值了。当我们使用对当关系判定一个以上命题的真值的时候，需要掌握的原则是：首先，使用矛盾关系。例如，若假设"所有的政客都是说谎者"这个命题为真，则可根据矛盾关系推知"有的政客不是说谎者"是假的；其次，根据差等关系可以推知"所有政客都不是说谎者"为假；再根据矛盾关系可以推知"有的政客是说谎者"是真的。当然，也可以根据下反对关系，由"有的政客不是说谎者"为假，逻辑地推知"有的政客是说谎者"为真。

四、直言命题词项的周延性

直言命题词项的周延性问题，是指从直言命题的形式来看，某种直言命题对其词项(主项和谓项)的外延所作陈述的情况。如果某种形式的命题陈述了一个词项的全部外延，那么，在这种形式的命题中，该词项就是周延的；如果某种形式的命题没有陈述一个词项的全部外延，那么，在这种形式的命题中，该词项就是不周延的。据此，各种形式的直言命题的主项和谓项的周延情况如下：

(一) 全称肯定命题的主项周延，谓项不周延

如前所述，A 命题陈述了 S 的全部外延都和 P 的外延相重合，但没有陈述 S 的全部外延是否和 P 的全部外延相重合。这就是说，A 命题陈述了 S 的全部外延，但没有陈述 P 的全部外延。因而，在 A 命题中，主项 S 是周延的，谓项 P 是不周延的。

(二) 全称否定命题的主项周延,谓项也周延

如前所述,E 命题陈述了 S 的全部外延都排斥在 P 的全部外延之外。这就是说,E 命题既陈述了 S 的全部外延,也陈述了 P 的全部外延。因而,在 E 命题中,主项 S 和谓项 P 都是周延的。

(三) 特称肯定命题的主项不周延,谓项也不周延

如前所述,I 命题陈述了至少有一部分 S 的外延和 P 的外延相重合,但没有陈述这些 S 的外延是否同 P 的全部外延相重合。这就是说,I 命题既未陈述 S 的全部外延,也未陈述 P 的全部外延。因而,在 I 命题中,主项 S 和谓项 P 都是不周延的。

(四) 特称否定命题的主项不周延,谓项周延

如前所述,特称否定命题陈述了至少有一部分 S 的外延排斥在 P 的全部外延之外。这就是说,O 命题没有陈述 S 的全部外延,但陈述了 P 的全部外延。因而,在 O 命题中,主项 S 是不周延的,谓项 P 是周延的。

A、E、I、O 四种直言命题的主、谓项的周延情况如表 3-2 所示。

表3-2 A、E、I、O 四种直言命题的主、谓项的周延情况

命题种类	S	P
SAP	周延	不周延
SEP	周延	周延
SIP	不周延	不周延
SOP	不周延	周延

从上表可以看出,全称命题的主项都是周延的,特称命题的主项都是不周延的;否定命题的谓项都是周延的,肯定命题的谓项都是不周延的。

关于直言命题中词项的周延性，需要强调以下几点：

(1) 只有在直言命题当中才涉及词项周延与否的问题，离开直言命题，孤立地谈论一个词项，无所谓周延与不周延。例如，我们可以谈论直言命题"有些大学生是党员"中的"大学生"和"党员"是否周延，但不能孤立地谈论"大学生"和"党员"这两个词项是否周延。

(2) 直言命题的主、谓项的周延与否是由直言命题的形式决定的，与主、谓项所指对象本身的实际情况无关。例如，"所有足球明星都是富翁"，这个命题的主项"足球明星"是周延的，因为它的前面有全称量词，这一点与足球明星实际上是否都是富翁都有关系；而"所有等边三角形都是等角三角形"只断定了"等边三角形"全部都是"等角三角形"，没有明确断定"等角三角形"是否全部都是"等边三角形"，因此，谓项"等角三角形"是不周延的，尽管实际上等角三角形都是等边三角形。

(3) 周延性问题对于直言命题的推理，特别是对于后面的直言三段论至关重要。因为这些推理都是演绎推理，而演绎推理是一种必然性推理，它的结论是从前提中推出来的，前提对于结论提供百分之百的支持。既然结论的真要由前提的真来保证，则结论所断定的范围就不能超出前提所断定的范围。这一点在直言命题中词项的周延性上的表现，就是"前提中不周延的词项在结论中不得周延"，否则，相应的演绎推理就是无效的。

第三节　对当关系推理

一、对当关系推理

对当关系推理是根据直言命题间的对当关系进行的推理。它是以一个直言命题为前提推出另一个直言命题为结论的演绎推理，因此，是直接推理。所谓直言命题间的对当关系是指主项和谓项相同的 A、E、I、O 四种命题间的真假关系。

根据逻辑方阵图可知，所谓对当关系具体是指：反对关系、下反对关系、矛盾关系、差等关系。下面我们一一分析每一种对当关系以及基于对当关系的有效推理。

（一）反对关系推理

所谓反对关系，是指 A 与 E 之间的真假关系。即 A 与 E 之间，当一个真时，另一个必假；当一个假时，另一个真假不定。概而言之：不能同真，可以同假。

据此，在具有反对关系的命题之间，可以由其中一个真推知另一个假；但不能由其中一个假推知另一个真或假。这样，基于反对关系的对当推理的有效方式：

(1) SAP → ￢SEP。

例如：

　　所有抢夺罪都是故意犯罪，所以，并非所有抢夺罪都不是故意犯罪。

(2) SEP → ￢SAP。

例如：

　　所有诈骗行为都不是道德行为，所以，并非所有诈骗行为都是道德行为。

（二）下反对关系推理

所谓下反对关系，是指 I 与 O 之间的真假关系。即 I 与 O 之间，当一个假时，另一个必真；当一个真时，另一个真假不定。概而言之：不能同假，可以同真。

据此，在具有下反对关系的命题之间，可以由其中一个假推知另一个真，但不能由其中一个真推知另一个真或假。这样，基于下反对关系的对当推理的有效式为：

(1) ¬SIP → SOP。

例如：

并非有的有限责任公司是上市公司，所以，有的有限责任公司不是上市公司。

(2) ¬SOP → SIP。

例如：

并非有的侵犯财产罪不是故意犯罪，所以，有的侵犯财产罪是故意犯罪。

(三) 矛盾关系推理

所谓矛盾关系，是指 A 与 O 之间、E 与 I 之间的真假关系。即 A 与 O 之间和 E 和 I 之间，当一真时，另一个必假；当一个假时，另一个必真。概而言之：既不同真，也不同假。

具有矛盾关系的命题，其真假正好相反，因而，一个直言命题和它的矛盾命题的负命题真假完全一致。这样，一个直言命题和它的矛盾命题的负命题之间便存在着等值关系。据此，在具有矛盾关系的命题之间，既可以由其中一个真推知另一个假，也可以由其中一个假推知一个真。这样，基于矛盾关系的对当推理的有效式为：

(1) SAP → ¬SOP。

例如：

所有渎职罪的主体都是国家工作人员，所以，并非有的渎职罪的主体不是国家工作人员。

(2) SEP → ¬SIP。

例如：

凡放火罪都不是过失犯罪，所以，并非有的放火罪是过失犯罪。

(3) SIP → ¬SEP。

例如：

有的兼职律师是教师，所以，并非所有的兼职律师都不是教师。

(4) SOP → ¬SAP。

例如：

有的民事诉讼参加人不是当事人，所以，并非所有的民事诉讼参加人都是当事人。

(5) ¬SAP → SOP。

例如：

并非所有合同的主体都是合格的，所以，有的合同主体不是合格的。

(6) ¬SEP → SIP。

例如：

并非凡杀人罪都不是过失犯罪，所以，有的杀人罪是过失犯罪。

(7) ¬SIP → SEP。

例如：

并非有的正当防卫是负刑事责任的，所以，所有的正当防卫都不是负刑事责任的。

(8) ¬SOP → SAP。

例如：

并非有的醉酒的人犯罪不负刑事责任，所以，所有醉酒的人犯罪都要负刑事责任。

(四) 差等关系推理

所谓差等关系，是指 A 与 I 之间、E 与 O 之间的真假关系。即 A 与 I 之间和 E 与 O 之间，当全称命题真时，特称命题必真；全称命题假时，特称命题真假不定；特称命题假时，全称命题必假；特称命题真时，全称命题真假不定。据此，在具有差等关系的命题之间，可以由全称真推知特称真，也可以由特称假推知全称假；但不能由全称假推知特称的真或假，也不能由特称真推知全称的真或假。这样，基于差等关系的对当推理的有效式为：

(1) SAP → SIP。

例如：

　　所有作案者都有作案时间，所以，有的作案者有作案时间。

(2) ¬SIP → ¬SAP。

例如：

　　并非有检察院是审判机关，所以，"凡检察院都是审判机关"是假的。

(3) SEP → SOP。

例如：

　　凡不能正确表达意志的人不能作证，所以，有些不能正确表达意志的人不能作证。

(4) ¬SOP → ¬SEP。

例如：

　　并非有社会法律不是公法，所以，"社会主义法律都不是公法"的说法是荒谬的。

二、关于直言命题间的对当关系，还需要说明以下几个问题

　　(1) 对当关系是指同一素材，即主项和谓项分别相同的 A、E、I、O 四种命题之间的一种真假关系。素材不同的 A、E、I、O 四种命题之间，自然就不存在这种关系。

　　(2) 在对当关系中，单称命题不能作全称处理。因为单称命题主项是指称某一单个对象，对于一个单个对象来说，它或者具有某种性质，或者不具有某种性质，二者必居其一。因此，单称肯定命题与单称负命题之间的真假关系不是"不能同真，可以同假"的反对关系，而是"既不同真，也不同假"的矛盾关系。

(3) 在对当关系中，传统逻辑有一假设，即主项 S 所指称的对象是存在的。如果不满足这个假设，主项 S 所指称的对象在客观世界中是不存在的(空类)，那么，除矛盾关系外，对当关系中的其它关系均不成立。

第四节　命题变形推理

命题变形推理，就是通过改变作为前提的直言命题形式从而推出结论的推理。它也是直接推理。改变前提命题的形式是指：第一，改变前提的质，即把前提的联词由肯定变为否定，或由否定改为肯定。第二，改变前提的主项与谓项的位置，即把前提的主项改为谓项，把谓项改为主项。

一、换质法

换质法是通过改变作为前提的直言命题的质，从而得出另一个直言命题为结论的推理。

换质法的规则有：第一，将肯定的联词改为否定的联词，或者将否定的联词改为肯定的联词；第二，用与前提的谓项具有矛盾关系的词项作为结论的谓项；第三，在结论中仍然保留前提的主项和量项。据此，直言命题 A、E、I、O 都可以进行换质。

(1) A 命题的换质：从全称肯定命题的前提，推出全称否定命题作为结论。其有效的推理形式为：

$$SAP \rightarrow SE\overline{P}$$

例如：

凡犯罪行为都是违法行为，

所以，凡犯罪行为都不是不违法行为。

(2) E 命题的换质：从全称否定命题的前提，推出全称肯定命题作为结论。其有效的推理形式为：

$$SEP \rightarrow SA\overline{P}$$

例如：

管制不是附加刑，

所以，管制是非附加刑。

(3) I 命题的换质：从特称肯定命题的前提，推出特称否定命题作为结论。其有效的推理形式为：

$$SIP \rightarrow SO\overline{P}$$

例如：

有些合同是非有效合同。

所以，有些合同不是有效合同。

(4) O 命题的换质：从特称否定命题的前提，推出特称肯定命题作为结论。其有效的推理形式为：

$$SOP \rightarrow SI\overline{P}$$

例如：

有的被告不是有罪的。

所以，有的被告是无罪的。

上例各推理形式中，P 上的短线"–"表示否定。

在进行换质推理时，要注意：结论的谓项只能是与前提谓项具有矛盾关系的词项，而不能是与前提谓项具有反对关系的词项。例如："有的遗产继承人是子女，所以，有的遗产继承人不是父母"。这一换质推理是无效的，因为"子女"与"父母"是反对关系，而不是矛盾关系。

二、换位法

换位法是通过改变作为前提的直言命题主项和谓项的位置从而得出一个新直言命题的推理。

换位法的规则有：第一，前提中的主项和谓项互易其位，作为结论的主项和谓项。第二，不得改变前提的质。第三，前提中不周延的词项在结论中也不得周延。据此，A、E、I命题可以进行换位，O命题不能换位。

(1) A命题的换位：从全称肯定命题的前提，推出特称肯定命题作为结论。其有效的推理形式为：

SAP→PIS

例如：

所有犯罪行为都是违法行为，

所以，有的违法行为是犯罪行为。

注意：SAP换位后不能得到PAS，因为P在前提SAP中是不周延的，而在PAS中是周延的，这就违反了换位推理的规则。例如，不能由"所有工人都是劳动者"推出"所有劳动者都是工人"。

(2) E命题的换位：从全称否定命题的前提，推出全称否定命题作为结论。其有效的推理形式为：

SEP→PES

例如：

防卫过当不是正当防卫，

所以，正当防卫不是防卫过当。

(3) I命题的换位：从特称肯定命题的前提，推出特称肯定命题作为结论。其有效的推理形式为：

SIP→PIS

例如：

有的犯罪主体是单位，

所以，有的单位是犯罪主体。

(4) O命题不能换位。因为O命题的主项是不周延的，如果换位，前提中O命题的主项作为结论中否定命题的谓项就变为周延了，这违反换位法规则。

三、换质位法

换质位法是把换质法和换位法这两种方法结合起来交互运用的命题变形法。通常是先进行换质，接着再进行换位，这样由一个命题推出另一个新命题。例如：

　　所有犯罪行为都是危害社会的行为，

　　所以，不危害社会的行为不是犯罪行为。

其推理过程为：

$$SAP \rightarrow SE\overline{P} \rightarrow \overline{P}ES$$

换质位法没有自身特有的规则，只需分别遵守换质法的规则和换位法的规则就可以了。换质位可以连续使用。例如：

$$SAP \rightarrow SE\overline{P} \rightarrow \overline{P}ES \rightarrow \overline{P}AS \rightarrow \overline{S}I\overline{P} \rightarrow \overline{S}O\overline{P}$$

由此可以看出，换质法和换位法的交替使用，既可以先换质，也可以先换位；既可以换质、换位各进行一次，也可以多次连续交替进行。究竟如何使用，要根据需要与可能。

第五节　三　段　论

一、三段论概述

三段论是由包含着一个共同词项的两个直言命题为前提，推出另一个直言命题作为结论的推理。它是间接推理中的一种。例如：

　　所有的犯罪形为都是违法行为，

　　贩卖毒品是犯罪形为，

　　所以，贩卖毒品是违法行为。

任何一个三段论都是由三个直言命题构成的，其中两个是前提，一个是结论。任何一个三段论都有并且只有三个不同的词项。这三个词项分别叫做中项、小项和大项。中项是指在两个前提中都出现而在结论中不出现的词项,用 M 表示。小项是作为结论主项的词项,用 S 表示。大项是指作为结论谓项的那个词项,用 P 表示。小项和大项都在前提和结论中各出现一次。

三段论的两个前提,一个称大前提,一个称小前提。大前提是指含有大项的前提,小前提是指含有小项的前提。

这样,例题的推理形式可表示为:

MAP

SAM
___
SAP

该推理形式也可用蕴涵式表示为:

MAP∧SAM → SAP

由此可见,区分大小前提与前提的排列顺序无关,而含有大项还是小项才是区分大小前提的唯一标准。但习惯上,人们总把大前提排列在前、小前提排列在后。

在三段论中,是由于中项在前提中的媒介作用,才把小项和大项联结起来。这里,前提中大项和小项分别与中项的联结、结论中大项和小项的联结,实际是指词项外延之间的关系。因此,三段论的理论,实质上是指词项外延关系的理论,也可以说是词项是相容或排斥关系的理论,在三段论中,中项的媒介作用十分重要。只有通过它的联系,才能确定小项和大项间的相容或排斥关系。如果前提中只有两个不同的词项,或者有四个不同的词项,就没有起媒介作用的中项,因而也就构不成一个三段论。例如,我们在讨论"集合词项与非集合词项"的问题时,由"国有企业一直控制着我国国民经济的命脉"和"上海宝山钢铁集团公司是国有企业"得出"上海宝山钢铁集团公司一直控制着我国国民经济的命脉"这一错误结论,其原因就在于前提中实际上是四个词项,被误认为中项的语词"国有企业"并不是同一个词项,无法起到媒介作用,也就构不成一个三段论。传统逻辑中,通常把这种错误叫做"四词项(或四概念)

错误"，并为了避免这种错误而制定出一条有关规则作为三段论的规则。但因为这样的推理实际上不是三段论，避免这种错误的规则就不能称作三段论的规则。

二、三段论的规则

三段论的规则是传统逻辑检验三段论的推理形式是否有效的标准，它对三段论的推理起着规范作用。遵守三段论的规则，就能保证由真前提必然地推出真结论。三段论的一般规则有以下 7 条。

(一) 中项至少要周延一次

这条规则是要求中项至少有一次是以全部外延和另一个词项(大项或小项)发生关系。这样才能确保中项在小项和大项之间起到媒介作用，从而确定小项和大项之间的联系。如果中项在两个前提中都不周延，就可能出现这样的情况：小项与中项的一部分发生联系，大项与中项的另一部分发生联系。在这种情况下，中项就不能在大项和小项之间起到媒介作用，从而无法得出关于小项和大项联系的必然结论。例如：

凡贪污罪都是故意犯罪，

某人的行为是故意犯罪，

所以，某人的行为是贪污罪。

由此，可以清楚地看到，这种形式的三段论，其中项作为两个肯定命题的谓项，一次也不周延。因此，它的结论不是由前提必然得出的，是不可靠的。就其内容而言，事实上，贪污罪都是故意犯罪，但故意犯罪的并非都是贪污罪，某人的行为是否为贪污罪是不能确定的。违反这条规则的错误逻辑上称为"中项不周延"。上例便犯了这一错误。

(二) 前提中不周延的词项，在结论中不得周延

一个有效的三段论，它的结论是从前提必然推出的，前提蕴涵

着结论。而只有结论中某词项被陈述的范围不超出前提中该词项被陈述的范围，才能保证结论必然为前提所蕴涵。反之，如果一个词项在前提中不周延而在结论中周延了，即前提只陈述一个词项的部分外延，结论却陈述了这一词项的全部外延，那么，结论的陈述就超出了前提所陈述的范围。这样，结论便不被前提蕴涵，不能保证从真前提必然推出真结论。

违反这条规则有两种情况：一种是大项在前提中不周延而在结论中周延。例如：

　　　　刑法是统治阶级意志的表现，

　　　　民法不是刑法，

　　　　所以，民法不是统治阶级意志的表现。

由此，可以看出，这种形式的三段论，其大项在大前提中作为肯定命题的谓项是不周延的，而在结论中作为否定命题的谓项却周延了。因而，虽然前提真实，结论却是假的。这样的错误，逻辑上称为"大项不当周延"。

另一种是小项在前提中不周延而在结论中周延。例如：

　　　　个体企业是私人的企业，

　　　　有的个体企业是偷税漏税的，

　　　　所以，偷税漏税的都是私人企业。

由此，可以看出，这种形式的三段论，其小项在小前提中作为肯定命题的谓项是不周延的，而在结论中作为全称命题的主项却周延了。因而，它也从两个真的前提推出一个假的结论。这样的错误，逻辑上称为"小项不当周延"。

在掌握这条规则时应注意：前提中不周延的项到结论中不得变为周延；但是，前提中周延的项到结论中可以周延，也可以不周延；结论中不周延的项，在前提中可以周延，也可以不周延；而结论中周延的项，在前提中必须周延。

(三) 两个否定前提不能推出必然结论

如果两个前提都是否定命题，则它们所陈述的是小项与大项的外延分别和中项的外延之间部分地或全部地具有排斥关系。这样，中项就不能在大项和小项之间起媒介作用，从而无法确定大、小项之间的关系。因此，也就不能从两个否定前提有效地得出结论。例如：

> 凡民兵都不是脱离生产的，
>
> 某人不是民兵，
>
> 所以？

显然，从上面两个前提出发，既不能得出"某人是脱离生产的"的结论，也不能得出"某人不是脱离生产的"的结论。

(四) 如果前提中有一个是否定的，则结论必是否定的

根据规则(三)，如果两个前提中有一个是否定的，那么另一个必是肯定的。否定的前提陈述中项和一个项在外延上排斥，肯定的前提陈述中项和另一个项在外延上相容。这样，通过中项的媒介作用，大、小项之间的关系必是互相排斥而不会是相容的。因此，结论必然是否定的。例如：

> ① 凡证据都是真实可靠的客观事实，
>
> 　有的书证不是真实可靠的事实，
>
> 　所以，有的书证不是证据。
>
> ② 犯罪未遂不是犯罪中止，
>
> 　被告的行为是犯罪未遂，
>
> 　所以，被告的行为不是犯罪中止。

例①的小前提是否定的，小项与中项被陈述的外延相排斥，大项与中项被陈述的外延相容，则大项通过中项与小项发生关系的那部分外延，即与中项相容的那部分外延必然与小项被陈述的外延相排斥，因而结论是否定的。例②的大前提是否定的，大项与中项被

陈述的外延相排斥，小项与中项被陈述的外延相容，则小项通过中项与大项发生关系的那部分外延，即与中项相容的那部分外延必然与大项被陈述的外延相排斥，因而结论也是否定的。

(五) 如果两个前提都是肯定的，则结论必是肯定的

如果两个前提都是肯定的，则中项同大项和小项都没有互相排斥的关系。这样，通过中项的媒介作用，大项和小项之间也不会有互相排斥的关系，因而结论必然是肯定的。例如：

　　　所有违反国家政策的合同都是无效合同，

　　　某承包合同是违反国家政策的合同，

　　　所以，某承包合同是无效合同。

上例只能得出肯定的结论，而不能得出"某承包合同不是无效合同"的否定结论。

如果把(三)、(四)、(五)这三条规则结合起来考虑，那么还可引申出：一个有效三段论，若结论是肯定的，则二前提必是肯定的；若结论是否定的，则二前提必有一个是否定的。总之，一个有效三段论的三个直言命题中，其肯定命题，要么是三个，要么是一个；其否定命题，要么没有，要么是两个。

以上5条是三段论的基本规则。下面两条是由前面5条推导出来的规则，故称导出规则。遵守了基本规则，就不会违反导出规则。之所以列出这两条导出规则，并把它们与基本规则平行排列，其主要目的是：给初学逻辑者检验一个三段论形式是否有效提供方便。

(六) 两个特称命题做前提，不能推出必然结论

以两个特称命题做前提，其组合情况不外乎三种：两个前提都是 I 命题；两个前提都是 O 命题；两个前提中，一个是 I 命题，一个是 O 命题。在这三种情况下，都不能推出必然结论。因为：

(1) 如果两个前提都是 I 命题，那么由于 I 命题的主、谓项都不周延，因此，两个前提中没有一个项是周延的，不能满足中项至少

要周延一次的要求，违反了规则(一)，所以，不能得出必然结论。

(2) 如果两个前提都是 O 命题，那么根据规则(四)，不能得出必然结论。

(3) 如果两个前提中，一个是 I 命题，一个是 O 命题，那么，两个前提中只有一个项是周延的，即 O 命题的谓项。根据规则(一)，这个唯一周延的项应为中项，否则会犯"中项不周延"的错误。这样，大、小项在前提中都不周延。又根据规则(四)，结论是否定的，而否定命题的谓项是周延的，即大项在大结论中周延；但大项在前提中是不周延的，这就违反规则(二)，犯了"大项不当周延"的错误。而如果避免"大项不当周延"的错误，用前提中唯一周延的项作为大项，中项又会一次不周延，从而会犯"中项不周延"的错误。因而，以 I 命题和 O 命题为前提，也不能必然得出结论。

综上所述，两个特称命题前提不能推出必然结论。

(七) 如果前提中有一个是特称的，那么结论必是特称的

根据规则(六)，如果两个前提中有一个特称的，那么另一个必是全称的。因此，包括一个特称命题的两个前提，其组合情况不外乎这样四种：分别是 A 命题和 I 命题，分别是 A 命题和 O 命题，分别是 E 命题和 I 命题，分别是 E 命题和 O 命题。由于第四种情况，即 E 命题和 O 命题的组合明显违反规则(三)，无效，所以，可以排除这种情况。

现在看其它三种情况：

(1) 如果两个前提分别是 A 命题和 I 命题，则前提中只有一个周延的项，即 A 命题的主项。根据规则(一)，这个唯一周延的项应当做中项，否则会犯"中项不周延"的错误。这样，小项在前提中不周延，根据规则(二)，小项在结论中也不得周延，所以结论只能是特称的。

(2) 如果两个前提分别是 A 命题和 O 命题，则前提中有两个周

延的项，即 A 命题的主项和 O 命题的谓项。根据规则(一)，这两个周延的项其中一个要充当中项，否则会犯"中项不周延"的错误。另一个项应当充当大项，因为：根据规则(四)，这两个前提中有一个是否定的，结论必是否定的；结论否定，作为结论谓项的大项必是周延的，根据规则(二)，大项在前提中必须周延，否则会犯"大项不当周延"的错误。这样，其余两个不周延的项中必有一个是小项，根据规则(二)，前提中小项不周延，在结论中也不得周延，所以，结论是特称的。

(3) 如果两个前提分别是 E 命题和 I 命题，那么，只能大前提是 E 命题，小前提是 I 命题，而不能是大前提是 I 命题，小前提是 E 命题。因为：如果大前提是 I 命题，是大项在前提中必不周延，而由于小前提是 E 命题，结论必否定；如此，若得结论，则必违反规则(二)，犯"大项不当周延"的错误。所以，应当排除"大前提是 I 命题，小前提是 E 命题"这一情况。而如果大前提是 E 命题，小前提是 I 命题，那么小项在前提中必不周延；根据规则(二)，小项在结论中也不得周延，否则，会犯"小项不当周延"的错误。因而，结论只能是特称的。

综上所述，前提中有一特称命题，所得出的有效结论必然是特称的。

在把握这条规则时应注意：若二前提无一特称(即都是全称)，则结论可以是全称，也可以是特称；若结论是特称，则二前提可以有一个是特称，也可以都是全称；若结论是全称的，则二前提必均为全称。

三、三段论的格和式

(一) 三段论的格

从三段论的形式结构来看，大项、小项和中项在前提中的位置可以有几种不同的排列。其中，只要中项的位置确定了，大项和小项的位置也就确定了。

三段论的格，就是由于中项所处的位置的不同而构成的三段论的不同形式。三段论共有四个格。

第一格：中项在大前提中是主项，在小前提中是谓项。其图式为：

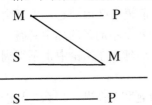

第二格：中项在大、小前提中都是谓项。其图式为：

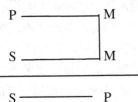

第三格：中项在两个前提中都是主项。其图式为：

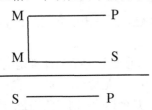

第四格：中项在大前提中是谓项，在小前提中是主项。其图式为：

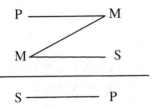

三段论的每个格都有其各自特殊的具体规则，这些具体规则是根据三段论的基本规则结合各格的特殊形式推导出来的。

第一格的规则：

(1) 小前提必须是肯定的。

(2) 大前提必须是全称的。

第二格的规则：

(1) 前提中必须有一个是否定的。

(2) 大前提必须是全称的。

第三格的规则：

(1) 小前提必须是肯定的。

(2) 结论必须是特称的。

第四格的规则：

(1) 如果前提中有一个是否定的，则大前提全称。

(2) 如果大前提是肯定的，则小前提全称。

(3) 如果小前提是肯定的，则结论特称。

(4) 任何一个前提都不能是特称否定命题。

(5) 结论不能是全称肯定命题。

现将第一格的规则证明如下：

(1) 小前提必须是肯定的。

假设小前提是否定的。如此，根据基本规则，大前提必为肯定命题。大前提肯定，则大前提的谓项不周延。而在第一格中，大项是大前提的谓项，所以，大项在大前提中不周延。同时，根据基本规则(四)，结论是否定的。结论否定，则结论的谓项即大项必是周延的。这样，根据基本规则(二)，则犯了"大项不当周延"的错误。这种错误是由于小前提否定造成的。所以，假设不成立，小前提必须是肯定的。

(2) 大前提必须是全称的。

已证此格的小前提是肯定的，则小前提的谓项不周延。在此格中，小前提的谓项是中项，故中项在小前提中是不周延的。根据基本规则(一)，中项在大前提中必须周延。在此格中，中项是大前提的主项，主项要周延，则大前提必须是全称的。

三段论各格有着不同的特点，在实际运用中有着各自的作用。

(1) 第一格的特点是：以一般原理为前提，推出特殊场合的结论。它最为明显地表现出演绎推理的特点，它能够得出 A、E、I、O 四种类型的任何一种命题为结论，所以，传统逻辑称它为"典型格"或"完善格"。

第一格的应用最为广泛，凡是需要运用一般原理解决特殊场合的问题，人们都是运用第一格。这一格在司法实际工作中有着特别重要的作用。所以，通常还被称为"审判格"。司法工作的重要原则之一，就是"以事实为根据，以法律为准绳"。"准绳"就是一般原理，"事实"就是特殊场合。在刑事审判工作中，确定某被告犯罪或给犯罪人量刑时，运用的就是第一格的形式。

(2) 第二格的特点是：结论一定是否定的。因此常用来区别不同的对象，被称为"区别格"。在刑事审判工作中，确定某人的行为不是犯某罪，往往是运用第二格的形式。

(3) 第三格的特点是：只能得出特称结论。因此，凡是需要驳斥某一全称命题时，人们常用第三格得出与这一全称命题相矛盾的特称命题，以达目的。第三格也被称为"反驳格"。

(4) 第四格在实际中运用不多，这里不作讨论。

(二) 三段论的式

三段论的式是由组成三段论的直言命题的具体种类来决定的。

三段论的大前提、小前提和结论可以分别是 A、E、I、O 四种命题中的一种。组成三段论的三个命题的类型不同，就形成了不同的三段论形式，此称为三段论的式。三段论的式一般用三个字母来表示，第一个字母表示大前提的命题类型，第二个字母表示小前提的命题类型，第三个字母表示结论的命题类型。

在三段论的每一格中，A、E、I、O 四种命题都可以分别作为大、小前提和结论，其组合数目为：$4 \times 4 \times 4 = 64$。因此，就其可能性而言，每一格有 64 式，三段论的四个格的可能式共有 $64 \times 4 = 256$ 个。

但是，这 256 个可能式并非都是有效的，其中很多明显违反三段论的规则，例如 AAE、EEE、III、OOO 式等等；还有一些式正确与否要看其属于哪一格，如 AAA 式如果是第一格，就是正确式，如果是第二格，则是错误式。这样，以三段论的基本规则和各格的具体规则来加以衡量，各格之中的有效式如下：

第一格：AAA、(AAI)、AII、EAE、(EAO)、EIO

第二格：AEE、(AEO)、AOO、EAE、(EAO)、EIO

第三格：AAI、AII、EAO、EIO、IAI、OAO

第四格：AAI、AEE、(AEO)、EAO、EIO、IAI

由上可知，四格当中只有 24 个有效式，其中 5 个带括号的称为弱式。弱式是本应得出全称结论，但却得出了特称结论的式。弱式可以看做是派生的有效式，一般不把它们列入有效式中，这样，正确的有效式就是 19 个。

通过三段论格与式的讨论，可以看出，一个三段论，如果仅仅确定了它的式，还不能完全确定它的逻辑形式。因为：同一个格可以存在着不同的式，同一个式也可以存在于不同的格。

四、省略三段论

在日常的讲话或文章中，为了简练，人们常常将三段论的某一部分省略掉。这种没有明白表现出大前提或小前提或结论的三段论，称之为省略三段论。

应该注意，这种省略只是语言表达上的省略，而不是三段论在结构上的省略。任何一个三段论，在逻辑结构上都必须包括大前提、小前提和结论三部分，三者缺一不可。因此，从三段论的构成上看，被省略的部分，仍然是它的必要部分，只不过没有明白地表示出来而已，例如：

① 该被告犯罪的时候不满 18 岁，所以，该被告不适用死刑。

② 凡司法干部都应当熟悉法律，你也应当熟悉法律。

③ 诬告陷害他人是犯罪行为，而犯罪行为是会受到法律制裁的。

以上三例就是三个省略三段论。例①省略了大前提"犯罪时不满 18 周岁的人不适用死刑"。例②省略了小前提"你是司法干部"。例③省略了结论"诬告陷害他人是会受到法律制裁的"。自然语言表达时省略的命题，是在其语境中不言自明的命题。由上例可知，这个省略的命题可以是大前提、小前提，也可以是结论。

在日常生活中，人们大量使用的是这种省略三段论，因为它便于人们敏捷地进行思维活动，使语言表达更简练、更明快。但是，由于省略，有时也会使一些虚假前提或无效形式被掩盖起来。这就需要我们善于把被省略的部分加以补充，使省略三段论恢复成一个完整的三段论，以便于检查出可能存在的逻辑错误。

一般说来，省略三段论的恢复，有以下步骤：

首先，确定已知的命题是两个前提还是一个前提一个结论。一般而言，"因为"、"由于"等联词之前，"所以"、"因此"、"因而"等联结词之后的命题是结论；"因为"、"由于"等联结词之后，"所以"、"因此"、"因而"等联结词之前的命题是前提。如果缺乏推理联结项，就要依据语境来确定。

其次，如果省略的是结论，那就依据两个前提中中项所处的位置，按规则推出结论。

再次，如果省略的是某个前提，那就要进一步确定省略的是大前提还是小前提。倘若已知的前提中含有小项，则已知前提为小前提，省略的为大前提；倘若已知的前提中含有大项，则已知前提为大前提，省略的为小前提。

最后，恢复补充省略的前提。如果省略的是大前提，则依据规则把结论中的大项同小前提中的中项联结起来组成大前提；如果省略的是小前提，则依据规则把结论中的小项同大前提中的中项联结起来组成小前提。

经过以上步骤，如果所得三段论的形式是符合规则的，则该省略三段论的形式就是有效的；反之，就是无效的。

在恢复省略三段论时要注意：不能为了避免省略三段论恢复后出现形式错误而违反它的原意进行恢复；而如果对省略三段论原意的理解存在歧义，那么，在恢复时所补充的命题应力求是真实的。请看下例：

④ 有些损害合法利益的行为不是犯罪行为，例如，紧急避险就不是犯罪行为。

⑤ 未经查证属实的证据是不能作为定案依据的，这个证据是未经查证属实的。

⑥ 有的被告人表情紧张，所以，有的被告人是罪犯。

根据上述恢复三段论的步骤和语境，可判定例④省略了小前提"紧急避险是损害合法利益的行为"，例⑤省略了结论"这个证据是不能作为定案依据的"。将它们恢复为完整的三段论后，既不违背原意，又合乎推理规则，因而均是有效的。例⑥省略的是大前提，但怎样将大项"罪犯"和中项"表情紧张"组成补充的大前提呢？根据规则，由于这个三段论的结论是肯定的，所以被省略的大前提应该是肯定的。若补充的大前提为"所有的罪犯都是表情紧张的"或"所有表情紧张的都是罪犯"，显然，这两个命题都是虚假的；若补充为"有的罪犯是表情紧张的"或"有的表情紧张的是罪犯"，虽然这两个命题都是真实的，但补充哪一个，都会犯"中项不周延"的错误。总之，这个三段论恢复完整以后，或前提虚假，或形式无效，因此，它是错误的。

练 习 题

一、下列语句是否表示命题？

1. 你到过长江吗？
2. 请节约每一滴水吧，朋友！
3. 知识就是力量。
4. 有些看法不容易发生改变。
5. 中国知识分子是社会的中坚力量。
6. 邓小平是中国改革开放的总设计师。
7. 地球上的资源不是取之不尽的。
8. 昆明的气候比北京好。
9. 祝福你中国！

二、分析下列语句表达的是何种直言命题，写出其逻辑形式，并指出其主、谓项的周延情况。

1. 参加自学考试的不都是年轻人。
2. 没有一件家具不是新添置的。
3. 难道概念化的作品能反映丰富多彩的现实生活吗？
4. 不是每一个书法家都是老年人。
5. 无论什么困难都不是不可克服的。
6. 难道他们不是最可爱的人吗？
7. 绝大部分犯了错误的同志并非不愿意改正错误。
8. 没有一个学习好的同学不是刻苦学习的。
9. 我们党的干部多数是好的。

三、已知下列命题为真，写出素材相同的其余三个命题，并根据对当关系指出它们的真假。

1. 丙区队的同学都是学法语的。

2. 有的蜈蚣是没有毒的。

3. 这辆车上的学生都不是去西山的。

4. 外国企业在我国的投资不是不受法律保护的。

5. 有的价值规律是人创造的。

6. 有些违法行为不是犯罪形为。

四、已知下列命题为假，写出素材相同的其余三个命题，并根据对当关系指出它们的真假。

1. 有的金属是绝缘体。

2. 所有价高的商品都是质地优良的商品。

3. 没有生产资料是商品。

4. 相当一部分干部还是中专学历。

5. 这个足球队的队员都不是北方人。

五、根据对当关系选择相关的命题来驳斥下列命题。

1. 社会现象都是有阶级性的。

2. 有些鲸不是哺乳动物。

3. 所有科学家不是自学成才的。

4. 有些天才是生而知之者。

5. 有的昆明人是有车的。

六、下列根据对当关系所进行的推理是否有效？为什么？

1. 我们不感兴趣的东西是不重要的，所以我们不感兴趣的东西不是不重要的。

2. 参加这次研究会的都是中年教师，所以，参加这次研究会的并非有的不是中年教师。

3. 并非一切中药都是苦味的，所以，有些中药是苦味的。

4. 参加家具展览的有些家具展品的设计不是新颖的，所以，说"参加家具展览的所有展品的设计都是新颖的"，这是不对的。

5. 有些人不是钢琴家，所以，有些人是钢琴家。

6. 并非所有教学楼都是四层的，所以，有些教学楼是四层的。

七、对下命题进行换质，并用公式表示之：

1. 没有警官学院学生不聪明。

2. 有些战争是非正义战争。

3. 数学不是不能学好的。

4. 有些植物是绿色的。

5. 所有困难不是不能克服的。

6. 有些花不是非红的。

7. 所有事物都是运动着的。

八、下列命题能否换位？如能，请进行换位，并用公式表示之：

1. 有些画家是书法家。

2. 任何个人主义都不是共产主义。

3. 有些大学生不是青年人。

4. 一切否定命题的谓项都是周延的。

5. 有些电子产品是中国制造的。

6. 优秀的文艺作品都是艺术性比较强的。

7. 有些教学楼不是高层建筑。

九、对下列命题进行换质位，并用公式表示之：

1. 所有的样品都是出售的。

2. 有些大学生不是昆明人。

3. 没有事物不是运动着的。

4. 不搞阴谋诡计的人不是野心家。

5. 夜空中有些发亮的不是星星。

十、请根据换质位和换位法的规则，回答下列问题：

1. 从"优秀文艺作品是受群众欢迎的"。能否推出，"不受群众欢迎的不是优秀文艺作品"？如能，请将这个推理过程及公式表示出来。

2. 从"我们区队有些同学是不学泰语的",能否推出"学泰语的都不是我们区队的同学"或"不学泰语的都是我们区队的同学"的结论?为什么?

3. 从"不劳动者不得食",能推出"得食者"怎么样?

4. 从"凡是正确的推理都是形式正确的推理",能推出"形式正确的推理"怎样?又能推出"不正确的推理"怎样?

5. 由"凡是好干部都是人民的勤务员"推出:

(1) 有些好干部不是人民的勤务员。

(2) 不是人民的勤务员不是好干部。

(3) 凡是人民的勤务员都是好干部。

6. 由"各种形式的社会主义都不是有利于发展生产力"推出

(1) 有利于发展生产力的都是社会主义。

(2) 不利于发展生产力的都不是社会主义。

十一、分析下列三段论的大前提、小前提、结论及大项、小项、中项并写出其逻辑形式。

1. 海绵是生物,而海绵是不能自己移动的,所以,有些生物是不能自己移动的。

2. 经济规律是不以人们的意志为转移的,因为经济规律是客观规律,客观规律总是不以人们的意志为转移的。

3. 改革开放政策是受到人民拥护的政策,凡是受到人民拥护的政策都是符合人民的根本利益的,所以,改革开放政策是符合人民的根本利益的。

4. 所有公安类学生必修逻辑学,侦察系学生是公安类学生;因此,有的侦察系有学生必修逻辑学的。

5. 瓦特没有受过高等教育,瓦特是大发明家,可见,有些大发明家并未受过高等教育。

6. 所有民主党人都是驴子，有些政客是民主党人，所以，有些驴子是政客。

十二、下列三段论是否正确，如不正确，它违反了哪条规则。

1. 小学生是在小学学习的，小明是在小学学习的，所以，小明是小学生。

2. 所有天才都是有怪癖的，有些伟大的棋手是天才，所以，有些伟大的棋手有怪癖。

3. 有的杀人罪是故意犯罪，某甲的行为不是故意犯罪，所以，某甲的行为不是杀人罪。

4. 没有规则会有例外，有例外的东西就不能严格执行，所以，所有规则都能够严格执行。

5. 并非所有牛津大学的学生都是聪明人，所有聪明人都前途无量，因此，没有牛津大学的学生前途无量。

6. 共青团员都要起模范带头作用，我不是共青团员，所以，我不要起模范带头作用。

7. 海豚不是鱼，海狮不是海豚，所以，海狮不是鱼。

8. 并非所有的唯物主义者都不是马克思主义者，而没有一个共产主义者不是马克思主义者，因此，所有的共产主义者都是唯物主义者。

9. 一区队没有一个学员不是昆明人，一区队没有一个学员不是学经济的，所以，学经济的都是昆明人。

10. 并非有的学术论文需要创造艺术形象，电影剧本不是不需要创造艺术形象的，所以，电影剧本不是学术论文。

11. 没有优秀的文艺作品不受群众欢迎的，短篇小说并不都是受群众欢迎的，所以，有些短篇小说不是优秀的文艺作品。

12. 并非有的律师不是懂法的，并非从事诉讼的专职人员不是律师，所以并非从事诉讼的专职人员不懂法。

13. 中国人是勤劳善良的，我是中国人，所以，我是勤劳善良的。

14. 并非有的学术论文无需遵守逻辑要求，理论文章没有不要遵守逻辑要求，所以，理论文章都是学术论文。

十三、试分析下列省略三段论，要求指出它省略了哪一部分，把它恢复成完整的三段论，并分析是否正确。

1. 我们是唯物主义者，所以，我们不应当割断历史。

2.《阿凡达》是得奖的影片，所以它是优秀影片。

3. 我们在改革中所碰到的困难是前进中的困难，因而都是可以克服的。

4. 马季不是京剧演员，所以，相声演员都不是京剧演员。

5. 唯物主义的理论是真理，而任何真理都不是封闭的。

6. 李某是杀人犯，因为李某身上有血迹。

7. 正当防卫不是犯罪行为，所以，他的行为不是犯罪行为。

第四章　关系命题及其推理

第一节　关　系　命　题

一、什么是关系命题

关系命题是反映事物与事物之间具有或者不具有某种关系的命题。例如：

① 所有中国人都爱好和平。

② 公安工作与人民检察院工作是密切联系的。

③ 证人认识被害人，被害人认识凶手。

这些都是关系命题。例①反映了"所有中国人"与"和平"之间有"爱好"的关系；例②反映了"公安工作"和"人民检察院工作"之间具有"密切联系"的关系；例③反映了"证人"与"被害人"之间，"被害人"与"凶手"之间存在"认识"的关系。

事物的性质和事物之间的关系不同。性质可以为某一对象所具有，关系却不能为某一对象所具有。关系只能存在于两个或者两个以上的对象之间。所以，关系命题的断定对象必须是两个或两个以上。例①和②都是具有两个断定对象的关系命题，例③则是具有三个断定对象的关系命题。

从上述各种关系命题来看，任何一个关系命题都由三个部分组成，即：关系者项、关系项和关系量顶。

(一) 关系者项

关系者项是命题中关系的承担者的概念，也就是关系命题的主项。如上面例①中的"中国人"和"和平"，例②中的"公安工作"和"人民检察院工作"，例③中的"证人"、"被害人"和"凶手"。关系者项可以是两个、三个，也可以更多。在两项关系中，在前的关系者项称为关系者前项，在后的关系者项称为关系者后项，如果关系者项较多，则可分别称之为第一关系者项、第二关系者项、第三关系者项……分别用 a、b、c 等表示。关系者项在关系命题中的位置不可变换，如"5 小于 10"不可变化为"10 小于 5"。

(二) 关系项

关系项是关系的承担者，表示关系者项之间所存在的关系的概念，也就是关系命题的谓项。如上面例①中的"爱好"，例②中的"联系"，例③中的"认识"。一般用"R"表示。

(三) 关系量项

关系量项是表示关系者项数量状况的量词。每一个关系者项都可以有量项。如果把单称量项作为全称量项来考虑的话，那么关系量项有全称和特称两种，例如：

① 该旅游团的人都赞美桂林所有的景点。

② 所有的听众都欣赏了音乐会的那几个节目。

③ 有的学生喜欢所有的课程。

④ 有的群众敬佩有的警察。

上面四个关系命题可以分别用逻辑形式表示为：

① 所有 aR 所有 b。

② 所有 aR 有的 b。

③ 有的 aR 所有 b。

④ 有的 aR 有的 b。

这四个逻辑形式是二项关系命题的四种表现形式，但涉及到量项的关系命题是比较复杂的。如果不考虑关系量项，只考虑关系者项和关系项，那么一个二项关系命题就可以简单表示为：aRb，或表示为 R(a、b)。一个三项关系命题则可以表示为：aRbRc，或表示为 R(a、b、c)。依次类推，一个多项关系命题可以表示为：R(a、b、c、d…)。

关系命题有肯定的，也有否定的。例如："犯罪嫌疑人程和犯罪嫌疑人刘不是同案犯"，就是否定关系命题，反映"程犯"和"刘犯"这二个关系者项之间没有"同案犯"的关系，用逻辑形式可表示为 aRb 或 R(a、b)。

关系命题中的关系者项也有周延性问题，如果一个关系命题反映了关系者项的全部外延，那么这个关系者项就是周延的；否则是不周延的。例如，在"所有的居民喜欢有的社区民警"中，"居民"周延，"社区民警"不周延；在"所有的居民喜欢所有的社区民警"中，"居民"周延，"社区民警"也周延；在"有的居民喜欢所有的社区民警"中，"居民"不周延，"社区民警"周延。不难看出，如果关系者项被全称量项限定，那么它就是周延的。如果某关系者项被特称量项限定，那么它就是不周延的。需要指出，在关系命题中如果某关系者项是单独概念，那么，该关系者项是周延的。例如：

张警官想念昔日的云南警官学院同学。

在这一关系命题中，关系者前项"张警官"是单独概念，他是周延的。

二、关系的性质

客观事物之间的关系是纷繁复杂、多种多样的，如时间上的"早于"、"晚于"等关系；数量上的"大于"、"小于"等关系；社会上的"师生"、"邻居"等关系；法律方面的有"继承"、"控告"、"抚养"等关系；刑事案件方面的有"同案"、"合谋"、"杀害"等关系；

军事方面的有"战胜"、"战败"、"进攻"等关系,我们不可能把这些客观的具体关系一一加以考察。但是,在各种极不相同的具体关系中存在着一些共同的逻辑特性,这种特性就是逻辑学的考察对象,我们可以从许多关系中抽象出一些具有共同逻辑特性的关系加以研究。下面介绍二元关系的两种重要性质,即关系的对称性和关系的传递性。

(一) 关系的对称性

关系的对称性问题,就是研究当一个事物 a 与另一个事物 b 之间具有 R 关系时,b 与 a 之间是否也具有 R 关系;换而言之,就是研究当 aRb 真时,bRa 是否也真。这包括三种情况:对称、反对称和非对称。

1. 关系的对称

对于特定论域中的任意对象 a 和 b,如果 a 和 b 之间有关系 R,那么,b 与 a 之间也一定有关系 R,a 和 b 就是对称关系。即如果 aRb 真,那么 bRa 也一定真。在这种情况下,关系 R 就是对称的。例如:"同时"就是一个对称关系,因为,如果 a 和 b 同时,那么,b 和 a 也一定同时。"相等"也是一个对称关系,因为,如果 a 和 b 相等,那么,b 和 a 也一定相等。再如,"贵州和云南相邻,"这里的"相邻"关系就是对称关系,因为,既然贵州和云南相邻,那么,云南和贵州也一定相邻。

其他诸如"相同"、"邻居"、"夫妻"、"同乡"、"战友"、"矛盾"、"朋友"关系等,也都是对称关系。

2. 关系的反对称

对于特定论域中的任意对象 a 和 b 之间有关系 R,那么,b 和 a 之间一定没有关系 R,即如果 aRb 真,那么,bRa 一定假。在这种情况下,关系 R 就是反对称的。或者说,对于 x 类中的任何两个分子 a 和 b,如果公式 aRb 为真,公式 bRa 必定为假,那么关系 R 在

x 类中为反对称关系。例如：

"击败"、"小于"就是反对称关系。因为，如果 a 击败 b，那么，b 一定没有击败 a。如果 a 小于 b，那么，b 一定不小于 a。再如，"犯罪嫌疑人刘某受贿的赃款多于犯罪嫌疑人史某"，这里的"多于"关系就是反对称关系。因为，既然犯罪嫌疑人刘某受贿的赃款多于犯罪嫌疑人史某，那么，犯罪嫌疑人史某受贿的赃款肯定不会多于犯罪嫌疑人刘某。

其他诸如"侵略"、"剥削"、"高于"、"重于"、"大于"、"早于"、"先于"、"以北"、"……是……的父亲"等，也都是反对称关系。

3. 关系的非对称

对于特定论域中的任意对象 a 和 b，如果 a 和 b 之间有关系 R，那么，b 与 a 之间可能有关系 R，也可能没有关系 R，即如果 aRb 真，那么，bRa 可能为真，也可能为假。在这种情况下，关系 R 就是非对称的。例如：

"认识"、"殴打"就是非对称关系。因为，如果 a 认识 b，则 b 可能认识 a，也可能不认识 a。如果 a 殴打 b，则 b 可能殴打 a，也可能没有殴打 a。再如，"张老师帮助李老师"。这里的"帮助"关系就是非对称关系。因为，张老师帮助李老师，而李老师是否也帮助张老师，这很难说，可能帮助张老师，也可能没有帮助张老师。

此外，"支持"、"反对"、"信任"、"批评"、"控告"、"教唆"、"诬陷"、"喜欢"、"支援"等关系都是非对称关系。

(二) 关系的传递性

关系的传递性问题，是研究当对象 a 与对象 b 有某种关系，并且对象 b 与对象 c 也有这种关系时，a 与 c 是否也具有这种关系。或者说，就是研究当 aRb 真时，aRc 是否为真。这包括三种情况：传递关系、反传递关系和非传递关系。

1. 传递关系

传递关系是指对象 a 与对象 b 有某种关系，而且对象 b 与对象 c 也有这种关系时，对象 a 与对象 c 必定有这种关系。或者说，当 aRb 真并且 bRc 真时，aRc 恒真，则关系 R 具有传递性。例如：

"大于"就是传递的。因为 8 大于 5 并且 5 大于 2，则 8 一定大于 2。又如，"美国的暴力犯罪率高于法国，法国的暴力犯罪率高于日本"。这个例子里的"高于"关系，就是传递性关系。因为我们可以根据美国的暴力犯罪率高于法国，法国的暴力犯罪率高于日本，而得知美国的暴力犯罪率一定高于日本。

此外，"年长于"、"等于"、"早于"、"比……多"、"……在……以北"、"晚于"、"平行"、"重于"等都是传递关系。

2. 反传递关系

反传递关系是指对象 a 与对象 b 有某种关系，而且对象 b 与对象 c 也有这种关系，但是对象 a 与对象 c 必然没有这种关系。或者说，当 aRb 真并且 bRc 真时，aRc 恒假，则关系 R 具有反传递性。例如：

"……是……爷爷"是一种反传递关系。因为，如果 a 是 b 的爷爷，b 是 c 的爷爷，那么，a 一定不是 c 的爷爷。又如，"发案时间比逮捕时间早一个月，逮捕时间比结案时间早一个月"。这里的"早一个月"就是反传递性关系。

另外，"母女"、"快 3 分钟"、"高 2 公分"、"年长两岁"、"迟一个星期"等都是反传递关系。

3. 非传递关系

非传递关系是指对象 a 与对象 b 有某种关系，而且对象 b 与对象 c 也有这种关系，对象 a 与对象 c 可能有这种关系，也可能没有这种关系。或者说，当 aRb 真并且 bRc 真时，aRc 可能真，也可能假，则关系 R 具有非传递性。例如：

"认识"就是非传递性关系。因为若小皓认识小宁并且小宁认识小包，则小皓也许认识小包，也许不认识小包。又如，"第一现场与第二现场相距二公里"，"第二现场与第三现场也相距二公里"。这里的"相距二公里"关系就是非传递关系。

此外，"朋友"、"喜欢"、"帮助"、"教唆"、"佩服"、"相邻"等都是非传递关系。

以上就是我们所要认识的关系的性质，某一关系可能兼有几种逻辑特征。例如"先到"是反对称关系，是传递关系；"等于"是对称关系，又是传递性关系。因此，对于某一个具体的关系，我们既可以从关系的对称性角度又可以从关系的传递性角度进行分析，这样有助于正确地使用关系命题，从而正确地进行关系推理。

第二节 关系推理

关系推理又叫关系命题推理，它是指前提中至少有一个关系命题，并且根据前提中关系的逻辑性质，推出以关系命题为结论的推理。关系推理可以分为两类；一类是纯关系推理，另一类是混合关系推理。

一、纯关系推理

纯关系推理就是前提和结论都是关系命题，并且根据关系的性质由前提必然推出结论的推理。例如：

① 甲案先于乙案发生，

所以乙案晚于甲案发生。

② 老林是大林的父亲

大林是小林的父亲

所以老林不是小林的父亲

纯关系推理根据前提中关系命题的数量，可以分纯直接关系推理和纯间接关系推理。

(一) 纯直接关系推理

纯直接关系推理就是从关系命题推出另一个关系命题的关系推理。常见的有两种：对称关系推理和反对称关系推理。

1. 对称关系推理

对称关系推理是根据对称关系命题的逻辑性质进行推演的关系推理。他的前提和结论均为关系命题。如：

直线 a 与直线 b 交叉，

所以直线 b 与直线 a 交叉。

这就是一个直接关系推理，它根据"交叉"这一关系的对称性而推演的，因此逻辑上称为"对称关系推理"，其形式结构为：

a R b

所以，bRa

例如：

① 张三和李四是战友，

所以，李四和张三是战友。

② 小许和小陈是同案犯，

所以，小陈和小许是同案犯。

2. 反对称关系推理

反对称关系推理是根据关系的反对称性进行推演的关系推理，它的前提和结论均为关系命题。例如：

10 大于 9，

所以 9 不大于 10。

它是根据"大于"这一关系的反对称性而推演的，因此逻辑上称为"反对称性关系推理"，其逻辑形式表示为：

aRb

所以，bRa(R 表示具有反对称性的关系)

又如：

① 广东在湖南的南面，

所以，湖南不在广东的南面

② 故意犯罪的危害性大于过失犯罪，

所以，过失犯罪的危害性不大于故意犯罪。

纯直接关系推理是根据关系的对称和反对称的逻辑性质进行的推理，结论是必然的。我们在进行纯直接关系推理时，要注意区分几种不同的关系，不要把非对称关系作为对称关系进行推理，否则就有可能推出错误的结论，这就违反了必然性推理的逻辑特征。例如：我认识她，所以他也认识我。在这个推理中，就把表示非对称关系的"认识"作为对称关系进行推理，所以，结论是或然的。

(二) 纯间接关系推理

纯间接关系推理是以两个或两个以上的关系命题为前提所进行的关系推理。它包括传递关系推理和反传递关系推理。

1. 传递关系推理

传递关系推理是根据关系的传递性而进行推演的间接关系推理。例如：

① 死刑重于无期徒刑；无期徒刑重于有期徒刑；所以，死刑重于有期徒刑。

② 凶杀案的第一现场在死者卧室之南；第二现场在第一现场之南；所以，第二现场在死者卧室之南。

传递关系推理的逻辑形式表示为：

aRb

bRc

所以，aRc

又如：

长江在淮河以南，

淮河在黄河以南，

所以，长江在黄河以南。

2. 反传递关系推理

反传递关系推理是根据反传递关系的逻辑性质进行推演的关系推理。例如：

① 甲案比乙案早三天发生，乙案比丙案早三天发生，所以，甲案不是比丙案早三天发生。

② 田老师是方老师的母亲，方老师是林老师的母亲，所以，田老师不是林老师的母亲。

反传递关系推理的逻辑形式表示为：

aRb

bRc

所以，aRc

又如：

张三比李四大 3 岁，

李四比王五大 3 岁，

所以，并非张三比王五大三岁。

纯间接关系推理是根据关系的传递和反传递的逻辑性质进行的推理，结论是必然的。我们在进行纯间接关系推理时，要注意区分几种不同的关系，不要把非传递关系作为传递关系进行推理，否则就有可能推出错误的结论。例如，"老李教唆大李，大李教唆小李，所以，老李教唆小李"。在这个推理中，就把表示非传递关系的"教唆"当作传递关系进行推理，所以，这一推理不能成立。

二、混合关系推理

混合关系推理是以一个关系命题和一个直言命题为前提，并根据前提命题逻辑特征而必然推出另一关系命题为结论的推理。例如：

① 所有侦查人员都反对一切违法乱纪的行为；

    刑讯逼供、敲诈勒索都是违法乱纪的行为；

    所以，所有侦查人员都反对刑讯逼供、敲诈勒索。

② 二区队所有的学生都拥护他们的区队长；

    李龙是二区队的学生；

    所以，李龙拥护他们的区队长。

这两个推理就是混合关系推理。

例①可用逻辑形式表示为：

    所有 a 与所有 b 有 R 关系；

    所以 c 都是 b；

    所以，所有 a 与所有 c 有 R 关系。

例②可用逻辑形式表示为：

    所有 a 与所有 b 有 R 关系；

    所以 c 都是 a；

    所以，所有 c 与所有 b 有 R 关系。

从以上例子可以看出，混合关系推理类似于直言三段论，他们都有三个不同的概念充当性质命题的主项、谓项或关系命题的关系者项。其中有一个概念在前提中出现两次，在结论中不出现，通常叫做媒介概念，相当于直言三段论的中项。因此，混合关系推理又叫做关系三段论。

混合关系推理的特点在于：它是以两个前提中的一个共同概念为媒介，用直言命题的主项(或谓项)去替换关系命题中的一个关系项，从而形成新的关系命题为结论。混合关系推理有以下几条规则：

(1) 媒介概念在前提中至少要周延一次。

前提中关系命题的任一关系若与直言命题的主项(或谓项)为同一概念，该概念就是媒介概念，但它必须周延一次才能发挥媒介作用。

(2) 在前提中不周延的概念，在结论中不得周延。

(3) 前提中的直言命题必须是肯定的。

(4) 如果前提中的关系命题是肯定的，那么结论中的关系命题也必须是肯定的；如果前提中的关系命题是否定的，那么结论中的关系命题也必须是否定的。

(5) 如果关系的性质不是对称的，那么在前提中作为关系者前项(或后项)的那个概念，在结论中也必须相应地作为关系者前项(或后项)。

凡遵守了这五条规则的混合关系推理都是正确的，违反了其中任何一条规则的混合关系推理都是不正确的。如下面这个混合关系推理就是不正确的：

> 有的选民赞成所有的候选人，
>
> 林森是选民，
>
> 所以，林森赞成所有的候选人。

这一推理违反了推理规则 1，即"选民"这一媒介概念在两个前提中一次也没有周延。所以，这个混合关系推理是不正确的。

又如：

> 我们反对侵略战争；
>
> 一切侵略战争都是战争；
>
> 所以，我们反对一切战争。

这一推理不正确，因为它违反了"在前提中不周延的概念，在结论中也不得周延"的规则。因为"战争"在小前提中是不周延的，在结论中却周延了。

思 考 题

1. 什么是关系命题？

2. 什么是关系者项、关系项和关系量顶？

3. 关系的逻辑性质是哪些？

4. 什么是关系推理？

5. 什么是纯关系推理？它有哪几种？

6. 什么是混合关系推理？它有哪几条规则？

练 习 题

一、分析以下推理是否正确，为什么？

1. 马宾和廖和平是同事，所以，廖和平和马宾也是同事。

2. 王新和晓峰是邻居，晓峰和张红是邻居，所以王新和张红也是邻居。

3. M 概念与 N 概念具有反对关系，N 概念与 G 概念具有反对关系，所以，M 概念与 G 概念具有反对关系。

4. 所有文学院的学生都喜欢古典文学作品，《反杜林论》不是古典文学作品，所以，文学院的学生都不喜欢《反杜林论》。

5. 所有的文学作品都有人评论，《西游记》是文学作品，所以，《西游记》有人评论。

6. 有的大学生喜欢逻辑学课，子皓是大学生，所以，子皓喜欢逻辑学课。

7. 姜楠认识建筑公司的总经理周某，所以，建筑公司的总经理周某也一定认识姜楠。

8. 姜勋不喜欢小说，《红与黑》是小说，所以，姜勋不喜欢《红与黑》。

二、从对称性的角度分析下列命题中划有横线的关系各属何种关系？

1. 概念一<u>包含于</u>概念二。

2. 命题一<u>等值于</u>命题二。

3. 狂龙队<u>战胜</u>猛虎队。

4. 春华帮助过春明。

5. 大鹏和晓玲同岁。

6. 命题一和命题二是矛盾的。

7. 永强欺骗广辉。

8. "啊乐爱慕啊勋"。

三、从传递性角度，分析下列命题中标有横线的关系各属何种关系？

1. 史某控告了邱某，邱某控告了刘某。

2. 北京在杭州以北，杭州在广州以北。

3. 红旗明星队被绿源俱乐部队战败，绿源俱乐部队被超人联队战败。

4. 学生们尊敬陆老师，陆老师尊敬郭校长。

5. 朝虎支持夏辉，夏辉支持雷炜。

四、下列关系推理是否正确？为什么？

1. 吕静的家离韶州公园很近，姜勋的家离韶州公园也很近，所以，吕静的家离姜勋的家很近。

2. 苹果足球队败给了香蕉足球队，香蕉足球队又败给了橙子足球队，所以，这次足球赛的名次是冠军为橙子足球队，亚军是香蕉足球队，苹果足球队获第三名。

3. 乾隆晚于雍正，雍正晚于康熙，所以，乾隆晚于康熙。

4. 方伟佩服吕静，所以，吕静也佩服方伟。

5. 始兴县支援翁源县，所以，翁源县支援始兴县。

6. 美国在加拿大以南，巴西在美国以南，所以，巴西在加拿大以南。

7. 所有纺纱车间的工人都拥护方厂长，织布车间的工人不是纺纱车间的工人，所以，织布车间的工人不拥护方厂长。

8. 一区队有的同学批评了小彭，沈娴是一区队同学，所以沈娴也批评了小彭。

9. 欧君认识俊军，俊军认识群羚，所以，欧君也认识群羚。

五、根据关系推理的知识从下列选项中选择正确答案。

市公安局的几个部门足球队被认为实力旗鼓相当。但事实上有些队稍弱，有些队稍强。假如上星期六的治安队胜了刑侦队。假如上上星期六刑侦队胜了禁毒队。下星期六治安队与禁毒队比赛，结果会如何？

A. 治安队肯定会赢。

B. 治安队很可能赢，也可能输。

C. 治安队很可能输，也可能赢。

D. 治安队肯定输。

E. 比赛将以平局告终。

六、指出下列性质判断的类型，并分析其组成。

1. 累犯不适用缓刑。

2. 被告人钱某交代的材料中有的是尚未核实的。

3. 自然科学是没有阶级性的。

4. 没有一个有理数不是实数。

七、从对称性和传递性两方面分析下列关系判断中的关系项各表示何种关系。

1. "1.01 案"发生在"3.13 案"之前。

2. 张某控告李某。

3. 向某欺骗钱某。

4. 第一现场在大桥以北。

5. 李某得到赃款比王某得到的赃款多两千元。

6. 概念一真包含概念二。

第五章 模态命题及其推理

第一节 模 态 命 题

一、什么是模态命题

模态命题即反映事物可能性或必然性的命题。其可从广义和狭义两个方面来理解，广义的模态命题指一切包含有模态词(如"必然"、"必须"、"可能"、"禁止"、"允许"等)的命题，而狭义的模态命题特指包含有"必然"和"可能"这类模态词的命题。本文所指模态命题均为狭义的模态命题。例如：

物体间必然存在引力。

今天可能会下雨。

这两个模态命题。第一个反应了物体间存在引力的必然性，第二个反映了今天会下雨的可能性。

模态命题可以是简单的命题，也可以是复合的。例如：

警官院校的学生在一对一格斗中占得上风是有可能的，一对多也是有可能的。

温饱问题普遍存在的国家，其经济发展会受到很大的阻碍，这是必然的。

上述两个模态命题。前者反映了警官院校的学生的"一对一"和"一对多"的格斗中占上风都是有可能的，后者反映的是"温饱问题普遍存在的国家"和"其经济发展会受到很大阻碍"之间充分条件关系的必然存在。这就是复合命题。基于复合命题是建立在简单命题的基础之上的，因此，本书主要讨论简单的模态命题及其推理。

二、模态命题的种类

根据命题所反映的事物的模态情况，可将模态命题分为必然命题和可能命题。

(一) 必然命题

必然命题反映的是事物必然性情况的命题，根据事物是否必然具有某种情况，又可分为必然肯定命题及必然否定命题。

1. 必然肯定命题

必然肯定命题，即反映事物情况必然存在的命题。例如：

物体间必然具有引力。

必然肯定命题可用公式表示为："S 必然是 P"，也可以简化为"必然 P"或"$\Box$P"(在这里，"P"表示命题，"$\Box$"是"必然"模态词的人工表意符号)。

2. 必然否定命题

必然否定命题，即反映事物情况必然不存在的命题。例如：

太阳必然不从西方升起。

必然否定命题可用公式表示为："S 必然不是 P"，也可简化为"必然 ¬P"(必然非 P)或"$\Box$¬P"。

(二) 可能命题

可能命题是反映事物可能性情况的模态命题。可能命题分为可能肯定命题和可能否定命题两种。

1. 可能肯定命题

可能肯定命题是反映事物某种情况可能存在的命题。例如：

明天可能会下雨。

命题反映明天下雨的可能性是存在的。

可能肯定命题可用公式表示为："S 可能是 P"或"S 是 P 是可能的"，也可简化为"可能 P"或"◇P"(这里的 "◇"是"可能"模态词的人工表意符号)。

2. 可能否定命题

可能否定命题是反映事物某种情况可能不存在的命题。例如：

某甲可能不是作案人。

命题反映某甲不是作案人的可能性。

可能否定命题可用公式表示为："S 可能不是 P"或"S 不是 P 是可能的"，也可简化为"可能 ¬P(即"可能非 P")"或"◇¬P"。

三、模态命题之间的关系

以上四种模态命题之间，我们可以用逻辑方阵的形式来表示出他们类似性质命题对当关系的那样一种真假关系，如图 5-1 所示。

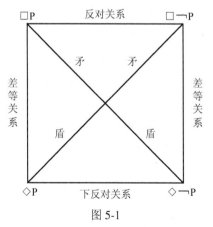

图 5-1

此图表明：

□P 和 □¬P 之间的关系是反对关系。其中，一个真，另一个必假；一个假，另一个则真假不定。

◇P 与 ◇﹁P 之间的关系是下反对关系。其中，一个假，另一个必真；一个真，另一个则真假不定。

□P 与 ◇﹁P，以及 □﹁P 与 ◇P 之间是矛盾关系。其中，一个真，另一个必假；一个假，另一个必真。

□P 与 ◇P，以及 □﹁P 与 ◇﹁P 之间的关系是差等关系。就□P 与 ◇P 来说，如果 □P 为真，◇P 必真；□P 为假，则◇P 真假不定；◇P 为假，□P 必假；◇P 为真，□P 则真假不定。□﹁P 与 ◇﹁P 之间的关系同上。

四、事物的模态和认识的模态

在前述的各种模态命题中，我们还必须注意区分这样两种不同的情况：

(1) 人们使用模态命题是用以如实反映事物本身确实存在的可能性和必然性。例如："物体间必然具有引力"、"抛掷硬币可能出现正面"这两个模态命题，他们分别反映了事物客观存在的必然性和可能性，这就是一种事物的模态。

(2) 对事物是否确实存在某种情况，一时还不是十分清楚，不是非常确定，因而只好用可能命题来表示自己对事物情况反映的不确定性的性质。例如："外太空可能有另外一个类似地球的宜居星球"、"李华可能是今年的第一名"，这些就是一种认识的模态，也叫主观的模态。

两种模态显然不同，不能将他们混为一谈。事物的模态，是客观事物存在的实际情况，不以人们的意志为转移。认识的模态是人们在认识过程中对事物情况的认知差异所造成的，它受到各种客观条件(比如：历史的、科学的等)和主观条件限制。

第二节　模　态　推　理

模态推理是以模态命题为前提的推理，它是根据模态命题的性质进行的推演。例如：

　　任何人的寿命都必然是有限的，

　　所以，任何人的寿命都不可能是无限的。

这是一个模态推理，它的前提和结论都是模态命题，它是根据"必然"、"可能"这两个模态命题的关系进行推演的。

关于模态推理的研究，可以追溯到二千年多年前古希腊，早在那时哲学家亚里士多德便对此做过深入的研究。由于内容众多，因此本书针对其中比较简单的几种进行相关探讨，即：根据模态逻辑图进行推演的模态推理、根据"实然"、"必然"和可能的关系进行推演的模态推理以及模态三段论。

一、模态命题对当关系推理

上一节已经介绍过了四种模态命题之间的对当关系，并用逻辑图进行了展示。根据模态逻辑方阵四种模态命题之间的真假对当关系，可构成一系列模态推理。

(一) 模态反对关系推理

□P 和 □¬P 之间的关系是反对关系。其中，一个真，另一个必假；一个假，另一个则真假不定。

　　必然 P → 不必然非 P(□P → ¬□¬P)

　　必然非 P → 不必然 P(□¬P → ¬□P)

(二) 模态命题矛盾关系推理

□P 与 ◇¬P，以及 □¬P 与 ◇P 之间是矛盾关系。其中，一个真，另一个必假；一个假，另一个必真。

必然 P → 不可能非 P(□P → ¬◇¬P)

必然非 P → 不可能 P(□¬P → ¬◇P)

可能 P → 不必然非 P(◇P → ¬□¬P)

可能非 P → 不必然 P(◇¬P → ¬□P)

(三) 模态差等关系推理

□P 与◇P，以及□¬P 与◇¬P 之间的关系是差等关系。就□P 与◇P 来说，如果□P 为真，◇P 必真；□P 为假，则◇P 真假不定；◇P 为假，□P 必假；◇P 为真，□P 则真假不定。□¬P 与◇¬P 之间的关系同上。

必然 P → 可能 P(□P → ◇P)

必然非 P → 可能非 P(□¬P → ◇¬P)

不可能 P → 不必然 P(¬◇P → ¬□P)

不可能非 P → 不必然非 P(¬◇¬P → ¬□¬P)

(四) 模态命题下反关系推理

◇P 与◇¬P 之间的关系是下反关系。其中，一个假，另一个必真；一个真，另一个则真假不定。

不可能 P → 可能非 P(¬◇P → ◇¬P)

不可能非 P → 可能 P(¬◇¬P → ◇P)

二、根据"实然"、"必然"、"可能"进行推演的模态推理

在日常表述中，实然命题一般不用"实然"词表示，我们用"P"和"非 P"来分别表示实然肯定命题和实然否定命题。本书中，我们将实然命题当做非模态命题看待。

P 和必然 P、可能 P，以及非 P 和必然非 P、可能非 P，有以下

几种关系：(1) 如果 P 真，则可能 P 真；(2) 如果必然 P 真，则 P 真；(3) 如果非 P 真，则可能非 P 真；(4) 如果必然非 P 真，则非 P 真。根据这几种关系，我们将其构成以下四种模态推理。

(1) P→可能 P(P→◇P)。

例如：

  李雷得体育成绩是优秀的，

  所以，李雷的体育成绩可能是优秀的。

(2) 必然 P→P(□P→P)。

例如：

  在习总书记的指挥下，

  我国必然取得反恐的胜利，

  所以，在习总书记的指挥下，我国会取得反恐的胜利。

(3) 非 P→可能非 P(¬P→◇¬P)。

例如：

  并非邪恶能战胜正义，所以，可能邪恶不能战胜正义。

(4) 必然非 P→非 P(□¬P→¬P)。

例如：

  非系统的学习方法必然不会事半功倍，

  所以，非系统的学习方法不会事半功倍。

由以上推理可以看出："必然"的陈述较"实然"的陈述多，"实然"的陈述较"可能"的陈述多。因此，可以从必然推出实然，从实然推出可能。反之，便无法推导，即不能由可能推出实然，由实然推出必然。例如："他可能会画画"不能推出"他会画画"，更不能推出"他必然会画画"。

三、模态三段论

模态三段论就是以模态命题为前提和结论的三段论，也可以说，模态三段论就是在三段论系统中引入模态词所构成的三段论。下面只介绍其中比较简单的四种：

(1) 必然和实然结合的模态三段论。

这种模态三段论的推理形式如：所有的 M 都是 P，所有的 S 都是 M，所以，所有的 S 必然是 P。例如：

> 历史上产生的东西最终必然要消亡，
>
> 资本主义制度是历史上产生的东西，
>
> 所以，资本主义制度必然最终要消亡。

(2) 可能和实然结合的模态三段论。

这种模态三段论的推理形式如：所有的 M 都是 P，所有的 S 都是 M，所以，所有的 S 可能是 P。例如：

> 凡是在场的都可能是凶手；
>
> 李雷案发当晚在场；
>
> 所以，李雷可能是凶手。

(3) 必然模态三段论。

必然模态三段论是在三段论中引入"必然"这一模态词所构成的三段论。以 AAA 式为例，它的推理形式是：所有的 M 必然是 P，所有的 S 必然是 M，所以，所有的 S 必然是 P。例如：

> 肉食动物都必然要进行捕猎活动；
>
> 猎狗是肉食动物；
>
> 所以，猎狗必然进行捕猎活动。

(4) 必然和可能结合的模态三段论。

这种模态三段论比较复杂，其推理形式是：M 必然是 P，S 可能是 M，所以，S 可能是 P。例如：

> 目前中国的所有大学生都必然掌握了一门外语；
>
> 小李可能是大学生；
>
> 所以，小李可能掌握了一门外语。

第三节　规　范　命　题

一、什么是规范命题

在第一节中，我们已经指出，模态命题分广义和狭义两种。狭义的模态命题主要指可能命题和必然命题，而广义的模态命题泛指一切包含有模态词的命题，即除了可能命题与必然命题这类涉及一个陈述是真或假的模态命题外，还包含"必须"、"允许"、"禁止"这类涉及人的行为规范的模态词的模态命题。可见，规范命题是一种广义的模态命题，它是在一定情况下，给人的行为提出某种命令或规定的命题。例如：

所有儿童必须完成九年义务教育。

允许大学生在校期间谈恋爱或者不谈恋爱。

这些命题是规范命题，前者表示：所有儿童完成九年义务教育这一行为是必须的。后者表示，大学生谈恋爱和不谈恋爱都是允许的，既可以谈，也可以不谈，对此学校不加以禁止。

规范命题可以是简单命题，如前例；也可以是复合命题，如后者。但是，正如一切复合命题归根结底都以简单命题为其基础一样，复合的规范命题也是以简单的规范命题为基础的。所以，本节仅针对简单的规范命题进行相关分析。

二、规范命题的种类

在现代规范逻辑中，作为逻辑常项的规范模态词，主要有三个：

(1) "必须"(用大写应为字母"O"表示)。现代汉语中，表示这一类规范词的还有"有义务"、"应当"等。

(2) "允许"(用大写应为字母"P"表示)。现代汉语中，表示这一类规范词的还有"准予"、"可以"等。

(3) "禁止"(用大写应为字母"F"表示)。现代汉语中，表示这一类规范词的还有"不准"、"不得"等。

按此，规范命题一般也相应的分为三种：表示某一行为属于必须的规范命题，表示某一行为属于允许的规范命题和表示某一行为属于禁止的规范命题。这三种规范命题，又都可以是肯定的，或是否定的，因此具体来说，规范命题相应的被分为以下六种：

(1) 必须肯定命题：规定某种行为必须履行的命题。如："每个人都必须呼吸"。可用符号表示为"必须 P"或"OP"。

(2) 必须否定命题：规定某种行为必须不得履行的命题。如："一切公民的行为都必须不违反现行法律"。可用符号表示为"必须非 P"或"O¬P"。

(3) 允许肯定命题：规定某种行为可予履行的命题。如："未婚男女自由恋爱是允许的"。可用符号表示为"允许 P"或"PP"。

(4) 允许否定命题：规定某种行为可以不履行的命题。如："孕妇在祝酒环节中用牛奶替代是允许的"。可用符号表示为"允许非 P"或"P¬P"。

(5) 禁止肯定命题：规定某种行为不得履行的命题。如："禁止在公共场合吸烟"。可用符号表示为"禁止 P"或"FP"。

(6) 禁止否定命题：规定某种行为不得不履行的命题。如："禁止司机行车过程中接打电话"。可用符号表示为"禁止非 P"或"F¬P"。

关于上述分类，我们需要注意以下两点：

(1) 在各种规范命题中，其规范词在命题中的位置可以有所不同：可以将规范词与命题联项结合在一起，置于命题的中间(如上述 OP 和 O¬P)，也可以将规范词置于命题之前(如 FP 和 F¬P)或之后(如 PP 和 P¬P)。

(2) 在上述六种命题中，由于禁止 P 与必须非 P、禁止非 P 与必须 P 其陈述是相等的，因而，我们就可以用"必须 P"来表示"禁止非 P"（"必须着装整齐"等于"禁止不着装整齐"），用"必须非 P"来表示"禁止 P"（"必须不赤膊进入公共场所"等于"禁止赤膊进入公共场所"）。

这样一来，上述六种命题实际上就可以归结为以下四类命题：

(1) 必须 P(OP)。

(2) 必须非 P(O¬P)。

(3) 允许 P(PP)。

(4) 允许非 P(P¬P)。

三、四种主要规范命题之间的关系

从上述分析中可见，规范模态命题和真值模态命题(可能命题与必然命题)显示是有所不同的。由于规范命题主要是表示对一定人的行为的直接命令的命题，因而，它通常不是看作直接表示真假的，也就是说，规范命题不像其他命题那样是从事实中确定其真假的，而是根据这种命题的反映是否符合所在社会的行为规范而确定其正确还是不正确。因此，当我们分析各种规范命题之间的关系时，主要着眼的是各种规范命题之间的推演关系，也就是在其正确与否方面的制约关系，而不像分析各种性质命题和可能命题与必然之间的关系时那样着重去分析他们之间在真值上的相互制约关系。

四种规范命题之间的推演关系，如图 5-2 所示。图 5-2 表明：

OP 和 O¬P 之间的关系是反对关系。其中，一个真，另一个必假；一个假，另一个则真假不定。

PP 与 P¬P 之间的关系是下反关系。其中，一个假，另一个必真；一个真，另一个则真假不定。

OP 与 P¬P，以及 O¬P 与 PP 之间的关系是矛盾关系，即其中，一个真，另一个必假；一个假，另一个必真。

OP 与 PP，以及 O¬P 与 P¬P 之间是差等关系，就 OP 与 PP 来说，如果 OP 为真，PP 必真，OP 为假，则 PP 真假不定；PP 为真，OP 真假不定，PP 为假，OP 必假。O⌐P 与 P⌐P 之间的关系同上。

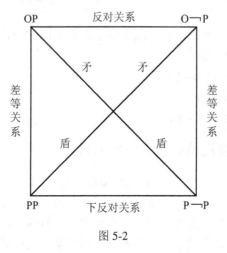

图 5-2

第四节 规 范 推 理

规范推理就是以规范命题作为前提和结论的推理。规范推理有很多种，且部分相对复杂。本节仅列举出其中比较简单的三种。

一、根据规范逻辑方阵进行推演的规范命题

(一) 反对关系推理

OP 和 O⌐P 之间的关系是反对关系。其中，一个真，另一个必假；一个假，另一个则真假不定。

OP→ ⌐O⌐P

例如：

法律规定医生必须持证才能上岗，

所以，法律规定医生必须不持证才能上岗。

很明显，前后为反对关系。

(二) 差等关系推理

OP 与 PP，以及 O¬P 与 P¬P 之间是差等关系，就 OP 与 PP 来说，如果 OP 为真，PP 必真，OP 为假，则 PP 真假不定；PP 为真，OP 真假不定，PP 为假，OP 必假。O¬P 与 P¬P 之间的关系同上。

1. OP → PP

例如：

机动车上路行驶必须按规定走机动车道，

所以，允许机动车上路走机动车道。

2. O¬P → P¬P

例如：

青少年必须不喝酒，

所以，允许青少年不喝酒。

(三) 下反关系推理

PP 与 P¬P 之间的关系是下反关系。其中，一个假，另一个必真；一个真，另一个则真假不定。

¬PP → P¬P

例如：

允许司机旅途中间停车休息，所以，允许司机旅途中间不停车休息。

(四) 矛盾关系推理

OP 与 P¬P，以及 O¬P 与 PP 之间的关系是矛盾关系，即其中一个真，另一个必假；一个假，另一个必真。

1. OP → ¬P¬P

例如：

本次实践测试必须通过 60 分才能达标，

所以，本次测试允许不通过 60 分才能达标。

推论不成立，前后自相矛盾。

2. O⌐P → PP

例如：

警察必须不得粗暴执法，

所以，警察允许粗暴执法，

推论不成立，前后自相矛盾。

二、根据"必须"与"禁止"之间的等值关系进行推演的规范推理

1. FP → O⌐P

例如：

禁止超速行驶，

所以，必须不超速行驶。

2. F⌐P → OP

例如：

禁止在建筑工地不佩戴安全帽，

所以，在建筑工地必须佩戴安全帽。

3. OP → F⌐P

例如：

食堂必须保证饭菜安全，

所以，禁止食堂不保证饭菜安全。

4. O⌐P → FP

例如：

买卖必须不得缺斤少两，

所以，买卖禁止缺斤少两。

三、规范三段论

规范三段论就是在三段论中引入规范词的三段论。其大前提是规范命题，小前提是性质命题，结论是规范命题。

下面列举出几种主要的，常见的规范三段论：

1. 允许规范三段论

推理形式如下：

　　凡 M 允许 P，凡 S 是 M，

　　所以，凡 S 允许 P。

例如：

　　凡参与过恐怖暴力活动但能够自首的允许从宽处理，

　　李某参与过恐怖暴力活动但能够自首，

　　所以，李某允许从宽处理。

2. 必须规范三段论

推理形式如下：

　　凡 M 必须 P，凡 S 是 M，

　　所以，凡 S 必须 P。

例如：

　　每一个警察都必须恪尽职守，全心全意为人民服务，

　　我们都是警察，

　　所以，我们必须恪尽职守，全心全意为人民服务。

3. 禁止规范三段论

推理形式如下：

　　凡 M 禁止 P，凡 S 是 M，

　　所以，凡 S 禁止 P。

例如：

　　凡公共场所禁止随地大小便，这里是公共场所，

　　所以，这里禁止大小便。

思 考 题

1. 什么是模态命题？模态命题之间的关系如何？
2. 模态推理有哪几种？请写出他们的形式。
3. 什么是规范命题？请列出其中几种主要的规范命题之间的关系。
4. 规范命题有哪几种？请写出他们的形式。

练 习 题

一、请在下列语句的括号内填上恰当的模态词"必然"、"可能"、"可能不"或"不必然"、"不可能"或"必然不"），使之成为恰当的判断。

1. 任何事物(   )是孤立静止的
2. 体制改革(   )是一帆风顺的。
3. 贪污或受贿数额特别巨大的(   )会被判处死刑。
4. 前提真而结论假的推理(   )是有效的演绎推理。
5. 达到高考分数线的考生(   )被高校录取。
6. 长相漂亮的人(   )心灵美。
7. 大量吸烟(   )会导致癌症。
8. 不受监督的权力(   )导致腐败。

二、已知下列判断的真假情况，请写出与其素材相同的其他三种模态判断，并根据模态判断间的对当关系指出它们的真假情况。

1. 这消息可能来自 A 国。(已知为假)
2. 一个人不可能不犯错误。(已知为真)
3. 小林可能没有男朋友。(已知为真)

4．陈某必然不会受处分。(已知为假)

三、下列包含模态判断的推理是否正确？为什么？

1．违法犯罪必然会受到法律的惩处，所以，违法犯罪不可能不受到法律的惩处。

2．这案子可能不是共同作案，所以，这案子不可能是共同作案。

3．某些人所宣称的他们在神农架发现的这些神奇动物，并不一定是"野人"，所以，这些神奇的动物必然不是"野人"。

4．一些曾经绝迹的丑恶现象现在又出现了，这说明已经绝迹的丑恶现象在若干年后再度出现是可能的。

5．事故果然发生了。所以说，发生事故是必然的。

6．大学生谈恋爱可能会影响学习，甲班冯冰同学在谈恋爱，所以，冯冰的学习必然会受到影响。

四、请在下列语句的括号内填上恰当的规范词("必须"或"应该"、"禁止"或"不允许"、"允许"或"可以"、"允许不"或"不必须")，使之成为恰当的判断。

1．(　)任何人考试作弊。

2．在发展生产的同时(　)保护好环境。

3．(购买保险应该本着自愿的原则，因此)公民在购房时(　)购买房产保险。

4．公民利用网络发布发表合法言论是(　)的。

五、已知下列判断的真假情况，请写出与其素材相同的其他三种规范判断，并根据规范判断间的对当关系指出它们的真假情况。

1．允许已婚公民参加普通高考。(已知为真)

2．本市出租车必须使用本地产的××牌轿车。(已知为假)

3．禁止在 21 点至次日 6 点进行有噪声的施工作业。(已知为真)

4．允许招收家境困难的少年到本厂打工。(已知为假)

六、下列包含规范判断的推理是否正确？为什么？

1．因为国家政策允许一部分人先富起来，所以，禁止一部分人通过诚实劳动和合法经营先富起来是错误的。

2．校园已经不禁止大学生谈恋爱了，所以，大学生应该谈恋爱。

3．共产党员不得搞封建迷信活动，修建豪华坟墓属于封建迷信活动，所以共产党员不得修建豪华坟墓。

4．既然法律规定放弃遗产继承权是允许的，所以甲就应该放弃遗产继承权。

七、以下两题是 MBA(工商管理硕士)研究生入学考试逻辑试卷中的题目，试予以解答(单项选择题)。

1．一个身穿工商行政管理人员制服的人从集贸市场走出来。
根据以上陈述，可以做出下列哪项判断？

A．这个人一定是该市场的管理人员。

B．这个人可能是其他市场的管理人员。

C．这个人一定不是该市场的管理人员。

D．这个人一定是来买东西的市场管理人员。

E．这个人一定是上级派来的检查人员。

2．在银河系中，除地球外，不一定有高级生物居住的星球。
以下哪项，与上述断定的含义最为接近？

A．在银河系中，除地球外，一定有低级生物生活的星球。

B．在银河系中，除地球外，所有星球都一定没有高级生物居住。

C．在银河系中，除地球外，所有星球都可能没有高级生物居住。

D．在银河系中，除地球外，可能还有高级生物居住的星球。

E．在银河系中，除地球外，一定还有高级生物居住的星球。

第六章　复合命题及其推理

第一节　联言命题及其推理

一、什么是联言命题

联言命题是反映两种以上事物情况同时存在的命题。例如：

中国是发展中国家并且是世界上人口最多的国家并且是亚洲国家。

关于中国的这些情况，一种情况同另一种情况的联结都是通过"并且"来实现。这个复合命题就反映了三种事物情况同时并存，联言命题反映几种情况之间的共存关系，每一种情况需要一个子命题来反映，子命题本身有自己的结构，联言命题又用联结词把两个以上子命题联结成更复杂命题，所以联言命题是一种复杂结构的命题，即复合命题。复合命题的子命题叫做肢命题，联言命题的肢命题称之为联言肢，一般情况用小写的 p、q、r 等表示。

联言命题逻辑形式：

p 并且 q

此公式是联言命题的基本形式结构。教材只就这种命题形式的基本结构来进行讨论。式中"p"和"q"表示肢命题，"并且"是命题联结词。联言命题的联结词可用人工表意符号"∧"(读作"合取")来表示。因此，联言命题可用下列合取符号式表示：

p∧q

日常交流时,可用于表示联言结构的语词是多种多样的。例如:"既是……又是……","不但……而且……","虽然……但是……"等。

二、联言命题的逻辑值

命题的真值指出命题的真假。命题的真值又称为逻辑值。在仅有两肢的联言命题的基本结构情况下,联言命题反映的是两种事物情况同时存在。如果用 p、q 分别表示两种事物情况,则联言命题所反映的就是 p、q 同真这一情况。由于 p 与 q 均可能真,也可能假,所以在两个肢的情况下,其真假排列有四种可能,分别是:

(1) 两个肢都真。

(2) 前一个肢真而后一个肢假。

(3) 前一个肢假后一个肢真。

(4) 前后两个肢都假。

这四种可能真值排列情况下,联言命题仅在第一种情况下是真实的。

联言命题的逻辑值与命题的逻辑特性有关,同联言命题所反映的情况直接关联。所以联言命题只有当其每一个反映基本情况的肢命题都为真的时候,命题才是真命题,否则就是假命题。

联言命题的逻辑值与联言肢的逻辑值的关系可以用真值表来表示,如表 6-1 所示。

表 6-1　联言命题的逻辑值与联言肢的逻辑值关系

p	q	p∧q
真	真	真
真	假	假
假	真	假
假	假	假

传统逻辑的联言命题与符号逻辑合取式的肢命题在关联性方面存在区别。符号逻辑的合取式仅反映其肢命题同真,并不反映肢命题间有关联性。但传统逻辑的联言命题不仅反映联言肢同真,而且反映联言肢之间有内在联系。"2 是偶数"与"地球是圆的"这两个命题都真,它们可作为符号命题逻辑的肢命题,使其构成的合取式为真,但是作为传统逻辑的联言肢,该联言命题就无实际意义。

三、联言推理

联言推理是以联言命题的逻辑特性作为根据进行推演的推理,联言命题的特性是由其真值表来体现的,即联言命题真值的逻辑情况可以通过真值表来体现。由于联言推理是按照联言命题逻辑特性来进行的,所以,推理反映出的真值就对应真值表中的逻辑值的真值。

从推理结构来看,联言推理要么前提当中有联言命题,要么结论是联言命题,联言推理分为两种,一种是分解式,一种是组合式。

(一) 联言推理的分解式

联言推理的分解式是由联言命题的真,推出一个肢命题真的联言推理形式。在这种推理形式中只有两个命题,一个是作为前提的联言命题,一个是作为结论的肢命题。以公式表示这种推理形式如下:

　　p 并且 q

　　所以,p

也可以用下列符号表示:

　　$(p \land q) \rightarrow p(q)$

例如:

　　中国是发展中国家并且是亚洲国家,

　　所以,中国是亚洲国家。

根据真值表,已知前提的联言命题为真,则它的肢命题就是真值表第一行的两个肢都真的情况，即联言命题为真时其两个肢命题都是真的。所以根据命题的这种特性，如果一个联言命题真，单独看该联言命题的某一肢命题就一定是真的，由于推理对联言合取式进行了分解，因此称为联言推理分解式。

联言分解式推理形式，可通过结论突出反映某一重点情况，其推理形式在实践中有着重要作用。

(二) 联言推理的组合式

联言组合式推理同分解式一样，是按照联言命题的特性来进行推演的。由于组合式推理前提当中的已知条件反映前提中各个命题均为真，则根据联言命题的特性，前提每个命题为真，则由这些命题作为肢命题构成的合取式就是真的。

以公式表示这种推理形式如下：

　　p，q
　　所以，p 并且 q

也可以用下列符号表示：

　　$(p，q) \to p \land q$

例如：

　　某甲是化学家，某甲是物理学家，

　　所以，某甲是化学家并且是物理学家。

第二节　选言命题及其推理

一、选言命题的种类及其逻辑值

选言命题是反映两种以上可能的事物情况至少有一种存在的命题。每一种可能情况用一个命题来反映，这些反映可能情况的命题作为选言命题的肢命题，构成选言命题。命题反映的事物情况存在是指选言肢反映的可能情况是真实的。例如：

某人或者是化学家或者是物理学家。

此命题反映某人身份两种可能的情况中至少有一种可能情况是此人的真实情况，这就是选言命题。构成选言命题的肢命题，简称为选言肢。选言命题的选言肢必须有两个以上。本教材主要讨论两个选言肢的选言命题。如上例就是二肢选言命题。

由于有些情况是可以同真的，而有些则不能同真，于是，由可以同真的肢命题构成的选言命题就称之为相容的选言命题，如果命题反映的情况不能同真，也就是说这些可能情况彼此相互排斥，那么这样的肢命题构成的选言命题就是不相容的选言命题。

一个相容选言命题，其选言肢所反映的事物情况是不相排斥的，各个选言肢之间是彼此相容的，可以同真；而一个不相容选言命题，其选言肢反映的若干事物情况是互相排斥的，各个选言肢之间是不相容的，不能同真。例如：他是个学生或是南方人。是相容的选言命题。又如：

某人或者是成年人或者是未成年人。

这个选言命题的选言肢是不能同真的，因为某人如果是成年人，那此人就不会是未成年人；如果是未成年人，就不会是成年人，因而是不相容选言命题。

(一) 相容选言命题

选言命题是反映两种以上可能情况至少一个存在，这是选言命题的广义定义，而相容选言命题还有一个专属的狭义定义，即：相容的选言命题是选言肢可以同真的命题。结合广义定义来看，相容的选言命题其实就是反映几个肢命题总有真的命题这一情况，就两个肢的基本结构来看，这种命题反应的情况是 p、q 总有一真。一般会用"或者"一词来表示相容选言命题的联结词，即"或者"就是这个命题的逻辑常项，用它来描述这种肢命题可以同真的逻辑特性。例如："一部作品或者政治上有问题，或者艺术上有缺点"就是相容的选言命题。这个选言命题的两个选言肢是可以同真的。

相容的选言命题可用公式表示如下：

　　　p 或者 q

其中，"p"和"q"表示肢命题，"或者"是联结词。可以用一个开口向上的符号"∨"来替代自然语言"或者"，这个符号被称之为相容析取。这样，相容选言命题就可表示为析取式：

　　　p∨q

在日常用语中，相容选言命题的联结词还可表达为："可能……也可能……"，"也许……也许……"等。

接下来分析选言命题的逻辑值情况，由于相容选言命题在仅有两个肢命题的基本结构情况下，反映的是 p 与 q 最少一真(总有一真)，这样，从 p、q 四种可能的赋值情况来分析，真值表中前三种情况这个命题是真的，只有最后一种情况这个命题是假的。

因此，相容选言命题的逻辑值与选言肢的逻辑值之间的关系，可用真值表来表示，如表 6-2 所示。

表 6-2　相容选言命题的逻辑值与选言肢的逻辑值之间的关系

p	q	p∨q
真	真	真
真	假	真
假	真	真
假	假	假

(二) 不相容选言命题

不相容的选言命题就是选言肢不能同真的选言命题。例如：

　　　此人要么是个大学生，要么不是。

这是个不相容的选言命题。其选言肢不会同真。

不相容的选言命题的公式是：

　　要么 p，要么 q

其中，"p"、"q"表示肢命题，"要么……要么……"是联结词。不相容的选言命题可以用符号$\dot{\vee}$(读作"不相容析取")来表示。这样，不相容选言命题的公式也可表示为：

　　p $\dot{\vee}$ q

在日常用语中，不相容选言命题的联结词还可用："不是……就是……"，"或者……或者……二者不可得兼"等表达。

一个真实的不相容的选言命题不仅必须有、而且只能有一个选言肢是真的；否则，选言命题就是假的。因此，不相容选言命题的逻辑值与选言肢的逻辑值之间的关系，可用真值表来表示，如表6-3所示。

表 6-3　不相容选言命题的逻辑值与选言肢的逻辑值之间的关系

p	q	p $\dot{\vee}$ q
真	真	假
真	假	真
假	真	真
假	假	假

二、关于选言肢是否穷尽的问题

在使用选言命题时，要关注选言肢是否穷尽的问题。选言肢穷尽，是指选言命题反映了事物的全部可能性情况；而选言肢没有穷尽，是指选言命题没有把事物的全部可能性情况反映出来。

如果选言命题的选言肢是穷尽的，就能保证至少有一个选言肢是真的，因此就能保证这个选言命题一定是真的。相反，如果选言命题的选言肢没有穷尽，就不能保证至少有一个选言肢真，因而这样的选言命题就不能确保是真的。例如：

一场足球比赛结果或者赢，或者输，或者平。

此人或者是个工人或者是个农民。

第一个选言命题的选言肢是穷尽的，因此这个选言命题一定是真的。另一个选言命题的选言肢没有穷尽，所以，这个选言命题就不能确保是真的。

三、选言推理

选言推理是由选言命题构成的。推理过程是按照选言命题的命题特性来进行的。选言命题分为相容选言命题和不相容选言命题两种。两种选言命题的特性有所区别。一种是肢命题可以同真，另一种肢命题不能同真。而选言推理又是由选言命题构成的。因此，这种推理就要考虑构成它的选言命题的命题特性本身。如果肢命题可以同真，推理就要按照这样的特性来推。否则的话，就要按照不能同真的规律来推。于是，选言推理分为两种，一种是由相容选言命题构成的选言推理，称为相容选言推理。另一种是由不相容的选言命题构成的推理，称为不相容选言推理。这两种推理的规则所反映出来的有效性结构是不一样的。

(一) 相容选言推理

现在了解相容选言推理，相容选言推理是由相容选言命题构成的推理。它的推理结构分为两个部分，前提部分和结论部分，前提部分反映已知情况，由两个已知命题构成，结论是一个反映某种新情况的新命题。相容选言推理的前提部分的两个命题，一个是相容选言命题，另一个是其他结构的命题。相容选言命题在前提当中一般是在第一个前提的位置上，另一个其他结构的命题在第二个前提的位置上。

通常我们把相容选言命题的前提称之为大前提，另一个前提称之为小前提。

　　相容选言推理只有一种有效推理形式，就是被称之为否定肯定式的推理形式。

　　其形式可以表示如下：

　　　　或 p，或 q

　　　　非 p 所以，q

　　也可以用下列符号表示：

　　　　$((p \vee q) \wedge \neg p) \rightarrow q$

　　公式中的"$\neg$"表示"非"(即"否定")。例如：

　　　　此次会议或者甲参加或者乙参加，此次会议甲不参加，

　　　　所以，此次会议乙参加。

　　这就是一个相容的选言推理，前提有一个相容的选言命题。由于相容选言命题的肢命题至少有一个是真的，所以，可以在否定了其中的一个选言肢之后，肯定另一个选言肢。

　　根据相容的选言命题的逻辑性质(选言肢可以同真)，相容的选言推理的规则有两条：

　　(1) 否定一部分选言肢，就要肯定另一部分选言肢。

　　(2) 肯定一部分选言肢，不能否定另一部分选言肢。

　　请看下面的选言推理：

　　　　学生甲学习成绩不好，或是因为基础差，或是由于不用功；

　　　　学生甲成绩不好是因为基础差；

　　　　所以，学生甲成绩不好不是由于不用功。

　　这个选言推理的一个前提是相容的选言命题，因此这是一个相容的选言推理。这个推理形式是无效的，因为它违反了规则(2)。

(二) 不相容选言推理

　　由不相容的选言命题构成的选言推理称之为不相容选言推理。跟相容选言推理的结构一样，不相容选言推理的前提也是由两个命题构成。其中一个是不相容选言命题，通常情况下这个前提的位置

在前面。另一个前提是其他结构的命题。

按照这种命题的命题特性，不论肢命题有多少个，只能有一个为真。这个肢可以通过第二个前提来肯定，也可以在结论中来肯定。通过两条规则来规范不相容的选言推理的有效性。这两个规则是：

(1) 肯定一个选言肢就要否定其余的选言肢。

(2) 否定一个以外的选言肢就要肯定余下的那一个选言肢。

不相容选言命题要求肢命题不能同真，所以如果第二个前提确认其肢命题当中有一个为真，那么结论就要否定其余的。如果第二个前提否定除一个以外的不相容选言前提当中的肢命题，结论就要肯定剩下的那一个肢命题。这是不相容选言命题本身的逻辑特性的要求所决定的。

不相容的选言推理的推理有效形式有两种：

(1) 肯定否定式：前提中肯定选言命题的一个选言肢，结论中否定其他选言肢的形式。这种形式可以表示如下：

要么 p，要么 q

p

所以，非 q

也可以把这种形式用下列符号表示：

$((p \lor q) \land p) \to q$

例如：

这幅画是明代的或是清代的，

这幅画是明代的

所以，这幅画不是清代的。

(2) 否定肯定式：前提中否定了选言命题中除了一个选言肢以外的其余的选言肢，结论中肯定那个没被否定的选言肢的形式。这种形式可以表示如下：

要么 p，要么 q

非 p

所以，q

也可以把这种形式用下列符号表示：

$((p \lor q) \land \neg p) \to q$

例如：

这道题的正确答案要么是 A，要么是 B，要么是 C，要么是 D，

这道题的正确答案不是 A，不是 B，不是 C，

所以，这道题的正确答案是 D。

通过真值表可以来出，以两个肢的基本结构的推理形式作为讨论对象。肯定否定式及否定肯定式这两种推理形式都是有效的，因为不管是肯定否定式还是否定肯定式，命题只允许其肢命题中的某一个肢为真，所以可以由前提肯定其中某一个肢是真的，也可以由结论肯定其中某一个肢是真的。

第三节　假言命题及其推理

一、假言命题的种类及其逻辑值

假言命题是陈述某一事物情况是另一事物情况存在的条件的命题。即假言命题是有条件地陈述某种事物情况存在的命题。例如：

① 要是下大暴雨，地表就会积水。

② 只有打好坚实的理论基础，科技发明才会有所突破。

和之前介绍的联言命题及选言命题不同，假言命题只有两个肢命题，假言命题反映的是两种情况之间的条件关系。这些条件关系要么是充分的，要么是必要的，要么是充要的，不论是哪一种条件的假言命题，都是反映前一情况是后一情况的条件关系的。反映前一情况的肢命题称为前件，反映后一情况的肢命题称为后件。把前件和后件联系起来的连接词(如例①中的"只要……就……")是假言命题的联结词。

由于假言命题是陈述事物情况之间的条件关系的命题，因此，一个假言命题的真假就只取决于其前件与后件的关系是否确实反映了事物情况之间的条件关系。如前例②，尽管其前件"打好坚实的理论基础"和后件"科技发明才会有所突破"可能都是假的，但前件对后件来说确实具有必要的条件关系，因此这个假言命题是真的。

命题反映不同的条件，就形成不同的假言命题。为了准确地把握假言命题的逻辑特性，须首先弄清其反映的条件的特性。假言命题按其所反映的条件不同，分为三个种类，即：充分条件假言命题、必要条件假言命题和充分必要条件假言命题。

(一) 充分条件假言命题

充分条件假言命题是反映某事物情况是另一事物情况充分条件的假言命题。充分条件关系的内容是：如果有前件 p，就必然有后件 q；没有前件 p，是否有后件 q 不能确定(可能有也可能没有 q)。这样，前件 p 就是后件 q 的充分条件。例如，"下大暴雨"对于"地表会积水"来说，就是一个充分条件，因为只要"下大暴雨"就必然"地表会积水"，没有"下大暴雨"，未必就不会"地表积水"。

充分条件假言命题所反映的就是事物情况之间的这种充分条件的联系。一个充分条件假言命题。可用一个公式来表示这种命题：

$\quad$ 如果 p，那么 q

公式中，"p"和"q"分别表示前件和后件，"如果……那么……"是命题联结词。用符号替代"如果……那么……"的命题联结词，充分条件假言命题也可表达为下列蕴涵式：

$\quad p \rightarrow q$

这里的"→"读作"蕴涵"。

日常表述中，充分条件假言命题的逻辑联结词常用："假使……那么……"，"倘若……则……"，"只要……就……""要是……

就……"，"当……便……"等。

充分条件假言命题的真假，由其前件反映的事物情况是否是后件所反映的事物情况的充分条件决定。如果前件所反映的事物情况是后件所反映的事物情况的充分条件，那么，充分条件假言命题就是真的；否则，就是假的。

充分条件假言命题的真假，可以从其前件与后件的真假方面来进行分析。所谓前件(或后件)是真的，就是前件(或后件)所反映的事物情况是存在的；所谓前件(或后件)是假的，就是前件(或后件)所反映的事物情况是不存在的。因此，所谓前件所反映的事物情况是后件所反映的事物情况的充分条件，相当于说，如果前件是真的，后件就一定是真的；如果前件是假的，后件则可真可假。因此，一个充分条件假言命题当其为真时，其前件与后件就有如下三种真假情况：(1) 前件真，后件也真；(2) 前件假，后件真；(3) 前件假，后件也假。而如果一个充分条件假言命题为假时，它的前件与后件的真假情况就只能是：前件真，但后件假。因此，充分条件假言命题的逻辑值与前、后件逻辑值之间的关系，可用真值表来表示，如表 6-4所示。

表 6-4　充分条件假言命题的逻辑值与前、后件逻辑值之间的关系

p	q	p → q
真	真	真
真	假	假
假	真	真
假	假	真

真值表表明：一个充分条件的假言命题，只有当其前件真而后件假时，这个假言命题才是假的；其余情况下，都是真的。这就是充分条件假言命题的逻辑特性。

(二) 必要条件假言命题

必要条件假言命题是反映某事物情况是另一事物情况必要条件的假言命题。

什么是必要条件呢？从字面上来理解必要条件，就是前件对于后件不可缺少，用文字来说明必要条件关系则是："没有前件必定没有后件，有前件未必有后件"。就是说，如果没有前件 p，就必然没有后件 q，而有了前件 p，却未必有后件 q(可以有 q，也可以没有 q)。这样，p 就是 q 的必要条件。

例如，"认识错误"对于"改正错误"来说，就是一个必要条件。因为，一个人如果没有认识到自己的错误，当然就不可能去改正，而认识到错误，并不一定就能改正。

必要条件的假言命题所反映的就是事物情况之间的这种必要条件的联系。例如：

> 只有认识错误，才能改正错误。

是必要条件的假言命题。可用一个公式来表示这种命题：

> 只有 p，才 q

其中"p"和"q"分别表示前件和后件，"只有……才……"是联结词。

必要条件假言命题可以用符号表示为："p ← q"。从推出关系来看，就是后件到前件的蕴涵，由一个后件到前件的箭头表示，读做逆蕴涵。它表示前件和后件之间存在着一种没有前件必定没有后件，有前件未必有后件的必要条件关系。

文字描述不是很精确，抛开文字描述，只用逆蕴涵表示，就很精确，逆蕴涵很直观地表明前后件之间的条件关系是：p 是 q 的不可缺少的必要条件。因为如果后件 q 出现了，就说明前件一定存在，比如：一个灯泡要点亮的话必须要有电，如果现在这个灯泡是点亮的，那说明肯定有电。没有电这个灯是不会点亮的，即有电是电灯点亮的不可缺少的条件。

　　下面来看必要条件假言命题的逻辑值情况。一个必要条件假言命题的真假，取决于其前件所反映的事物情况是不是其后件所反映的事物情况的必要条件。如果一个必要条件假言命题的前件所反映的事物情况，是后件所反映的事物情况的必要条件，那么，该必要条件假言命题就是真的；否则，就是假的。

　　必要条件假言命题的真假情况，可以从其前件与后件的真假方面来加以说明。就一个真的必要条件假言命题来说，当其前件假时，后件一定是假的；但当其前件真时，其后件却可真可假。因此，一个必要条件假言命题当其为真时，其前件与后件就有如下三种真假情况：(1) 前件假，后件也假；(2) 前件真，后件也真；(3) 前件真，后件假。当一个必要条件假言命题为假时，它的前件与后件的真假情况只能是：前件假，后件却真。

　　因此，必要条件假言命题的逻辑值与前、后件逻辑值之间的关系，可用真值表来表示，如表 6-5 所示。

表 6-5　必要条件假言命题的逻辑值与前、后件逻辑值之间的关系

p	q	p←q
真	真	真
真	假	真
假	真	假
假	假	真

　　这就是说，一个必要条件的假言命题，只有当其前件假而后件真时，该假言命题才是假的；在其余情况下，它都可以是真的。这就是必要条件假言命题最基本的逻辑特性。

(三) 充分必要条件假言命题

充分必要条件假言命题是反映某事物情况是另一事物情况的充分必要条件的假言命题。

什么是充分必要条件呢？所谓充分必要条件关系是说，如果有前件 p，就必然有后件 q；如果没有前件 p，必然没有后件 q。这样，p 就是 q 的充分必要条件。即 p 这一事物情况的存在，对于 q 这一事物情况的存在来说，是充分而又必要的。

例如："可以被 2 整除的数"对于"是偶数"来说，就是一个充分必要的条件。

充分必要条件假言命题所反映的就是事物情况之间的这种充分必要条件的联系。例如：

当且仅当三角形三个角相等，三角形才是等边三角形。

是充分必要条件的假言命题。可用公式表示这种命题：当且仅当 p，才 q。

充分必要条件假言命题也可以用符号表达为下列等值式：

p↔q

其中的"↔"读作"等值"。

一个充分必要条件假言命题的真假，取决于其前件所反映的事物情况是不是后件所反映的事物情况的充分必要条件。如果一个充分必要条件假言命题前件所反映的事物情况是后件所反映的事物情况的充分必要条件，该充分必要条件假言命题就是真的；否则，就是假的。对此，从前件与后件的真假方面来分析就是：如果一个充分必要条件假言命题是真的，那么，它的前件与后件就有如下两种情况：(1) 前件真，后件也真；(2) 前件假，后件也假。如果一个充分必要条件假言命题是假的，它的前件与后件也有下述两种情形；(3) 前件真，但后件假；(4) 前件假，而后件真。

因此，充分必要条件假言命题的逻辑值与前、后件逻辑值之间的关系，可用真值表来表示，如表 6-6 所示。

表6-6　充分必要条件假言命题的逻辑值与前、后件逻辑值之间的关系

p	q	p↔q
真	真	真
真	假	假
假	真	假
假	假	真

　　这就是说，一个充分必要条件的假言命题，只有当其前、后件具有逻辑上的等值关系(即同真同假)时，该命题才是真的；反之如果不具有这种逻辑上的等值关系，则该命题便是假的。因此，充分必要条件假言命题前、后件之间的关系，是逻辑上的等值关系。这是充分必要条件假言命题的基本逻辑特性。

　　假言命题之间的转换：

　　把握各种假言命题之间的相互转换，使命题的表达方式既正确又多样。

　　在假言命题中，充分条件假言命题与必要条件假言命题之间，是可以相互转换的。例如：

　　　　如果 p，则 q

可以转换为：

　　　　只有 q，才 p

　　肯定 p 是 q 的充分条件，同肯定 q 是 p 的必要条件，二者的逻辑意义是等同的。同样，

　　　　只有 p，才 q

可以转换为：

　　　　如果非 p，则非 q

　　肯定 p 是 q 的必要条件，同肯定非 p 是非 q 的充分条件，二者的逻辑意义是相同的。

二、假言推理

假言推理是前提中有一个为假言命题，并且根据假言命题前、后件之间的关系而推出结论的推理。一个假言推理究竟是什么条件的假言推理，由构成它的假言前提确定，也就是由它的假言命题前提来确定。因此，假言推理也可以分为三种，即：充分条件假言推理，必要条件假言推理与充分必要条件假言推理。

(一) 充分条件假言推理

充分条件假言推理是以充分条件假言命题构成推理的第一个前提的推理，它的另一个前提是一个其他结构的命题，一般把能够决定推理的种类的前提称之为大前提，假言推理的假言命题前提就是大前提。充分条件假言推理必须按照构成假言推理的充分条件假言命题的前提来进行推演。由于这个命题特性反映着前件与后件的一种蕴涵关系，所以推理可由前件推出后件。

充分条件假言推理的规则有两条：

(1) 肯定前件就要肯定后件，否定后件就要否定前件。

这条规则是由充分条件假言命题的性质决定的。根据充分条件假言命题的性质，有前件就有后件，因此，肯定了前件就要肯定后件。又由于有了前件就一定有后件，因此，没有后件一定是由于没有前件，所以，否定后件就要否定前件。

(2) 否定前件不能否定后件，肯定后件不能肯定前件。

这条规则也是由充分条件假言命题的性质决定的。充分条件假言命题的另一性质是没有前件，不一定没有后件，因此，否定前件不能否定后件。同理，没有前件不一定没有后件，是由于后件可根据其他条件得出，就是说，同一后件可由不同条件得出，所以，肯定后件就不能肯定前件。

根据规则，充分条件假言推理有两个有效的形式：

(1) 肯定前件式：在前提中肯定假言命题的前件，结论肯定它的后件。这种推理形式如下：

如果 p，则 q

p

所以，q

这种形式也可以用符号表示如下：

$((p \rightarrow q) \wedge p) \rightarrow q$

(2) 否定后件式：前提中否定假言命题的后件，结论否定它的前件。这种推理形式如下：

如果 p，则 q

非 q

所以，非 p

这种形式也可以用符号表示如下：

$((p \rightarrow q) \wedge \neg q) \rightarrow \neg p$

充分条件假言推理如果违反上述两条规则，就不是有效的假言推理。例如：

如果 p，则 q

非 p

所以，非 q

这是一个错误的假言推理。因为规则(2)指出否定前件不能否定后件，而在这个推理中，从否定前件到否定后件，所以推理无效。

(二) 必要条件假言推理

必要条件假言推理是一个前提为必要条件假言命题，另一个前提和结论为其他结构的命题的假言推理。例如：

只有有水份，植物才能存活；

这里没有水份；

所以，这里植物不能存活。

必要条件假言推理也有两条规则：

(1) 否定前件就要否定后件，肯定后件就要肯定前件。

这条规则是由必要条件假言命题的性质决定的。根据必要条件假言命题的性质，没有前件就没有后件，因此，否定前件就要否定后件。又由于没有前件就没有后件，因此，有了后件就一定是由于有了前件，所以，肯定后件就要肯定前件。

(2) 肯定前件不能肯定后件，否定后件不能否定前件。

这条规则也是由必要条件假言命题的性质决定的。必要条件假言命题的另一性质是有了前件不一定有后件，因此，肯定前件不能肯定后件。从另一个方面看，有前件不一定有后件，是由于单独一个前件不能得出后件，必须前件加其他条件才能得出后件，因此，没有后件不一定是由于缺少前件，也可能是由于缺少其他条件，所以，否定后件不能否定前件。

根据规则，必要条件假言推理有两个有效的形式：

(1) 否定前件式：前提中否定了假言命题的前件，结论否定它的后件。这种推理形式如下：

> 只有 p，才 q
>
> 非 p
>
> 所以，非 q

这种形式可以用符号表示如下：

$$((p \leftarrow q) \wedge \neg q) \rightarrow \neg q$$

(2) 肯定后件式：前提中肯定了假言命题的后件，结论肯定它的前件。这种推理形式如下：

> 只有 p，才 q
>
> q
>
> 所以，p

这种形式可以用符号表示如下：

$((p \leftarrow q) \wedge q) \rightarrow p$

必要条件假言推理如果违反了上述两条规则，就不是有效的假言推理。

(三) 充分必要条件假言推理

充分必要条件假言推理是一个前提为充分必要条件假言命题，另一个前提和结论为其他结构的命题的假言推理。

充分必要条件假言命题的性质是：有前件就有后件，没有前件就没有后件；有后件就有前件，没有后件就没有前件。因此，在前后件之间，肯定其中的一个便要肯定另一个，否定其中的一个便要否定另一个。由此得出四种有效的推理形式：

(1) 肯定前件式：

　　当且仅当 p，则 q

　　p

　　所以，q

这种形式可以用符号表示如下：

　　$((p \leftrightarrow q) \wedge p) \rightarrow q$

(2) 肯定后件式：

　　当且仅当 p，则 q

　　q

　　所以，p

这种形式可以用符号表示如下：

　　$((p \leftrightarrow q) \wedge q) \rightarrow p$

(3) 否定前件式：

　　当且仅当 p，则 q

　　非 p

　　所以，非 q

这种形式可以用符号表示如下：

$$((p\leftrightarrow q)\wedge\neg p)\rightarrow\neg q$$

(4) 否定后件式：

　　当且仅当 p，则 q

　　非 q

　　所以，非 p

这种形式可以用符号表示如下：

$$((p\leftrightarrow q)\wedge\neg q)\rightarrow\neg p$$

例如：

① 当且仅当一个三角形是等边三角形，则它是等角三角形；这个三角形是等边三角形；所以，这个三角形是等角三角形。

② 当且仅当某数能被 2 整除，则该数是偶数；5 不能被 2 整除；所以，5 不是偶数。

例①是肯定前件式，例②是否定前件式。关于肯定后件式和否定后件式的例子读者可自举。

三、假言易位和假言连锁推理

假言易位推理就是通过变换前提中假言命题前后件的位置，推出另一个假言命题作结论的推理。这种推理的根据是前提中假言命题的逻辑性质。常见的假言易位推理有如下三种。

(一) 充分条件假言易位推理

充分条件假言易位推理就是前提为充分条件假言命题的假言易位推理。其有效推理形式如下：

　　如果 p，则 q

　　所以，如果非 q，则非 p

这种推理形式，可用符号表示为：

$$(p\rightarrow q)\rightarrow(\neg q\rightarrow\neg p)$$

(二) 必要条件假言易位推理

必要条件假言易位推理就是前提为必要条件假言命题的假言易位推理。其有效推理形式如下：

　　只有 p，才 q

　　所以，如果 q，则 p

这种推理形式，可用符号表示为：

　　$(p \leftarrow q) \rightarrow (q \rightarrow p)$

(三) 充分必要条件假言易位推理

充分必要条件假言易位推理就是前提为充分必要条件假言命题的假言易位推理。其有效推理形式如下：

　　当且仅当 q，则 p

　　所以，当且仅当 q，则 p

这种推理形式可以用符号表示为：

　　$(p \leftrightarrow q) \rightarrow (q \leftrightarrow p)$

四、假言连锁推理

假言联锁推理是由两个(或两个以上)假言命题作前提，推出一个新的假言命题作结论的推理。其特点是：在前提中，前一个假言命题的后件和后一个假言命题的前件相同，它是由几个假言命题的联结而推出结论的。

假言联锁推理可以分为以下几种。

(一) 充分条件假言联锁推理

充分条件假言联锁推理是以充分条件假言命题做前提和结论的假言联锁推理。这种推理有两种有效的推理形式：

(1) 肯定式：肯定第一个前提里的前件，从而肯定后一个前提的后件的形式。其推理形式如下：

　　如果 p，则 q

如果 q，则 r

所以，如果 p，则 r

这种推理形式可以用符号表示如下：

$$((p \rightarrow q) \land (q \rightarrow r)) \rightarrow (p \rightarrow r)$$

(2) 否定式：否定后一个前提里的后件，从而便否定前面一个前提里的前件的形式。其推理形式如下：

如果 p，则 q

如果 q，则 r

所以，如果非 r，则非 p

这种推理形式可以用符号表示如下：

$$((p \rightarrow q) \land (q \rightarrow r)) \rightarrow (\neg r \rightarrow \neg p)$$

充分条件假言联锁推理的前提都是充分条件假言命题，这种推理的性质和充分条件假言推理的性质相同，所以，这种推理必须遵守充分条件假言推理的规则。

(二) 必要条件假言联锁推理

必要条件假言联锁推理是以必要条件假言命题做前提的假言联锁推理。这种推理也有两种有效的推理形式。

(1) 否定式：否定第一个前提的前件，从而否定最后一个前提的后件的形式。其推理形式如下：

只有 p，才 q

只有 q，才 r

所以，如果非 p，则非 r

这种推理形式可以用符号表示如下：

$$((p \leftarrow q) \land (q \leftarrow r)) \rightarrow (\neg p \rightarrow \neg r)$$

(2) 肯定式：肯定最后前提里的后件，从而肯定第一个前提的前件的形式。其推理形式如下：

只有 p，才 q

只有 q，才 r

所以，如果 r，则 p

这种推理形式可以用符号表示如下：

$((p \leftarrow q) \wedge (q \leftarrow r)) \rightarrow (r \rightarrow p)$

必要条件假言联锁推理和必要条件假言推理的性质相同。所以，这种推理也要遵守必要条件假言推理的规则。

(三) 混合条件假言联锁推理

以几种不同条件的假言命题做前提的假言联锁推理叫做混合条件的假言联锁推理。

例如：

$((p \leftrightarrow q) \wedge (q \rightarrow r)) \rightarrow (p \rightarrow r)$

以及

$((p \leftrightarrow q) \wedge (q \leftarrow r)) \rightarrow (\neg p \rightarrow \neg r)$

混合条件假言联锁推理只能有两种不同条件的假言命题构成，其中一种必须是允分必要条件假言命题，另一种可以是充分条件或者是必要条件假言命题。

第四节　负命题及其推理

一、负命题及其逻辑值

负命题是一种比较特殊的复合命题，它是否定某个命题的命题。也就是对原命题断定的情况进行否定的命题。例如：

① 并非一切金属是固体。

② 并非小李既是神枪手又是警察。

这是两个负命题，例①是对"一切金属是固体"这一命题的否定，例②是对"小李既是神枪手又是警察"这一命题的否定。

如果用 p 表示原命题，那么，负命题公式即为："并非 p"。

其中，"p"是原命题，它既可以是某个简单命题，也可以是某个复合命题。"并非"是联结词。"并非"可以用符号"¬"来表示。这样，负命题也可以表示为¬p。在日常用语中，负命题的联结词还可以表达为"没有"、"不"等。

由于负命题是对整个原命题所断情况进行否定，因而可以得到负命题真值表如表 6-7 所示。

表 6-7　负命题的真值表

p	¬p
真	假
假	真

这就是说，原命题真，其负命题必假；原命题假，其负命题必真。按此，p 等值于 ¬¬p，这就是所谓双重否定的原则。但是值得注意的是负命题与性质命题的否定命题是不同的。性质命题的否定命题是否定事物具有某种性质的命题。而负命题则是否定原命题所断定的情况，是对整个原命题进行否定的命题。因此，性质命题的否定命题(即 SEP 或 SOP)是一个简单命题，而性质命题的负命题则是一个复合命题。

二、负命题的种类

任何一个命题都可对其进行否定而得到一个相应的负命题。负命题可分为两类，一类是复合命题的负命题，另一类是简单命题的负命题。

(一) 简单命题的负命题

1. 单称命题的负命题及其等值命题

并非这个 S 是 P

并非这个 S 不是 P

因为单称肯定命题的负命题是对原命题的否定，因此它与原命题之间形成矛盾关系，而单称肯定命题与单称否定命题之间是矛盾关系，所以，单称肯定命题的负命题和单称否定命题就形成了等值关系。

2. 全称命题的负命题及其等值命题

(1) SAP 与 SOP 是矛盾关系，则负命题"并非 SAP"等值于SOP，即

　　¬SAP ↔ SOP

(2) SEP 与 SIP 是矛盾关系，则负"并非 SEP"等值于 SIP，即

　　¬SEP ↔ SIP

3. 特称命题的负命题及其等值命题

(1) SIP 与 SEP 是矛盾关系，则负命题"并非 SIP"等值于SEP，即

　　¬SIP ↔ SEP

(2) SOP 与 SAP 是矛盾关系，则负命题"并非 SOP"等值于SAP，即

　　¬SOP ↔ SAP

(二) 复合命题的负命题及其等值命题

1. 联言命题的负命题及其等值命题

在联言命题中，只要有一个联言支为假，那么这个联言命题就是假的，因此，与联言命题的负命题"并非(p 并且 q)"相等值的命题，应该是一个相应的选言命题"非 p 或者非 q"，即

　　¬(p ∧ q) ↔ ¬p ∨ ¬q

例如：

并非王丽和李江都喜欢体育活动。

等值命题是：

王丽不喜欢体育活动，或者李江不喜欢体育活动。

2. 相容选言命题的负命题及其等值命题

相容选言命题只有当所有的选言支为假时，这个判断才是假的，即肢命题中只要有一个是真的，整个选言命题就是真的，因此，相容选言命题的负命题"并非(p 或者 q)"的等值命题就不能是一个相应的选言命题"非 p 或者非 q"，而只能是一个联言命题"非 p 并且非 q"，即

$$\neg(p \lor q) \leftrightarrow \neg p \land \neg q$$

例如：

并非他或者是个盗窃犯，或者是个杀人犯。

等值命题是：

他既不是盗窃犯，也不是杀人犯。

3. 不相容选言命题的负命题及其等值命题

不相容的选言命题有且只有一个选言支为真时，这个命题才是真的，其它情况之下都是假的，因此，不相容选言命题的负命题"并非(要么 p，要么 q)"的等值命题是"(p 并且 q)或者(非 p 并且非 q)"，即

$$\neg(p \veebar q) \leftrightarrow (p \land q) \lor (\neg p \land \neg q)$$

例如：

并非逆水行舟要么是前进，要么是后退。

等值命题是：

逆水行舟或者既前进又后退，或者既不前进又不后退。

4. 充分条件假言命题的负命题及其等值命题

充分条件的假言命题只有当前件真，后件假时，它才是假的，其它情况下都是真的。因此，充分条件假言命题的负命题"并非(如果 p，那么 q)"的等值命题是一个相应的联言命题"p 并且非 q"，即

$$\neg(p \rightarrow q) \leftrightarrow p \land \neg q$$

例如：

并非如果有了风，树就动。

等值命题是：

有了风，但是树没有动。

5. 必要条件假言命题的负命题及其等值命题

必要条件假言命题只有当前件假，后件真时，它才是假的，因此，必要条件假言命题的负命题"并非(只有 p，才 q)"的等值命题是"非 p 并且 q"，即

$$\neg(p \leftarrow q) \leftrightarrow \neg p \wedge q$$

例如：

并非只有认识落后，才能改变落后。

其等值命题是：

没有认识落后但改变了落后。

6. 充分必要条件假言命题的负命题及其等值命题

充分必要条件假言命题在前、后件同真或同假时，它才是真的。而在前、后件一真一假的情况下，它才是假的，因此，充分必要条件假言命题的负命题"并非(当且仅当 p，才 q)"的等值命题是"(p 并且非 q)或者(非 p 并且 q)"，即

$$\neg(p \leftrightarrow q) \leftrightarrow (p \wedge \neg q) \vee (\neg p \wedge q)$$

例如：

并非当且仅当你请我才去，

其等值命题是：

或者你没请我，我去了，或者你请我，我没去。

三、负命题的等值推理

负命题等值推理就是根据负命题以及它的等值命题之间的逻辑关系所进行的推理。在负命题等值推理中，前提为负命题，结论为该负命题的等值命题。

根据前面讲到的负命题的分类，我们也可以把负命题的等值推理区分为以下两类：负简单命题的等值推理和负复合命题的等值

推理。

根据前面讲到的负复合命题的种类以及它们的等值关系，负复合命题的等值推理主要有六种，其推理形式如下：

(1) 并非(p 且 q)，所以，非 p 或者非 q。

(2) 并非(p 或者 q)，所以，非 p 并且非 q。

(3) 并非(要么 p，要么 q)，所以，(p 并且 q)或者(非 p 并且非 q)。

(4) 并非(如果 p，那么 q)，所以，p 并且非 q。

(5) 并非(只有 p，才 q)，所以，非 p 并且 q。

(6) 并非(当且仅当 p，才 q)，所以，(p 并且非 q)或者(非 p 并且 q)。

需要说明，负命题等值推理是依据负命题及其等值命题的逻辑关系进行的推理，但它与负命题及其等值命题是有区别的。前者是一种推理关系，后者是一种命题之间的等值关系。

第五节　复合命题的其他推理

一、假言选言推理(二难推理)

假言选言推理就是以假言命题和选言命题作前提所构成的推理。其中由两个假言命题和一个二肢选言命题作前提构成的假言选言推理称为"二难推理"，由三个或四个假言命题和含三个或四个选言肢的选言命题作前提所构成的假言选言推理称为三难推理或多难推理。

二难推理是假言选言推理的一种。"二难"来源于希腊文Dilemma，其含义为"两重假定"。二难推理常用于论辩。论辩的一方提出一个断定事物两种可能性的选言前提，再由这两种可能前提引申出对方均难以接受的两个结论，使对方在两种可能的选择中处于进退两难的困境。二难推理因此得名。二难推理在思维与论辩中有很重要的作用，中国古代的韩非就曾大量使用二难推理进行严密论证和反驳论敌的。例如：

中世纪无神论者针对一些神学家提出的"上帝万能"的错误思想，曾经提出过这样一个反问：上帝能否创造出一块连他自己也搬不动的石头。面对这样一个问题，这些神学家无论是给出肯定的还是否定的回答，都会和"上帝万能"的思想相矛盾，因而使自己处于下面这样一个二难的境地：

如果上帝能创造出这样一块石头，那么上帝就不是万能的（因为上帝至少还有一块石头搬不动）。

如果上帝不能创造这样一块石头，那么上帝也不是万能的（因为上帝至少还有一块石头不能创造）。

上帝或者能创造这样一块石头，或者不能创造这样一块石头，总之，上帝不是万能的。

二、二难推理的种类

根据二难推理的结论是直言命题还是选言命题，二难推理分为简单的和复杂的两种；又根据选言前提的选言肢分别是肯定假言前提的前件还是否定假言前提的后件，二难推理又分为构成式和破坏式。结合两者，可以得到二难推理四种形式：简单构成式、简单破坏式、复杂构成式和复杂破坏式。

(1) 简单构成式。这种形式是在前提中肯定假言命题的前件，结论肯定后件。其所以叫做"简单的"，是因为它的结论是一个性质命题。这里所谓"简单的"是和"复杂的"相对而言的，"复杂的"结论是复合命题中的选言命题。所以叫做"构成式"，是由于它由肯定前件而到肯定后件。它的形式如下：

如果 p，则 r；如果 q，则 r

或者 p 或者 q

总之，r

这种形式可以用符号表示为：

$$(((p \rightarrow r) \land (q \rightarrow r)) \land (p \lor q)) \rightarrow r$$

在这个形式中，两个假言前提有不同的前件，但有相同的后件因而不论肯定哪个前件，都可以得出相同的结论。例如：

　　如果刺激老虎，那么它是要吃人的；如果不刺激老虎，那么它也是要吃人的；

　　或者刺激老虎，或者不刺激老虎；所以，老虎总是要吃人的。

（2）简单破坏式。这种形式是在前提中否定假言命题的后件，结论否定前件。它的形式如下：

　　如果 p，则 q；如果 p，则 r

　　或者非 q，或者非 r

　　总之，非 p

这种形式可以用符号表示为：

$$(((p \rightarrow q) \land (p \rightarrow r)) \land (\neg q \lor \neg r)) \rightarrow \neg p$$

在这个形式中，两个假言前提的后件不同，但有相同的前件，因而不论否定哪个后件，结果总是否定了这个前件。

例如：

　　如果夏洛克履行契约，就必须割下安东尼奥的一块肉

　　如果夏洛克履行契约，就不能让安东尼奥流一滴血

　　或者不割安东尼奥的肉，或者让安东尼奥流血

　　所以，夏洛克不能履行契约

（3）复杂构成式。这个式可以表示如下：

　　如果 p，则 q；如果 r，则 s

　　p 或 r

　　所以，q 或 s

这种形式可以用符号表示为：

$$(((p \rightarrow q) \land (r \rightarrow s)) \land (p \lor r)) \rightarrow (q \lor s)$$

在这个形式中，各个假言前提有不同的前件和不同的后件，因

此肯定这个或那个前件，结论便肯定这个或那个后件。

例如：

　　如果孙悟空打死妖怪，那么唐僧就会将他赶走

　　如果孙悟空不打死妖怪，那么唐僧就会被妖怪吃掉

　　孙悟空打死妖怪，或者他不打死妖怪

　　所以，不是孙悟空被唐僧赶走，就是唐僧被妖怪吃掉

(4) 复杂破坏式。这个式可以表示如下：

　　如果 p，则 q；如果 r，则 s

　　非 q 或非 s

　　所以，非 p 或非 r

这种形式可以用符号表示为：

$$(((p{\to}q)\wedge(r{\to}s))\wedge(\neg q\vee\neg s)){\to}(\neg p\vee\neg r)$$

在这个形式中，各个假言前提有不同的前件和不同的后件，因此否定这个或那个后件，结论便否定这个或那个前件。例如：

　　如果一个人的觉悟高，他就能认识他的错误；如果一个人的态度好，他就能承认他的错误；

　　某人或不认识他的错误，或不承认他的错误；

　　所以，某人或者觉悟不高，或者态度不好。

凡是正确的二难推理，必须具备两个条件：第一，形式有效，即遵守假言推理的规则；第二，前提真实，即假言前提的前件必须是后件的充分条件，选言前提的肢命题必须穷尽一切可能。不具备这两个条件的二难推理，是错误的二难推理。

对于错误的二难推理，应当予以破斥。所谓破斥，就是揭露其中的错误。一般从以下三个方面破斥：

第一，指出错误二难推理的前提不真实。二难推理的前提不真实有两种情况：一种是前提不是真实的充分条件假言判断，另一种是前提中的选言判断选言支没有穷尽。这需要具体知识来完成。例如：

　　① 如果你是聪明人，那么就不用学逻辑(因为聪明人不需

要)，如果你是笨人，那么也不用学逻辑(因为笨人学不好)，你或者是聪明人，或者是笨人，总之，你都不用学逻辑。

② 如果天气冷，那么人难受，如果天气热，人也难受，天气或者冷或者热，所以，人总是难受。

第二，指出推理形式有错误(错误二难推理违反假言推理或选言推理的有关规则)

第三，构造一个结构相同的二难推理，却推出与对方相反的结论，从而驳倒对方。具体是改变假言前提，构建一个反二难推理。例如：

雅典时期，一个平民的儿子准备出去演说，他父亲表示反对，理由是：

如果你演说时说真话，那么富人会反对；

如果你演说时说假话，那么穷人会反对；

你演说时或者说真话，或者说假话；

所以，或者富人反对你，或者穷人反对你。

儿子作了修改，构建了如下的反二难推理：

如果我演说时说真话，那么穷人会拥护我；

如果我演说时说假话，那么富人会拥护我；

我演说时或者说真话，或者说假话；

所以，或者穷人拥护我或者富人拥护我。

二、假言联言推理

假言联言推理是由两个假言命题和一个联言命题作前提，推出一个联言命题作结论的推理。这种推理的根据是假言命题和联言命题的逻辑性质。假言联言推理主要有两种形式：

(1) 肯定式。这种形式是在联言前提中肯定两个假言前提的前件，从而在结论中肯定两个假言前提的后件。其推理形式是：

如果 p，那么 q；如果 r，那么 s

p 并且 r

　　所以，q 并且 s

　　这种推理形式可以用符号表示为：

　　$(((p \rightarrow q) \wedge (r \rightarrow s)) \wedge (p \wedge r)) \rightarrow (q \wedge s)$

　　例如：

　　　　如果企业不能有效的开发新产品，那么企业就没有活力；

　　　　如果企业没有活力，那么企业在市场竞争中就会被淘汰；

　　　　所以，如果企业不能有效的开发新产品那么企业在市场竞争中就会被淘汰。

　　(2) 否定式。这种形式是在联言前提中否定两个假言前提的后件，从而在结论中否定两个假言前提的前件。其推理形式是：

　　　　如果 p，那么 q；如果 r，那么 s，非 q 并且非 s，所以，非 p 并且非 r。

　　这种推理形式可以用符号表示为：

　　$(((p \rightarrow q) \wedge (r \rightarrow s)) \wedge (\neg q \wedge \neg s)) \rightarrow (\neg p \wedge \neg r)$

　　例如：

　　　　如果某甲是该案的案犯，那么他到过发案现场；

　　　　如果他到过发案现场，那么他有做案时间；

　　　　所以，如果某甲没有做案时间，那么某甲不是该案的案犯。

四、反三段论

　　反三段论也是一种复合命题推理。是"人们日常思维实践中经常用到"的一种推理,，这种推理的前提和结论都是假言命题；前提是一个以联言命题为前件的充分条件假言命题，通过否定假言命题的后件并肯定其前件中的一个联言肢，进而否定其前件的另一个联言肢。它的形式为：

　　　　如果 p 且 q，那么 r

　　　　所以，如果 p 且非 r，那么非 q

　　或者：

如果 p 且 q，那么 r

所以，如果 q 且非 r，那么非 p

可用符号表示为：

$((p \wedge q) \rightarrow r) \rightarrow ((p \wedge \neg r) \rightarrow \neg q)$

或者：

$((p \wedge q) \rightarrow r) \rightarrow ((q \wedge \neg r) \rightarrow \neg p)$

例如：

如果我们努力工作并且重视人才，那么就能提高科技水平；

所以，如果我们努力工作但没能提高科技水平，那么一定是我们不重视人才。

反三段论推理在实际思维中是经常运用的，如果几个条件联合起来构成某一情况的充分条件，那么当该情况不出现时，就可推出几个条件中至少有一个条件不具备。

五、归谬推理

归谬推理是指由于一命题蕴涵逻辑矛盾，从而推出该命题为假的推理。这种推理的基本形式为：

如果 p，那么 q；如果 p，那么非 q

所以，非 p

可用符号表示为：

$((p \rightarrow q) \wedge (p \rightarrow \neg q)) \rightarrow \neg p$

归谬推理在证明与反驳中经常运用。例如：

古希腊学者克拉底鲁曾说："我们对任何事物所作的肯定或否定都是假的。"亚里士多德对此曾反驳："克拉底鲁的话等于说'一切命题都是假的'，而如果一切命题都是假的，那么这个'一切命题都是假的，命题也是假的'。"

亚里士多德的这个反驳就是运用了归谬推理，他的完整形式为：

如果"一切命题都是假的"命题是真的，那么，一切命题都是假的；

如果"一切命题都是假的"命题是真的，那么，并非一切命题都是假的；

所以，"一切命题都是假的"这一命题不是真的。

思　考　题

1. 什么是命题？什么是简单命题？什么是复合命题？

2. 什么是联言命题？联言推理有几种？

3. 什么是选言命题？选言推理的种类和规则有哪些？

4. 什么是假言命题？它分为哪几种？

5. 假言推理有哪几种？各有哪些规则和有效形式？

6. 什么是假言易位推理？

7. 什么是假言联锁推理？

8. 什么是负命题？它的等值推理有哪些？

9. 什么是二难推理？它有哪几种形式？

10. 什么是假言联言推理？

练　习　题

一、下列语句是否表达命题？为什么？

1. 为什么说社会主义制度有无比的优越性？

2. 没有耕耘，哪来收获？

3. 祝你一路平安！

4. 在资本家和工人之间，在白人和黑人之间，在殖民者和被压迫人民之间，难道有什么平等的"人权"吗？

5. 欲加之罪，何患无辞？！

6. 烈士们的革命英雄主义精神是何等崇高呵!

7. 飞翔吧,祖国的雄鹰!

8. 为胜利而干杯!

9. 什么是民主和科学?

10. 四个现代化的宏伟蓝图一定能实现!

二、下列命题各属何种选言命题?

1. 这些作品或者政治上有错误,或者艺术上有缺点,或者二者兼而有之。

2. 他或者是个画家,或者是个诗人,或者是个演员。

3. 一个革命政党的任何行动都是实行政策,不是实行正确的政策,就是实行错误的政策。

4. 对待外国的科学、技术和文化可以有三种态度,或者是不加分析地一概排斥,或者是不加分析地一概照搬,或者是有分析有批判地吸收。

5. 在本书的成书过程中,他们或者给予指导,或者给予鼓励,或者提供资料。

6. 也许是甲队,也许是乙队获得"五一杯"网球赛的冠军。

三、指出下列各题中,A 是 B 的什么条件(充分条件、必要条件、充分必要条件)?

1. A. 一个整数的末位数为 0;　　B. 这个数可被 5 整除

2. A. 梯形的对角线相等;　　　　B. 这个梯形为等腰梯形

3. A. 同位角相等;　　　　　　　B. 两直线平行

4. A. 认识错误;　　　　　　　　B. 改正错误

5. A. 合理施肥;　　　　　　　　B. 获得丰收

6. A. 适当的温度;　　　　　　　B. 鸡蛋孵出小鸡

7. A. 没有文化;　　　　　　　　B. 学不好理论

8. A. .x 大于 y;　　　　　　　　B. y 小于 x

9. A. 三角形的三边相等；　　　B. 三角形的三角相等

10. A. 灯泡钨丝断了；　　　　　B. 灯泡不会亮

四、用 p、q、r…等分别表示不同内容的简单命题，并用符号表示其逻辑联结词，写出下列复合命题的逻辑形式。

1. 曹丕和曹植都是文学家。

2. 要么换 Q 上场，要么换 T 上场。

3. 国家不论大小，都有值得我们学习的地方。

4. 甲、乙、丙三人中至少有一个人看过《牛虻》。

5. 甲、乙、丙并非都看过《苔丝》。

6. 皮之不存，毛将焉附？

7. 只有小明、小红同去，小芸才会去。

8. 方老师只有有病或有急事才不来上课。

9. 如果马克思主义害怕批评，如果它会被批评倒，那么马克思主义就没有用了。

10. A、B，C、D在上海市大学生演讲比赛中都获得一等奖。

五、下列联言推理是什么式？

1. 黄中平是个军人，同时，黄中平是个医生，所以，黄中平是个军医。

2. 某人是历史学家又是诗人，所以，某人是个诗人。

3. 我们是一个社会主义国家，又是一个发展中国家。所以，我国是一个发展中的社会主义国家。

4. 我们善于建设一个新世界，因为我们不但善于破坏一个旧世界，我们还善于建设一个新世界。

5. 我们的干部要有德，我们的干部要有才，所以，我们的干部要德才兼备。

六、写出下列负复合命题的负命题及其等值推理。

1. 这件商品是物美价廉的。

2. 李明或者是诗人，或者是小说家。

3. 这封信要么寄往普洱，要么寄往大理。

4. 如果天下雨，那么地就会湿。

5. 只有年满十八岁，才有选举权。

6. 当且仅当三角形等角，则三角形等边。

七、给出下列命题的负命题及其等值推理。

1. 某人只有贪污，他才算是犯罪。

2. 如果某人发高烧，那么，某人就一定是患了肺炎。

3. 当且仅当某年风调雨顺，这一年才能获得丰收。

4. 丽莎爱好唱歌，而且爱好跳舞。

5. 张小燕或者是女飞行员，或者是女宇航员。

6. 那封信要么寄往北京，要么寄往上海。

7. 或者 A 和 B 去看电影，或者 C 和 D 去看电影。

8. 一个人没有一定的生活基础，或者缺乏文字表达能力，他要写出好小说也是可能的。

八、下列推理各属何种形式的二难推理？

1. 如果这是一部好作品，那么它思想性一定好；如果这是一部好作品，那么它的艺术性一定高；而这部作品或者思想性不好，或者艺术性不高。所以，这不是一部好作品。

2. 如果一个人自觉地散布谣言，那么，他就是别有用心：如果一个人不自觉地去散布谣言，那么，他就是愚昧无知；某人或者自觉地或者不自觉地散布谣言。所以，他或者是别有用心，或者是愚昧无知。

3. 如果承认矛可以戳穿盾，这说明盾没有他所夸的那么好，如果承认矛戳不穿盾，这就说明矛并没有象他所说的那么好；或者矛可以戳穿盾，或者矛戳不穿盾。可见，或者他的盾不好，或者他的矛不好。

4. 如果上帝能创造一块连他自己都举不起来的石头，那么上帝就不是全能的(因为有一块石头他举不起来)；如果上帝不能创造一块连他自己也举不起的石头，那么上帝也不是全能的(因为有一块石头他创造不出来)；或者上帝能创造，或者不能创造，总之，他不是全能的。

5. 如果你考上大学，那么，你要利用在校时间努力学习；如果你考不上大学你要在业余时间坚持自学。你或者考上大学，或者考不上大学，总之，你或者要利用在校时间努力学习，或者你要在业余时间坚持自学。

九、下列推理属何种推理？请列出它们的推理形式，并说明是否有效？为什么？

1. 如果寒潮到来，气温就要明显下降。所以，如果气温没有明显下降，就是寒潮没有到来。

2. 只有认识落后，才能改变落后，所以，如果没有改变落后，就是还没有认识落后。

3. 只有充分发展商品生产，才能把我国的经济搞活；只有把我国的经济搞活，才能加快四化建设的速度。所以，如果要加快四化建设的速度，就要充分发展商品生产。

4. 如果要顺利进行四化建设，就要不断克服有碍四化建设的消极因素，如果要不断克服有碍四化建设的消极因素，就要健全我国的法制。所以，如果健全了我国的法制，四化建设就能胜利进行。

5. 如果要建设社会主义的物质文明，那么就要大力发展社会生产；如果要建设社会主义精神文明，那么就要大力加强和改善思想政治工作；我们既要建设社会主义的物质文明，又要建设社会主义的精神文明。所以，我们又要大力发展社会生产，又要加强和改善思想政治工作。

6. 如果不经常锻炼身体，那么身体就不会健康；如果身体不健康，那么就会影响工作。所以，如果经常锻炼身体，就不会影响工作。

第七章　命题逻辑推演系统

第一节　真值联结词与真值函项

一、真值形式与真值函项

(一) 真值形式

复合命题是由若干肢命题借助一定的逻辑联结词而构成的。各种复合命题的肢命题之间，除了具有真假关系之外，还存在着某些其他方面的联系。逻辑学没有必要，也没有可能对它们都一一加以研究。命题逻辑只从形式结构上来研究命题，它在研究复合命题时，要研究和把握的仅仅是复合命题的肢命题之间在结构上的最一般联系，即真假方面的联系。命题逻辑和传统逻辑都属二值逻辑，真和假是命题仅有的两个值，统称"真值"，因此，肢命题之间存在的真假方面的联系，就是肢命题之间的真值联系。命题逻辑从命题间的各种联系中抽象和概括出真假方面的联系(真值联系)，并从肢命题之间的真假(真值)角度来考虑和判定复合命题的真假。于是，命题逻辑将一些由复合命题联结词和肢命题构成的形式结构称作真值形式。

1. 真值联结词

真值联结词指表示复合命题与肢命题之间真假关系，并从肢命题真假来考查复合命题的真假而确定其真假关系的命题逻辑联结词。这样的真值联结词与日常语言的联结词有所不同，它只是日常语言的联结词在真假关系上的一种抽象，而不考虑肢命题之间是否存在着某些其他方面的联系。

基本的真值联结词主要有五个：否定(并非)、合取(并且)、析取(或)、蕴涵(如果，那么)、等值(当且仅当)。为了避免混淆和歧义，现代命题逻辑分别用相应的符号来加以表示。比如，用符号"¬"表示否定，用"∧"表示合取，用"∨"表示析取，用"→"表示蕴涵，用"↔"表示等值。

2. 真值形式

真值形式其实就是由真值联结词和命题变项所构成的形式结构，这里的命题变项指成分命题(肢命题)，成分命题可以是复合命题，也可以是基本结构原子命题(简单命题)，所以，真值形式实际上也就是复合命题形式，即复合命题形式结构。

因此，我们上一章所学的无论是哪一种复合命题，它们都可以作为真值形式来看待，真值形式是命题形式的一部分，即所有真值形式都是命题形式。不管是由简单结构的命题还是复杂结构的命题作为变项，只要其结构中有真值联结词，所构成的命题形式结构，都属于真值形式。

真值形式有一个构成定义，按构成定义得到的结构，才是可用的真值形式，如果不满足这个构成定义，就不是一个真值形式。真值形式构成定义首先给出可用的基本符号，有了基本符号，用这些可用符号表达真值形式结构的时候，应考虑真值形式构成原则的问题，由这些原则来构成的，才是一个有意义的命题形式结构，也才可以表达真值形式。

真值形式构成定义：合法关系符号有¬、∧、∨、→、↔。命题变项符号有p、q、r等。

其中，¬为前置关系符号，∧、∨、→、↔为中置关系符号。关系符号与命题变项符号按¬前置于一个命题变项前，∧、∨、→、

↔ 中置于两个命题变项间的搭配构成真值形式。

按定义，如果把"并非"这个符号放到一个命题变项后面，或者"合取、析取、蕴涵、等值"符号只出现在某一个单一的原子命题前后，那么就违反了构成规则。这样的一些形式是没有意义的，当然就不能表达一个真值形式。按构成定义，¬p、p∨q、p∧q、p→q、p↔q、¬p∨(p→q)是真值形式，p¬、p∨、q∧、p→、q↔不是真值形式。所以，根据真值形式构成定义要求，通过真值联结词联结表示命题变项的字母所得到的形式结构，才是真值形式。

命题逻辑当中有 5 种最基本的真值形式：

否定式：¬p

合取式：p∧q

析取式：p∨q

蕴涵式：p→q

等值式：p↔q

那么为什么原子命题 p 不是真值形式？原因是没有真值连结词与之搭配，所以不是真值形式。

(二) 真值函项

1. 真值函数

下面来了解真值函项，真值函项其实是从真值的对应角度建立起来的一种函数，通常情况下人们所说的函数，指的是两类对象之间的某种对应关系，这种对应关系可以是不同方面的，通常情况下是指数值方面的对应。两个类，一类当中的数值对应另一类当中的数值，这种对应如果存在，那么我们就说这两个类存在函数关系。当然这种关系不一定都是数值的对应，它也可以是其它的一些东西，比如说，真值。

真值函数定义：自变量定义域为真值，其值域仍为真值的函数叫做真值函数。

一个类的真值对应另一个类的真值，于是，我们就说这两类存在着一种函数关系，这个函数由于是真值对应函数，所以，就把这种函数称之为真值函数。复合命题由基本原子命题构成，复合命题与构成它的基本原子命题之间确实存在着这种真值对应，如果我们把构成复杂结构的基本原子命题看成一个类，在基本原子命题被赋予特定的真值情况下，就一定对应着(基本原子命题所构成的)复合命题某种真假，于是，就可以把复合命题(真值形式)说成是它的自变元(也就是基本原子命题)的函数，现代命题逻辑把反映一种特定真值对应结果的真值函数称为真值函项。

真值函项是由真值形式来表达的，任意一个真值形式，都可以表达一个真值函项。真值函项反映着某种跟真假取值有关的真值对应关系，它所考虑的仅只是真值对应关系结果，而并不关心真值函项所确定的真值对应结果是由什么样的真值形式结构来反映的，对于真值函项来说，只要其所确定的真值对应结果相同，就被认定为同一真值函项。真值函项不同于真值形式的地方在于，真值形式只关注形式结构本身，它的真假，即取值结果一定是由真值形式本身的结构关系决定的。因此，真值形式跟真值函项的对应就不是一对一的，不同的真值形式可以表达同一个真值函项，例如：p→q 与 p∧¬q 这两个不同的真值形式，因为它们结构选择的真值联结词不同，真值联结词同基本变项的配合情况、构成关系完全不同，所以，从真值形式角度来看的话，这是两个完全不相同的真值形式。但是如果要从真值函项这个角度来看，其实他们表达的是同一真值函项，为什么呢，因为他们所确定的真值对应结果是完全一样的，所以，真值形式同真值函项的对应关系是，不同的真值形式它可以表达相同的真值函项。

2. 真值函项的个数

真值函项的个数到底有多少呢？我们来看一下。首先，真值形式的数量是无限的，在一个系统当中，其基本的真值形式结构只有五个,即否定式、合取式、析取式、蕴涵式和等值式。而为什么真值形式的个数却是无限的?那是因为由这五个最基本的真值形式可以衍生出无穷多个真值形式,比如 p 的否定式当中,p 这个成分命题可以是一个简单结构的命题,也可以是一个由两个以上的肢构成的复杂结构的命题,当然还可以是更为复杂的情况,一个成分命题可以有两个层次(成分命题又由有复杂结构的命题作为其肢构成),三个层次,或更多层次。由于构成层次可以有无穷多,于是,一个否定式就可以衍生出无穷多个真值形式,所以一个命题逻辑系统中,虽然只定义了最基本的几种形式,但是这个系统当中建立在这些基本的真值形式之上的真值形式的个数却是无穷多的。

而真值形式都可以用来表达真值函项,所以真值函项的总数自然是无穷多的。这里我们要讨论在给定 n 个命题变元前提下,通过这 n 个命题变元表达的真值对应结果,即通过它们表达的真值函项有多少个? n 个命题变元情况下,命题变元的真值排列结果为 2^n 种可能,对应的表达的真值对应结果真值函项则有 2^{2n} 个。

当 n=1 时,也就是只有一个子变元的时候,命题变元真假的取值只有两种,就是真和假,如表 7-1 所示。

表 7-1　一个命题变元时的真值函项

p	$f_1(p)$	$f_2(p)$	$f_3(p)$	$f_4(p)$
T	T	T	F	F
F	T	F	T	F

从表中可知,只有一个命题变元时的真值函项共有四个,$f_1(p)$ 是指不论命题变元 p 取何值(真或假),函项值总为真。$f_4(p)$ 则相反,不论命题变元 p 真假如何,函数值总为假。$f_2(p)$ 和 $f_3(p)$ 则有时真有时假。

这四种真值函项可以用相应的真值形式表示:

$f_1(p)$ 是恒取值为真的函项,其相应真值形式可表示为 $p \vee \neg p$;

$f_2(p)$ 取值可真可假,与“p”取值相同,故可用 $\neg\neg p$ 来表示;

$f_3(p)$取值可真可假，与"p"取值正好相反，故可用 $\neg p$ 来表示；$f_4(p)$恒取值为假，故可以表示为 $p \wedge \neg p$,也可以表示为 $\neg(p \vee \neg p)$。可见，不同的真值形式可以表示相同的真值函项。

设 $n = 2$，那么命题变元真假搭配(排列)为 $2^2 = 4$，真值函项的个数为 2 的 4 次方等于 16。我们把 $f_i(p,q)$简写成 $f_i(i = 1, 2, \cdots, 16)$，这 16 个真值函项都可以找到表达它们的真值形式，如表 7-2 所示。

表 7-2　二个命题变元时的真值函项

p	q	f_1	f_2	f_3	f_4	f_5	f_6	f_7	f_8	f_9	f_{10}	f_{11}	f_{12}	f_{13}	f_{14}	f_{15}	f_{16}
T	T	T	T	T	T	T	T	T	T	T	F	F	F	F	F	F	F
T	F	T	T	T	T	F	F	F	F	T	T	T	T	F	F	F	F
F	T	T	T	F	F	T	T	F	F	T	T	F	F	T	T	F	F
F	F	T	F	T	F	T	F	T	F	T	F	T	F	T	F	T	F

其中，$f_2(p,q)$可用 $p \vee q$ 表示；$f_5(p,q)$可用 $p \rightarrow q$ 表示；$f_7(p,q)$可用 $p \leftrightarrow q$ 表示；$f_8(p,q)$可用 $p \wedge q$ 表示。

不同的真值形式可以描述有着相同的真值对应结果的真值函项，只要能判定它的取值结果是一样的，当然，如何来判定涉及到等值判定的问题。

3. 真值函项和真值形式的种类

真值函项的种类：

(1) 常真的，如上真值表中第一种情况，不管是 n 等于 1 还是 n 等于 2 的真值函项，对于自变元的任意真值指派，第一个真值函项取值总是真的，这种真值函项称之为常真的真值函项。

(2) 常假的，上表中不管是 n 等于 1 还是 2，最后一列这个真值函项，对于自变元的任意真值指派，取值都是假的。这种真值函项称为常假的真值函项。

(3) 可满足的，除永真式和永假式外，对于自变元的任意真值指派,真值函项的取值可真可假,这种真值函项称为可满足的真值函项。

真值形式的种类:

(1) 重言式(永真式),可表达常真的真值函项的真值形式称之为重言式,也叫永真式。

(2) 矛盾式,用于表达常假的真值函项的真值形式称为矛盾式。

(3) 可满足式,用于表达有时真有时假的真值函项的真值形式称为可满足式。

二、重言式

重言式是逻辑真理的表现形式,重言式表达了有关真值联结词的逻辑规律,也是相关的各种复合命题的逻辑规律。命题逻辑中的一切正确(有效)的推理形式均表现为重言式。传统逻辑的同一律、矛盾律和排中律也可分别表现为 $p \rightarrow p$、$\neg(p \wedge \neg p)$、$p \vee \neg p$ 等重言式;而充分条件假言推理的"否定后件式"则可表现为重言式:$(p \rightarrow q) \wedge \neg q \rightarrow \neg p$;反三段论原理可表现为重言式:$(((p \wedge q \rightarrow r) \wedge (p \wedge \neg r))) \rightarrow \neg q$;等等。

重言式中重言蕴涵式和重言等值式尤为重要。因为凡是正确的推理形式均可表现为重言蕴涵式或重言等值式,并且绝大多数常用的逻辑规律都表达为重言蕴涵式或重言等值式。

重言蕴涵式和重言等值式,分别是指其主连接词是蕴涵词和等值词的重言式,它们是逻辑推理的真理表达形式。

通过重言式表达的常用的逻辑规律:

(1) $p \rightarrow p$	同一律
(2) $\neg(p \wedge \neg p)$	矛盾律
(3) $p \vee \neg p$	排中律
(4) $(p \rightarrow q) \wedge p \rightarrow q$	分离律
(5) $(p \rightarrow q) \wedge \neg q \rightarrow \neg p$	否后律
(6) $(p \vee q) \wedge \neg p \rightarrow q$	

      (p∨q)∧¬q→p   否析律

(7) p∧q→p

      p∧q→q   合简律

(8) p→(q→p∧q)   并合律

(9) p→p∨q   析取引入律

(10) p∨p↔p

       p∧p↔p   幂等律

(11) (p→¬p)→¬p

       (¬p→p)→p   蕴简律

(12) (p→q)∧(q→r)→(p→r)   三段论律

(13) (p→r∧¬r)→¬p   归谬律

(14) p↔¬¬p   双否律

(15) (p→q)↔(¬q→¬p)   换位律

(16) ¬(p∧q)↔¬p∨¬q

       ¬(p∨q)↔¬p∧¬q   德摩根律

(17) p∧q↔q∧p

       p∨q↔q∨p   交换律

(18) (p∧q)∧r↔p∧(q∧r)

       (p∨q)∨r↔p∨(q∨r)   结合律

(19) p∧(q∨r)↔(p∧q)∨(p∧r)

       p∨(q∧r)↔(p∨q)∧(p∨r) 分配律

(20) (p→q)↔¬p∨q   蕴析律

(21) (p↔q)↔(p→q)∧(q→p)

       (p↔q)↔(p∧q)∨(¬p∧¬q) 等值律

(22) p↔p∧(q∨¬q)

       p↔p∨(q∧¬q)   加元律

    现代逻辑把传统逻辑中的逻辑规律统统用重言式表示出来,这些重言式所描述的其实都是一些规律。比如上述(1)~(4)条规律表达的内容如下：

(1) p→p 表达同一律，即思想确定性规范，要求 p 这个思想在思维过程当中必须保持自身不被改变，通过真值表可以看出表达同一律的 p→p 是永真式。

(2) ¬(p∧¬p) 表达矛盾律，也是永真的。括号里面的 P 和非 p 的合取是一个永假式，因此它的否定式就是永真的，所以是一个重言式。

(3) p∨¬p 表达排中律，p 和非 p 的析取是一个永真式。排中律可以用来解释同一律。事实上三条基本规律是可以相互解释的，它们的作用都在于规范人们的思维，确保思维的一致，目标任务都是共同的。

(4) (p→q)∧p→q 表达分离律。分离律是充分条件假言推理的规则，即充分条件假言推理肯定前件就要肯定后件。推理规则在传统逻辑中被称做一般规律，是逻辑规律的一部分。在现代逻辑中没有基本规律与一般规律之分。统统作为逻辑规律来看待。所以这里就看到把分离律和三条基本规律放到一起的情况。

第二节　命题判定

一、真值表法

真值表的主要作用是判定作用，对一个命题结构的取值情况，通过图表描述直观地反映出来，通过真值表，可以判定一个真值形式的情况，是永真的，永假的，还是可满足的情况，都可以直观地反映出来。所以，所谓的真值表就是一种显示命题变元在各种真值指派下，命题形式或者真值形式的取值情况的表格。借助这种真值表的描述可以进行以下判定：(1) 判定一个真值形式是否是重言式，矛盾式，可满足式；(2) 判定两个真值形式是等值的，还是矛盾的；(3) 判定推理形式是否有效。

真值表判定重言式主要针对推理，它的最终目的是判定推理的有效性，如果表达推理的真值形式通过真值表判定为永真式，这个推理就是一个有效的推理。所以如果把推理看成是一个蕴涵式的真值形式，就可以借助真值表来判断它有效与否。

真值表法的三个步骤：

(1) 找出给定真值形式的所有命题变元，即基本命题变项，选择字母 p、q、r 等表示这些命题变元，然后把这些命题变元的真值指派(真假排列)统统列举出来。

(2) 根据需判定真值形式的结构构成情况，由简到繁地把需判定的真值形式当中所出现的所有的真值成分都列在真值表当中。顺序是从简到繁的顺序，就是说不管这个真值形式有多么复杂，凡是需判定真值形式成分结构，统统都要列在真值表当中，因为需判定的真值形式的真值，与所有成分结构有关。

(3) 通过演算各部分的真值，最后得到需判定的真值形式的取值结果，这个取值结果反映在真值表中，真值表的工作就完成了，现在只需要来看真值表结果就可以了，这个结果反映出它是一个重言式，矛盾式还是可满足式。

例如：

用真值表判定真值形式$(p \to q) \lor (\neg q \to \neg p)$。

(1) 找出给定真值形式的所有变项：p 和 q。

(2) 根据真值形式的构成过程，由简而繁地列举出一个真值形式的各个组成部分，最后一栏为该真值形式结构本身，如表 7-3 所示。

表 7-3　真值形式的组成部分

		①	②	③	④	⑤
p	q	$\neg p$	$\neg q$	$p \to q$	$\neg q \to \neg p$	$(p \to q) \lor (\neg q \to \neg p)$
T	T					
T	F					
F	T					
F	F					

对给定的两个括号的蕴涵析取真值形式用真值表的判定。命题自变元有 p 和 q 两个。两个自变项的真假取值的可能是四种搭配 (2^2)。现在我们只需要分析一个真值函项，看它最后的取值结果是什么，我们所关心的是这个真值形式所表达的这个真值函项最后的取值结果。

这个真值形式的构成结构当中，涉及到否定形式，还涉及到蕴涵形式，总共由四个基本形式构成。

从简到繁列出 ¬p，¬q，p→q，¬q→¬p。最后判定(p→q) ∨ (¬q→¬p)。

(3) 根据真值表中基本变项 p，q 的真值，计算出每栏中各组成部分的真值，最后得出该真值形式的真值，如表 7-4 所示。

表 7-4　真值形式的真值

		①	②	③	④	⑤
p	q	¬p	¬q	p→q	¬q→¬p	(p→q)∨(¬q→¬p)
T	T	F	F	T	T	T
T	F	F	T	F	F	F
F	T	T	F	T	T	T
F	F	T	T	T	T	T

该表中，最后一栏的形式结构的真值在 p 和 q 的各种真值排列条件下并非都是真的，也并非都是假的，所以它不是重言式也不是矛盾式，而只是可满足式。同时，从表中我们也可以看出，第③、④、⑤栏的真值是相同的，因而这三栏中的真值形式彼此是等值的。这就是真值表所具有的判定功能。下面我们再举出几个例子来说明真值表的这两种判定功能。

用真值表方法判定同一律、矛盾律和排中律的符号公式 p→p、¬(p∧¬q)和 p∨¬p 是否为重言式。

解　列出这三个公式的真值表，如表 7-5 所示。

表 7-5 三个公式的真值表

p	¬p	p→p	p∧¬p	¬(p∧¬p)	p∨¬p
T	F	T	F	T	T
F	T	T	F	T	T

因此，p→p、¬(p∧¬p)和 p∨¬p 都是重言式。

用真值表方法判明((p→q)∧p)→q 是否为重言式，如表 7-6 所示。

表 7-6 用真值表方法判明重言式

p	q	p→q	(p→q)∧p	((p→q)∧p)→q
T	T	T	T	T
T	F	F	F	T
F	T	T	F	T
F	F	T	F	T

从真值表中不难看出，原公式(最后一栏的公式)是重言式。

又如：

用真值表判定下列推理是否有效：

(1) 引起变形的原因是材料问题或工作温度过高，有证据证明不是工作温度过高。因此是材料问题。

(2) 引起变形的原因是材料问题或工作温度过高，有证据证明是工作温度过高。因此不是材料问题。

(3) 引起变形的原因是材料问题或工作温度过高，因此，并非如果不是工作温度过高就一定是材料问题。

p：引起变形的原因是材料问题；q：引起变形的原因工作温度过高。

推理(1)的形式是((p∨q)∧¬p)→q。

推理(2)的形式是((p∨q)∧p)→¬q。

推理(3)的形式是(p∨q)→¬(¬q→p)。

这三个公式的真值表如表 7-7 所示。

表 7-7　三个公式的真值表

p	q	$((p \vee q) \wedge \neg p) \rightarrow q$	$((p \vee q) \wedge p) \rightarrow \neg q$	$(p \vee q) \rightarrow \neg(\neg q \rightarrow p)$
T	T	T	F	F
T	F	T	T	F
F	T	T	T	F
F	F	T	T	T

上述真值表证明，推理(1)式是重言式，推理(2)式和(3)式是可满足式，因此，只有推理(1)是有效的。

用真值表方法判明 $p \rightarrow q$，$\neg p \vee q$ 和 $p \wedge \neg q$ 之间是互相等值的，还是互相矛盾的？

列出这三个公式的真值表，如表 7-8 所示。

表 7-8　三个公式的真值表

p	q	$\neg p$	$\neg q$	$p \rightarrow q$	$\neg p \vee q$	$p \wedge \neg q$
T	T	F	F	T	T	F
T	F	F	T	F	F	T
F	T	T	F	T	T	F
F	F	T	T	T	T	F

上述真值表证明，$p \rightarrow q$ 和非 $p \vee q$ 的每行真值均相同，因而它们是相互等值的；$p \wedge$ 非 q 与这两个公式的真值均完全相反，因而它与它们是相互矛盾的。

真值表直观反应出，命题变元 p 和 q 在各种可能的真值指派情况下，取值完全一样的真值形式反映出它们之间有等值关系，取值完全相反的真值形式之间则有矛盾关系。从真值结果看 p 和非 p 的取值相反，因此它们的真值取值是矛盾关系，所以矛盾关系可以从真值表中反应出来，其矛盾就体现在它们最后的取值结果上。

二、归谬赋值法

上面我们介绍了真值表的判定方法,一个真值形式,只要是有限构成的,都可用真值表方法判定。但是,包含了多个命题变项的真值形式,由于它的真值表有 2^n 行(比如有 4 个命题变项,那么真值表上就应有 16 行)。显然,真值表对于包含较多命题变项的真值形式来讲,其判定过程非常的繁琐。因此,有必要使用更加简便的方法。于是,人们就在真值表方法的基础上提出了简化的真值表方法,称为归谬赋值法。这种方法主要用于判定蕴涵式以及能转换为蕴涵式的等值式。由于要判定的真值形式通常是代表推理形式的蕴涵式,因此,归谬赋值法是一种非常适用的判定方法。

归谬赋值法的主要思路是:要证明一个蕴涵公式(A→B)是重言式,则要证明:其中的变项无论被赋予何值,蕴涵公式前件 A 真而后件 B 假是不可能的,换言之,如果前件真而后件假,则变项的赋值结果必然出现逻辑矛盾(不可能的完全真值指派)。

例如:为判定((p→q))∧p)→q 是重言式,则要求证明此公式的前件((p→q)∧p)真而后件 q 假是不可能的。而要使前件真而后件假,则有

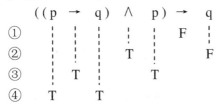

其中变项 q 的赋值出现逻辑矛盾。既然出现逻辑矛盾,说明这是不可能的完全真值指派,原假设(前件真而后件假)不成立。即这个蕴涵式不可能是前件真而后件假的情况,这就证明该公式蕴涵关系成立,公式为重言式。

由上例可以看出,归谬赋值法可分为三个步骤:

(1) 假定需判定的真值形式(蕴涵式)是假的。做法是在需判定公

式的主联结词"→"下边标注"F"(见行①)。

(2) 从第一步的假定出发，根据五个真值联结词的真值表，依次对公式中的各部分公式赋以相应的真值，直到所有的变项都被赋以确定的真值(完全真值指派)为止。见②，③，④行(注意：如果有多于一种的真值指派，则需对各种指派进行考察)。

(3) 检查所有变项的真值，如果其中至少一个变项既真又假，即出现了赋值矛盾(注：如果有多于一种真值指派，则需每种指派时都出现矛盾)，这样可以证明被判定的公式不可能为假，只能为真，因而它是一个重言式；如果并未导致逻辑矛盾，这就证明原假定成立，因而被判定的公式不是重言式。

下面通过一些例子来说明归谬赋值法的具体运用。

例如：

判定充分条件假言联锁推理的肯定式((p→q)∧(q→r))→(p→r)是否为重言式。

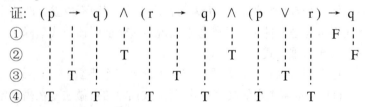

其中命题变项 r 有赋值矛盾(见行④)，故该真值形式是重言式。

例如：

判定假言选言推理(二难推理)的简单构成式(p→q)∧(r→q)∧(p∨r)→q是否为重言式。

其中命题变项 q 有赋值矛盾(见行②、④)，故该真值形式是重言式。

例如：

判定假言选言推理(二难推理)的复杂破坏式(p→q)∧(r→s)∧(¬q∨¬s)→(¬p∨¬r)是不是重言式。

证：(p → q) ∧ (r → s) ∧ (¬q ∨ ¬ s) → (¬ p ∨ ¬ r)

```
①                                    F
②              T          T     T              F
③      T           T         T      T      F     F
④   T    T    T    T      F      F      T    T
```

其中命题变项 s 有赋值矛盾，故该真值形式是重言式。

例如：

判定(p→q)∧(p→r)↔(p→q∨r)是不是重言式。

这是一个等值式。如果用归谬赋值法判定等值式时，则可以根据等值规则，将等值式化为两个蕴涵式，然后分别判定两个蕴涵式是否都是重言式。如果两个蕴涵式都是重言式，则原等值式为重言式；否则，就不是重言式，为此本例需分两步骤证明：

证：① (p → q) → (p → r) ↔ (p → q ∧ r)

　　　　T T T F　T T T　F　T F F F F

命题变项 p 和 r 都有赋值矛盾，故(1)式是重言式。

② (p → q ∨ r) ↔ (p → q) ∧ (p → r)

　　　T T T T F　F　T T T　F　T F F

所有命题变项均无赋值矛盾，故②不是重言式。

综合①，②可知原等值式不是重言式。

第三节　命题自然推理

一、自然推理系统中的合式公式

传统逻辑主要是采用自然语言的结构词来表达各种形式结构及各种结构方面的特性的，但正是由于自然语言表达方面比较丰富，因此就导致自然语言存在歧义。使用自然语言来描述形式结构，有可能无法精准地把形式结构表达出来。为了克服这种弊端，现代逻辑采用形式语言符号来表达各种形式结构。也就是说，采用形式语言来给出形式结构方面的表意。这样就显得非常精确。

什么是形式语言？形式语言是一种具有精确规则的能够表意的符号系统。实际上，形式语言是构造逻辑系统的基础，任何逻辑演算系统都是建立在这种形式语言基础上的。形式语言是由字母表和合式公式来构成的。以字母表形式给出符号库，在形式语言中，只有采用符号库所提供的符号，才是合法的。不能够选择符号库之外的符号来构成符号表意。也就是说形式结构里边不能够出现符号库以外的字母。

符号库的符号分为三种：一种是命题变项符号，采用小写字母表示，如：p、q、r、s、p_1、p_2…。另一种是联结词符号，实际上就是前面讲的真值联结词，有五个基本的真值联结词，¬、∧、∨、→、↔。除此之外的其它符号还包括括号和逗号(，)。以上是符号库里合法的、可以用于构造形式结构的符号。

合式公式的构成规则：

(1) 任何命题变项都是合式公式。

(2) 如果 A 和 B 是合式公式，那么由 5 个基本的真值联结词来连接 A，B 之后得到的也是合式公式，即 ¬A、A∧B、A∨B、A→

B、A↔B 是合式公式。

从逻辑角度来讲，各种形式结构都可以被视为合式公式。合式公式的意思是指由命题变元加上结构词合成的形式。实际上，逻辑学中的合式公式指的就是命题形式，或者说命题结构。

第一，任何的命题变项都是合式公式，这一点指出命题逻辑是以命题作为基本变元的形式结构作为研究对象的，即命题演算系统中基本的命题变元并不是词项而是命题。命题演算中各种形式结构的命题变项只能是合式公式，不能是词项。命题逻辑的研究内容是围绕命题间的逻辑关系来展开的。

第二，如果 A 和 B 是合式公式，则非 A，A 和 B 的合取，A 和 B 的析取，A 蕴涵 B，A 和 B 的等值也是合式公式。五种联结词除否定以外的其它四个，只能在两个合式公式之间出现才是合法的。

第三，只有按此构成规则构成的是有穷符号串。才是合式公式。

逻辑演算系统有公理化系统和自然推理系统。本书主要介绍自然推理系统。

二、公理化系统

命题逻辑公理化系统建立在以下内容基础上：

(1) 字母表(形式语言符号库)。

(2) 构成规则。

(3) 若干条基本公理。

(4) 基本规则。

任何逻辑系统都要使用形式语言。形式语言的符号库、基本字母表和合式公式的构成规则是一个公理系统及任意一个逻辑系统的基础，对于每一个逻辑系统来讲都是如此。

1. 字母表

(1) 命题变项符号：p、q、r、s、p_1, p_2 …

(2) 联结词符号：¬、∧、∨、→、↔

(3) 括号和逗号：( )

2. 合式公式

(1) p、q、r、s、p_1, p_2 … 是合式公式。

(2) 如果 A 是合式公式，则¬A 也是。

(3) 如果 A、B 是合式公式，则(A∧B)、(A∨B)、(A→B)、(A↔B)也是。

(4) 只有(1)，(2)，(3)构成的有穷长符号串才是合式公式。

定理：命题 B 为 A_1，A_2，…，A_K 的逻辑结论(有效)当且仅当蕴涵式(A_1∧A_2∧…，A_K) → B(K>1)为重言式。

3. 公理(A、B、C 表示任意的合式公式)

L1：A → (B → A)

L2：A → (B → C) → (A → B) → (A → C)

L3：(((¬A) → (¬B)) → (B → A))

4. MP 分离规则

若 ⊢A→B，且 ⊢A，则 B

一个使用形式语言的公理系统，通过初始公式(公理)和初始规则得到的公式就是这个系统的定律。一个形式(公理)系统的任务也就是证明这些定律的成立。

以上是一个有三条基本公理的逻辑公理系统(L1、L2、L3)。公理系统除了给定的推理公理之外，还有基本规则，这个公理系统中被称为 MP 的分离规则内容是：如果 A 是系统的定律，A 蕴涵着另一个形式结构 B，则 B 也是系统的定律，这种规则称作公理系统规则。

在公理系统当中，通过初始公理得到的一切合式公式，都是公理系统的定律。也就是说一个公理系统的定律来自于系统最基本的公理和规则(凡可由系统基本公理和规则推理得到的合式公式均称作系统的定律)。公理系统的任务之一是证明其定律在系统中成立。

三、自然推理系统

同公理化系统一样，自然推理系统建立在形式语言基础之上，但自然推理系统没有公理，只有规则。和公理系统比较，他们之间的主要区别在于：公理化系统当中有人为设定的公理，而自然推理系统没有。

严格来讲，公理化系统的作用大于自然推理系统的作用。因为学科体系的终极目标是要建成科学的系统，也就是要构造学科逻辑体系，而公理化则是学科逻辑体系建立的标志，是学科体系成熟的表现。从这点来看，自然推理没有办法达成这种系统化目的。

自然推理系统构成要素和公理化系统比较，自然推理系统没有那些繁杂的、作为推理基本出发点的公理(公理集合)，这样就有一个好处，那就是自然推理系统没有必要再去考虑公理本身是不是有效的问题。由于公理选择是带有随意性的，公理选择跟系统构成的目的有关系，构成这个系统的目的是什么，要解决一个什么问题，跟要解决问题的学科体系本身有直接关联，所以，在选择公理的时候会有很大的随意性。而公理又是不能够证明的(没办法证明)，公理只是被普遍认为是科学的论断，系统选择这些公理，有可能会存在问题，这是人们所担心的。

自然推理系统没有公理，只包含一些规则，就避免了公理化系统可能会出现的一些问题。同时，自然推理系统的这些规则来源于传统逻辑，是有根据的，选择上也没有随意性。系统选择建立在传统逻辑内容之上的规则，有效性就有保障。

自然推理系统当中得到证明的定律及公式，将其放到公理化系统当中，同样可以作为公理化系统当中的定律及公式使用。所以两个系统可以相互证明，一个系统中被证明的合式公式放到另一个系统当中，同样也可以得到证明。

下面介绍一个自然推理系统。

自然推理系统是一种逻辑系统，这种建立在形式语言基础上的逻辑系统中有三部分内容：

(1) 符号库。

(2) 构成规则。

(3) 系统规则。

由于符号库及构成规则已有详细介绍，这里我们主要介绍一下自然推理系统的规则及其推理。

自然推理系统不是只有一个，自然推理系统的建立与规则的选择有关系，要建立一个怎样的自然推理系统，要达到一个什么样的目的，会围绕目的本身来选择构成这个推理系统的规则。不同的推理系统，其系统规则是有所不同的。

自然推理系统构成要素中的符号库和构成规则，对于每一个自然推理系统来讲都是一样的，所以自然推理系统的区别仅跟规则有关，自然推理系统从规则角度来体现它们的差异。

现在介绍的这个自然推理系统包含 18 条规则：

(1) 肯定前提规则(Q)：任何前提 A，均可以其自身作为结论。

(2) 否定引入规则($\neg_+$)：由 A 推得 $B \wedge \neg B$，则 $\neg A$(据排中律)。

(3) 否定消去规则($\neg_-$)：由 $\neg A$ 推得 $B \wedge \neg B$，则 A(据排中律)。

(4) 蕴涵引入规则($\rightarrow_+$)：由假定 A 可推得 B，则 $A \rightarrow B$。

(5) 蕴涵消去规则($\rightarrow_-$)：如 $A(\neg B)$ 及 $A \rightarrow B$ 真，则 $B(\neg A)$。

(6) 合取引入规则($\wedge_+$)：如 A 及 B 真，则 $A \wedge B$。

(7) 合取消去规则($\wedge_-$)：如 $A \wedge B$ 真，则 $A(B)$。

(8) 析取引入规则($\vee_+$)：如 $A(B)$ 真，则 $A \vee B(B \vee A)$。

(9) 析取消去规则($\vee_-$)：如 $A \vee B$，$\neg A(\neg B)$ 真，则 $B(A)$。

(10) 等值引入规则($\leftrightarrow_+$)：如 $B \rightarrow A$ 及 $A \rightarrow B$ 真，则 $A \leftrightarrow B$。

(11) 等值消去规则($\leftrightarrow_-$)：如 $A \leftrightarrow B$，则 $B \rightarrow A$ 及 $A \rightarrow B$。

(12) 联锁传递规则(SD)：如 $A \rightarrow B$，$B \rightarrow C$ 真，则 $A \rightarrow C$。

(13) 假言易位规则(YY)：如 $A \rightarrow B$ 真，则 $\neg B \rightarrow \neg A$。

(14) 二难推理规则(EN)：如 A∨B，(A→C)∧(B→C)，则 C。

(15) 双否引入规则(SF₊)：如 A 真，则 ¬¬A。

(16) 双否消去规则(SF₋)：如 ¬¬A 真，则 A。

(17) 等值置换规则(DZ)：等值的真值形式可相互替换。

(18) 前提引入规则(Y)：在证明的任何步骤上都可以引入(假设)前提。

自然推理系统的规则均源自于传统逻辑，上述系统的蕴涵消去规则就来自于传统逻辑，是传统逻辑当中充分条件假言推理的肯定前件式推理形式，即肯定前件就要肯定后件。推理前提已知 A 真，同时又有 A 到 B 的蕴涵成立，那么根据这个蕴涵就能推出 B 的结果。按照传统逻辑的充分条件假言推理的规则来理解，这就是肯定前件就要肯定后件的规则。所以蕴涵消去规则实际上就来自于充分条件假言推理的"肯定前件就要肯定后件"这样一条规则。下面就本自然推理系统的部分规则进行说明：

1. 合取引入规则

合取引入规则同样来自于传统逻辑，只不过传统逻辑当中并没有明确给出有关合取的规则，该系统的合取引入规则是以联言推理的组合式和分解式这两个推理形式为根据的，传统逻辑中这两种推理形式并没有明文的规则，但其实它的规则是被省略了的，一般来讲，一个推理结构有可能出现推演无效的时候，才需要通过规则来规范，用规则来避免无效推演形式出现。但如果没有这种可能(没有可能出现无效形式的情况下)，规则就可以省略，联言推理的分解式及组合式就属于这种情况。

2. 合取消去规则

合取消去规则的前提是合式公式 A 及 B 的合取，以两个合式公式的合取为前提，可以对其进行合取消去。由于结论 A 或者 B 不再包含合取的真值联结词，前提当中的合取真值联结词在结论中被消去。所以这种规则叫做合取消去规则。

3. 蕴涵引入规则

假设前提如果蕴涵着一个以合式公式来表示的结果 B，那就表明 A 作为一个合式公式蕴涵着另一个合式公式，即它们之间存在着一种蕴涵关系。只要从一个假设可引出另一个合式公式，就表明建立在这个假设之上的蕴涵关系是存在的。由于结论反应两个合式公式之间的蕴涵关系，所以这种规则叫做蕴涵引入规则。

4. 析取引入规则

如果已知一个合式公式为真，那么这个合式公式就可以和任意的合式公式构成析取。因为如果一个合式公式本身是真的，那么它和其他任意的合式公式所构成的析取就能够保证其为真，即只要这个析取里面两个合式公式至少有一个是真的，那么析取就可以保证是真实的。所以已知为真的公式可以和任意的公式构成析取。由于结论当中引入了析取真值联结词，因此叫做析取引入规则。

5. 二难推理规则

原本前提中有 A 和 B 的析取，而到了结论中不仅仅是析取联结词被消去，A 和 B 在结论中也不存在了。这是因为 A 和 B 共同蕴涵着一种结果。这种结果通过一合式公式 C 来表示。由于前提当中出现的析取被消去了，同时作为前提的两个合式公式不在结论中出现，所以把这样的规则叫做二难推理规则。

6. 否定引入规则

从假设前提 A 开始，结果 A 蕴涵着 B 和非 B 的合取，B 和非 B 的合取是矛盾式，说明有矛盾存在，就是说从假设 A 真会引发一个逻辑矛盾，因此这个假设不能成立，所以结论就必须否定这个假设。由于结论当中出现了否定词，所以把这样的规则叫做否定引入。

7. 否定消去规则

前提出现了两个否定，而结论没有否定的真值结构词出现，这种规则体现了双重否定的原则，由于结论当中消去了前提的否定的符号，所以这条规则就叫否定消去。

8. 等值引入规则

如果假设合式公式 A，那么它就有一个蕴涵结果 B，反过来如果假设 B，它也会有一个蕴涵结果 A，两个合式公式分别作为假设前提都会蕴涵彼此，于是表明它们之间存在等值关系。所以这一规则叫等值引入。

9. 前提引入规则

前提引入规则是自然推理系统的标志，在证明的任何步骤都可以引入假设前提，而这种假设前提是在证明的过程当中可消去的，不会出现在结论当中。如果证明过程当中所引入的假设不能够在证明过程当中消去，就不是一种合法的引入。人们面对一些需要证明的问题，通常情况会引入假设，这种假设其实就是引入的前提。在最后的推理结论中需要消除这种引入前提。这条规律和人们日常的思维论证习惯比较贴近，它更符合人们日常自然思维习惯。这体现了自然推理系统的长处，也是为什么把系统称为自然推理系统的原因。

一个自然推理系统的规则，只是这个系统当中的基础内容，实际上一个自然推理系统是非常庞大的，由这个系统可推出无穷多个合式公式，而建立在这种规则基础之上的众多的合式公式，则被称做这个自然推理系统当中的定理。

自然推理系统的主要作用是判定作用，判定一个推演是不是可以作为这个系统的定理来看待，如果可以，就表明这个推演是有效的(这个系统当中的有效推理)。

四、推理的形式证明

自然推理系统是如何来证明推论是有效的呢。一般来说，命题 B 是一个前提的结论，前提可以是一个由不确定数目的合式公式构成的，而结论 B 来自于这个前提；那么这个推理蕴涵式就是有效的蕴涵。实际上只要是能够按照规则，从前提推出结论，就说明这个结论是可从前提推出的。就是一个来自前提的结论，这个推理就是有效的，并且一定是重言式。

形式证明如何来构造？下面我们就来构造一个证明：结论"p 蕴涵 r"能否由给定的前提来推演得到，如果可以的话，就证明这个结论是合法的、有效的。例如：

如果他学了这门课，他的学分就够了，如果他的学分够了，他就能申请学位，所以，如果他学了这门课，他就能申请学位。

首先，假定他学了这门课这个内容是 p，如果他的学分够了这个内容是 q，如果他的学分够了就可以申请学位这个内容是 r，如果他学了这门功课他就可以申请学位这个结论就是"p 蕴涵 r"。这个推论的前提是：

p→q, q→r

结论是：

p→r

构造证明：

① p　　　　　　　　　　规则(18)
② p→q　　　　　　　　　前提(规则 Q)
③ q　　　　　　　　　　①、②使用规则(5)
④ q→r　　　　　　　　　前提(规则 Q)
⑤ r　　　　　　　　　　③、④使用规则(5)
⑥ p→r　　　　　　　　　①、⑤使用规则(4)

例如：

对$((p→q)∧(r→s))∧(p∨r))→(q∨s)$给出形式证明。

① p∨r　　　　　　　　　前提(规则 Q)
② p　　　　　　　　　　规则(18)
③ p→q　　　　　　　　　前提(规则 Q)
④ q　　　　　　　　　　②、③规则(5)

⑤ q∨s	④规则(8)
⑥ r	规则(18)
⑦ r→s	前提(规则 Q)
⑧ s	⑥、⑦规则(5)
⑨ q∨s	⑧规则(8)
⑩ q∨s	①，②，…，⑤，⑥，…，⑨规则(14)

例如：

对 ¬(p∧q)→(¬p∨¬q)给出形式证明。

① ¬(p∧q)	规则 Q
② ¬(¬p∨¬q)	规则(18)
③ ¬p	规则(18)
④ ¬p∨¬q	③规则(8)
⑤ ¬(¬p∨¬q)∧(¬p∨¬q)	②、④规则(6)
⑥ p	③、⑤规则(3)
⑦ ¬q	规则(18)
⑧ ¬p∨¬q	⑦规则(8)
⑨ ¬(¬p∨¬q)∧(¬p∨¬q)	②、⑧规则(6)
⑩ q	⑦、⑨规则(3)
⑪ p∧q	⑥、⑩规则(6)
⑫ ¬(p∧q)∧(p∧q)	①、⑪规则(6)
⑬ ¬p∨¬q	②、⑫规则(3)

例如：

在一起凶杀案中，侦查人员了解到以下一些情况：

① 作案人是 A 或 B 或 C。

② 此案只有是盗窃杀人案，A 才是凶手。

③ 如果此案是盗窃杀人案，那么受害人的贵重财物被盗。

④ 如果 B 是凶手，那么案件发生在午夜零点以后。

⑤ 案件发生在午夜零点以前，并且受害人的贵重财物未被盗。

问：谁是凶手？

解 简单命题用符号表示如下：p: A 是凶手，q: B 是凶手 R: C 是凶手，s: 此案是盗窃杀人案，t: 受害人的贵重财物被盗，u: 案件发生在午夜零点以后 推理如下：

①	$p \lor q \lor r$	规则 Q
②	$\neg s \rightarrow \neg p$	规则 Q
③	$s \rightarrow t$	规则 Q
④	$q \rightarrow u$	规则 Q
⑤	$\neg u \land \neg t$	规则 Q
⑥	$\neg u$	⑤规则(7)
⑦	$\neg q$	④、⑥规则(5)
⑧	$\neg t$	⑤规则(7)
⑨	$\neg s$	③、⑧规则(5)
⑩	$\neg p$	②、⑨规则 (5)
⑪	$\neg p \land \neg q$	⑦、⑩规则(6)
⑫	r	①、⑪规则(9)

结果表明从前提推出的结论是 r，即 C 是凶手。 由于该推理遵循了自然推理系统规则，因而推理是有效的，结论能从前提合乎逻辑地推出。

例如：

在一起凶杀案中，警方掌握了如下情况：

(1) 甲或乙是凶手；

(2) 如果甲是凶手，那么作案地点不在办公室；

(3) 如果丙的证词真实，则办公室里有人值班；

(4) 只有作案地点在办公室，丙的证词才不真实。

警方因此得出：如果办公室里无人值班，那么凶手是乙不是甲。

问：此推理是否有效？

解 简单命题用符号表示如下：p: 甲是凶手，q: 乙是凶手，

r: 作案地点在办公室，s: 丙证词真实，t: 办公室里有人值班。

判定过程：

① $p \lor q$	规则 Q
② $p \to \neg r$	规则 Q
③ $s \to t$	规则 Q
④ $\neg r \to s$	规则 Q
⑤ $\neg t$	规则(18)
⑥ $\neg s$	③、⑤规则(5)
⑦ r	④、⑥规则(5)
⑧ $\neg p$	②、⑦规则(5)
⑨ q	①、⑧规则(9)
⑩ $\neg p \land q$	⑧、⑨规则(6)
⑪ $\neg t \to \neg p \land q$	⑤、⑩规则(4)

由前提合乎逻辑地推出的结论(11)，表明警方的推理有效。

思 考 题

1. 什么是真值形式？真值形式与命题形式有什么区别？

2. 什么是重言式？用真值表怎么判定重言式？

3. 什么是归谬赋值法？归谬赋值法适用范围怎样？

练 习 题

一、符号化下列命题，给出其真值形式。

1. 中国是社会主义国家，又是发展中国家。

2. 他明天或者后天去上海。

3. 只要大家齐心协力，就能把事情办好。

4. 只有有电，电灯才会亮。

二、对于 p 的任意取值(真或假)，下列公式：$p \land q$；$p \lor q$；$p \rightarrow q$ 取值为真，则 q 应取何值？

三、用真值表判定下列各组公式，哪些可以表达同一真值函项。

1. $\neg p \lor q$；$\neg(p \land \neg q)$；$p \rightarrow q$

2. $\neg p \rightarrow q$；$\neg q \rightarrow p$；$p \lor q$

3. $\neg(p \land q)$；$\neg p \lor \neg q$；$p \rightarrow \neg q$

4. $\neg(p \rightarrow q)$；$p \lor \neg q$；$\neg p \rightarrow \neg q$

四、用真值表判定下列公式是重言式、矛盾式还是协调式？

1. $p \land \neg p$

2. $p \rightarrow p$

3. $(p \rightarrow q) \rightarrow (\neg q \rightarrow \neg p)$

4. $p \land (q \land \neg q)$

五、用归谬赋值法判定下列蕴涵式及等值式是否为重言式。

1. $((p \rightarrow q) \land (r \rightarrow s) \land (p \lor r)) \rightarrow (q \lor s)$

2. $(p \rightarrow q) \land (p \rightarrow r) \leftrightarrow (p \rightarrow q \lor r)$

3. $((p \rightarrow q) \land (q \rightarrow r)) \rightarrow (p \rightarrow r)$

六、用自然推理系统证明下列公式为有效式(为系统中的定理)。

1. $(p \lor q) \land \neg q) \rightarrow p$

2. $(p \rightarrow q) \land \neg q \rightarrow \neg p$

3. $(p \rightarrow q) \rightarrow (\neg q \rightarrow \neg p)$

4. $(q \rightarrow r) \rightarrow (p \lor q \rightarrow p \lor r)$

5. $(p \rightarrow q \land r) \leftrightarrow (p \rightarrow q) \land (p \rightarrow r)$

七、用自然推理系统为下列论证构造自然推理形式证明：

1. 前提①：$p \lor q$；前提②：$r \rightarrow q$；前提③：p；前提④：$r \land q \rightarrow s$。结论：s。

2. 前提①：$p \wedge \neg q$；前提②：$q \to r$；前提③：$r \to s$；前提④：$(p \to s) \to (q \to p)$；前提⑤：p。结论：q。

3. 甲参会(p)或甲未被邀请参会(q)。如果组委会有意让甲参会(r)，则甲会被邀请参会。甲未参会。如果组委会无意让甲参会并且甲未被邀请参会，则甲将赴 A 国讲学(s)。结论：甲将赴 A 国讲学。

4. 如果调查继续进行(p)，则将获得新证据(q)。如果获得新证据，则检察机关将直接参与案情调查(r)。如果检察机关直接参与调查，则媒体不能报道案情(s)。如果继续调查导致媒体不能报道案情，则获得新的证据将导致调查继续。调查不再继续(继续调查将陷入循环)。结论：不会获得新的证据。

5. 当且仅当 A 订立了合同(p)，并且合同合法(q)，并且 A 不履行合同(r)，那么 B 才会赢得这场诉讼(s)。如果 A 没有接受 B 的建议(t)，那么 A 就不会订立合同。事实上 A 没有接受 B 的建议。结论：B 不会赢得这场诉讼。

6. 要是 32 艘舰艇够用(p)，那么将会赢得这场海战(q)。或者会有三个联队的空中战术支援(r)，或者不会赢得这场海战。然而实际情况是 32 艘舰艇不够用或者没有三个联队的空中战术支援。结论：32 艘舰艇不够用。

第八章　普通逻辑的基本规律

第一节　普通逻辑基本规律的概述

一、定义

逻辑基本规律就是人们用概念、命题、推理等思维形式进行思维时必须遵守的最一般的准则。它是关于思维的逻辑形式的规律，它们普遍地适用于概念、判断和推理，相对于各种逻辑形式特有的规律(规则)，它们是逻辑形式的基本规律。列宁指出："逻辑规律就是客观事物在人的主观意识中的反映。"

逻辑思维的基本规律不同于客观事物规律本身，而是客观事物规律的反映，绝非先验的或约定俗成的。事物是运动发展的，这种运动发展，是量变与质变的辩证统一。事物的质变有一个量的积累即量变的过程。在一定时间内，事物的运动发展是数量的变化，而不是根本性质的变化。客观事物在一定时间内的相对稳定性和质的规定性，反映在人的思维中，便形成同一律、矛盾律、排中律。

二、逻辑基本规律的客观基础

辩证唯物主义认为，因果联系是一种普遍的、必然性的联系，客观事物由于内在矛盾双方又统一、又斗争，始终处在运动、变化和发展中。当矛盾双方的统一性占主导地位、事物的变化处于量变阶段时，事物呈现出相对的静止状态，这就是客观事物的相对确定性。客观事物的确定性是我们认识事物的基础。也是形式逻辑的基本规律的客观基础，形式逻辑的基本规律就是对客观事物的确定性的反映。

逻辑规律是人们在长期的认识活动中形成的。它既不是人头脑中固有的，也不是天上掉下来的，它是客观世界本身对思维提出的最基本的要求，它的产生有其必然的客观基础。

客观事物在它发展变化过程中的相对稳定性，或者叫做质的规定性。客观事物质的规定性反映在人的思维中，就表现为思维的确定性，即一个思想反映了什么就是反映了什么。逻辑基本规律就是思维的确定性的具体表现。

唯物辩证法认为，客观事物都在运动、变化、发展着。事物的变化分为量变和质变两个阶段。在事物的量变阶段，客观事物质的规定性，决定它是这个事物而不是别的事物。事物是不断发展变化的，但是，对任何一个事物而言，无论它处于运动变化过程的哪一个阶段，在一定的时间内，这个事物是否具有这种质的规定性，是有其确定性的，它不可能既具有这种性质，又不具有这种性质。这就是同一律、矛盾律和排中律的客观基础。

逻辑的基本规律反映的是思维规律，不是客观事物本身的规律。事物本身并不存在是否遵守同一律、矛盾律、排中律的问题。但它们又不是和客观现实毫无关系的纯粹的思维规律。这些逻辑规律虽然只在思维论证中起作用，但却都是客观事物的一定的规律、方面和关系的反映。人们能发现、认识它们，并在思维实际中加以运用，但不能改变或废除它们。一旦人们违反了这些规律的要求，思维就会发生混乱。

我们在思维中经常运用的各种逻辑形式，都有它各自的特点和各自特殊的规则，例如，概念的定义和划分，命题的换质、换位，以及各种推理和论证，都在遵守自己的一些特殊的规则。但是我们在思维过程中除了要遵守这些特殊的规则外，还要遵守一些基本的、广泛适用的逻辑规律。这些基本规律分别贯串于所有逻辑形式之中，是思维的内在的、本质的联系，是运用各种逻辑形式的总原则。各种逻辑形式的具体规则是由基本规律产生出来的，是基本规律在各种逻辑形式中的具体体现。

三、逻辑基本规律的类型

逻辑基本规律有三条，即同一律、矛盾律、排中律。同一律要求在同一思维过程中，保持概念、命题的确定和同一。矛盾律要求在同一思维过程中，不能承认两个互相矛盾的思想都是真的。排中律要求在同一思维过程中，两个互相否定的思想必须确定其中一个是真的。

遵守这些逻辑规律，就可以使我们的思维首尾一贯，保持同一和确定，从而做到概念明确，判断恰当，推理有逻辑性和论证有说服力。违反这些规律的要求，我们的思维的论证就会含混不清，自相矛盾，模棱两可和无论证性，从而也就不能达到正确地表达思想，交流思想和正确地认识事物的目的。

第二节 同 一 律

一、同一律的基本内容和要求

(一) 内容

同一律是指在同一思维过程中，每一思想的自身具有同一性。"每一思想"是指每个词项或命题；"自身具有同一性"是指在同一思维过程中，每个词项所反映的对象、属性是确定的。每个命题所断定的情况、真值也是确定的。

同一律的公式是："A 是 A"，或 "如果 A，那么 A"，也可用符号表示为："A→A"。

同一律的公式不等同于形而上学的公式 a = a。在形而上学的公式中，a 指的是客观事物，而公式 a = a 指的是事物的静止、不变等意思。在同一律的公式中，A 指的是概念、判断等，它完全没有否认事物的发展、变化的意思。相反，逻辑学认为概念、判断等是变化的，它既随人的认识的不断深化而改变，又随客观事物的发展变化而变化。

(二) 要求

1. 对概念(词项)的要求

在同一思维过程中，概念或词项的内涵和外延应当始终如一，不能任意变更。就概念而言，就是在同一思维过程中始终保持内涵的同一，外延的同一。这样，运用概念和命题进行推理的时候，才能保证思想内容的确定性，否则就会发生思维混乱并引起行动上的错误。

例如："行政裁量" 是指国家行政机关在其职权范围内，基于法理或事理对某些事件所作的酌量处理。但如果把 "行政裁量" 当成罚款或等同于罚款，或者更甚一步把 "行政裁量" 当成是可以讨价还价的依据，那么这种 "裁量" 其实只不过是以权谋私。这样的处理与国家行政机关法规中的 "行政裁量" 完全不是一回事。从逻辑规律看，这也是 "偷换概念"。

2. 对命题的要求

在同一思维过程中，每个命题断定什么情况就断定什么情况。真值应当前后一致，不能随意转移。同一律要求人们在同一思维过程中，所使用的概念，必须始终保持其本身的内涵、外延，不能偷换或混淆；所作出的判断，必须保持内容自身的同一，不能偷换或转移。同样，一个命题是真的就是真的，是假的就是假的，也不能随意变更，否则也会发生思维混乱。当然，同一律的这种要求完全是从形式上告诉我们，作为概念或命题的"A"，在思维中要保持同一。但要辨别其是否保持了同一，还得依靠各门具体科学知识，而不是同一律所能解决的。例如：

> "十年动乱"一开始时是"横扫一切牛鬼蛇神"，后来，则是要"打倒走资本主义道路的当权派"。此口子一开，可非同小可，全国范围内的"当权派"纷纷被批斗，幸免者寥寥可数，就是对驻外使馆的领导也不例外。

这样的现象之所以发生，其原因可能很多，但从逻辑上分析，就是把"打倒走资本主义道路的当权派"有意、无意地"转移"或"偷换"成"打倒当权派"了。

二、违反同一律的要求和违反它的逻辑错误

(一) 混淆或偷换概念

混淆概念是无意识地违反了同一律的要求，把不同的概念当作同一概念来使用所犯的逻辑错误。这种逻辑错误多半是由于思想模糊，认识不清，或由于缺乏逻辑素养，不善于准确地使用概念来表达思想所造成的。混淆概念的错误常常在词义相近或一词多义的情况下发生。例如：

> 邮局里的营业员把信称了称说："小姑娘，你的信超重了，请再贴一张贰角的邮票。"小姑娘惊奇地说："再贴一张贰角的邮票，信不是更重了吗？"

这段文字中，小姑娘把邮票的面值和质量混淆，没有弄清楚邮票面值所对应的物品质量，因此，犯了混淆概念的错误。

又如：

> 学生必须努力学习，学习马列主义，学习时事政治，学习

科学文化知识。要是不努力学习，就不能牢固掌握科学文化知识，将来就不能很好地工作。

这段文字，前面说的"学习"，内容包括马列主义、时事政治、科学文化知识，即政治和业务学习，而后面说的"学习"，内容却只是科学文化知识，即业务学习，没有使概念的外延保持同一。

在同一思维过程中，为了达到混淆是非、颠倒黑白，使人上当受骗的目的，有意违反同一律的要求，这种逻辑错误就叫做偷换概念，无意识地将不同的概念混为一谈，这种逻辑错误就叫做混淆概念。

偷换概念是故意违反同一律的要求把不同的概念当作同一概念加以使用的逻辑错误。偷换概念是论敌经常使用的诡辩手法之一，其目的是为了颠倒黑白，混淆是非，使人上当受骗。例如：

　　某律师有如下辩护："被告李××虽然盗窃公款属实，但他在部队服役期间曾两次荣立三等功，是有立功表现的。根据我国《刑法》第 68 条之规定，犯罪分子有立功表现的可以从轻或者减轻处罚，因此，被告李××可以从轻或减轻处罚。"

这段文字中，律师为了让被告能得到减刑而用其在部队立功的表现来混淆是非，在部队立功的表现和被告的犯罪事实没有直接或间接的联系，完全不符合从轻或者减轻处罚的条件。

混淆概念和偷换概念二者的共同之处在于都是违反了同一律对于概念确定性、同一性的要求；二者的不同之处在于无意与故意，混淆概念是无意识，偷换概念是故意，二者在性质上有所不同。

(二) 转移或偷换论题

在同一思维过程里，无意之中违反了同一律的要求，使议论离开了论题，这种逻辑错误就叫做转移论题。习惯上，人们也称之为跑题或走题、离题。"下笔千言，离题万里"就是作家对这种逻辑错误的批评。例如：

　　审判员："你是怎么走上贪污犯罪道路的？"

贪官："我对不起人民，对不起政府！"

在上面事例中，审判员的问题是要贪官叙述其贪污腐败的过程和细节，但贪官没有针对审判员的问题进行回答，而是把话题转移到其他方面，试图掩盖犯罪事实，这是典型的转移论题。

偷换论题是故意违反同一律要求，用某一些论题来暗中代替所要讨论的论题而犯的逻辑错误。例如：

怎么能说人是由猴子变的呢？试问有哪个人不是父母所生，是猴子变的？又有哪一只猴子变成了人？所以，人类是由猿演变而来的，这太荒谬了。

三、同一律的作用

人们要正确地反映客观事物情况，有效地进行语言交际，交流思想，必须使思维具有确定性，即是说，使用概念、命题必须遵守同一律的要求。否则，表述思想，讨论问题，揭露谬误，就会思维混乱，语言含糊，谈不到点子上。同一律的主要作用是保证思维具有确定性，具体说来有以下几点：

(1) 它是正确认识事物的必要条件。通过对概念、判断的推理和论证，构成人们的知识、知识体系，进而建立科学理论。如果我们不能在确定、同一的意义上使用概念和命题，就无法形成对于事物的正确认识。

(2) 它有助于人们正确地交流思想。在交际或交流思想过程中，必须准确地表达思想。思想模糊，概念混乱，就无法进行有效的思想交流。

(3) 它在反驳谬误和揭露诡辩方面起着重要的作用。谬误和诡辩最主要的表现是思想模糊、概念混乱，或故意颠倒黑白、混淆是非。掌握同一律、运用同一律就可以从思想的同一性方面反驳谬误，揭穿诡辩。

(4) 在立法工作中，同一律是保证立法严肃性的重要工具。在法律的解释、执法过程中具有重要作用，因为法典的制定是一门科学。法典应当是体系完整、结构严密的系统。这必然要求其所使用的概念和命题必须含义确定、清楚明确，以便于人们掌握和执行。在法律的解释中，也要求任何法律解释都要与法律自身含义保持同一。在执法过程中，为了保证法律自身的同一性，也不允许按照个人的理解解释法律和按照个人对法律的体会办案，而只能按照法律规定的原意执法。制作司法文书，也必须遵守同一律。比如，判决书的罪名概念要与法律条文保持同一，笔录必须保持原话原意，不能用自己的思想代替，等等。可见，同一律在法律工作中是有极为重要作用的。

当然，我们强调同一律的作用，并不等于要夸大同一律的作用。我们必须明确，同一律只是一条逻辑思维规律，而不是世界观。它只是要求在同一思维过程(即在同一时间、同一方面，对同一对象而言)中，人们所使用的概念和命题要保持同一，不得随意变换，如果否认这一点，就会导致形而上学。

同一律的作用仅限于思维领域，而且，它对思维确定性的要求，是限于同一个思维过程，即在同一时间、同一关系下，对同一对象而言的，它并不否认事物的发展变化，那么，事物发展变化的前后所使用的概念、命题，则无需保持同一。

第三节　矛　盾　律

一、矛盾律的基本内容和要求

(一) 基本内容

在同一思维过程中，两个互相矛盾或者互相反对的思想不能都真，必有一假。"互相否定的思想"是指具有矛盾关系或反对关系的概念和命题。

矛盾律的公式是：A 不是非 A。公式中的 "A" 表示任一概念或命题，"¬A" 表示与 A 具有矛盾关系或反对关系的概念或命题。这个公式的意思是："A 真并且非 A 也真" 这是不可能的。

(二) 要求

(1) 在命题方面，矛盾律的要求是不能同时肯定两个互相矛盾或互相反对的命题同真，必须肯定其中有一个是假的。因为凡具有矛盾关系的两个命题之间都存在这种互不相容的关系。矛盾律的作用就是找出思维中自相矛盾的地方，保持思维的不矛盾性。这种要求可简单地描述为防止 "两可" 之说，"两" 的含义是 "两个相矛盾的判断"，"可" 的含义是 "肯定"。

(2) 在词项方面，矛盾律要求在同一思维过程中，不能同时用两个相互否定的词项，"A" 和 "非 A" 指称同一对象。也就是在同一时间、同一关系下，不能同时用两个互相矛盾或互相反对的概念指称同一个对象。

二、违反矛盾律的逻辑错误

在同一思维过程中，对同一对象所作的两个互相反对的命题，或两个互相矛盾的命题，不能同时都是真的，因此不能同时都加以肯定。如果同时肯定它们都是真的，那就要犯 "自相矛盾" 的逻辑错误。违反矛盾律的逻辑错误有两种情况：一是同一个简单命题中的逻辑矛盾，这多数是在同一个简单命题中使用了相互对立或相互矛盾的概念；二是不同简单命题中的逻辑矛盾。例如：

有个青年想到发明家爱迪生的实验室工作，并且雄心勃勃地说："我想发明一种万能溶液，它能溶解一切物质。" 爱迪生笑着反问他："那么你用什么器皿盛放这种溶液呢？"

又如：

学习语文是很重要的，语文学得好，对于提高思想政治觉悟，学好其他各门学科，掌握文化科学知识，成长为又红又专的人才，有着重要的作用。我们一定要下苦功夫，只要读一些文章，懂得一点写作知识，也就差不多了。

在上面的事例中，"万能溶液"与"器皿"是相互对立或相互矛盾的概念，"一定要下苦功夫"与"只要读一些文章，懂得一点写作知识，也就差不多了"，都是相互否定的思想，同时断定它们真，就会导致自相矛盾。

三、矛盾律的作用

矛盾律的作用在于避免自相矛盾，以保持思维的一贯性。无矛盾性是正确思维必不可少的基本条件。不论何时何地，对待任何问题，如果思维中违反矛盾律的要求，出现逻辑矛盾，那就不可能正确地认识现实。

矛盾律在逻辑推演中有重要作用，它是驳斥论敌的有力武器，是间接反驳的逻辑根据。矛盾律指出，两个相互矛盾或相互反对的思想不能同真，其中至少有一假。对于两个相互否定的思想，如果知道了其中一个真，那么，就可根据矛盾律，指出另一个必定是假的。人们还可以根据矛盾律，揭露两个相互矛盾或相互反对的思想的虚假性，从而达到反驳的目的。

矛盾律并不否认客观事物的内在矛盾，它只排除在同一思维过程中的逻辑矛盾。把矛盾律解释为排斥一切矛盾，那是对矛盾律的误解或歪曲。矛盾律也不否认作为客观事物的反映的思想认识上的矛盾。矛盾律是在同一思维过程中起作用的，它的运用是有条件的。它要求在同一时间、同一方面、对同一事物不能做出两个相反的命题。

第四节　排　中　律

一、排中律的基本内容和要求

(一) 基本内容

在同一思维过程中,两个互相否定的思想必有一个是真的。"两个互相否定的思想"是指具有矛盾关系的两个概念和命题或下反对关系的两个命题。

排中律的公式是:A 不是非 A,"$A \vee \neg A$"。公式中的"A"指任一概念或命题,"非 A"是指与 A 具有矛盾关系的概念或是指与 A 具有矛盾关系或下反对关系的命题。"A 或者非 A"的含义是:在"A"和"非 A"这两个思想中必有一个是真的。公式的含义是:或者 A 真,或者非 A 真,二者必居其一。

就概念而言,排中律指出,在同一论域内不是"A"就是"非A",非此即彼,例如:在"科学家"这个范围内,"自学成才的科学家"与"非自学成才的科学家"之外,不存在第三者;就判断而言,排中律指出,在同一思维过程中,两个相互矛盾的判断不能都假,其中必有一真。例如:"如果是真正的改革者,那么就有改革的勇气",与"并非如果是真正的改革者,那么就有改革的勇气"这两个相互矛盾的判断,不能都假,其中必有一真。

(二) 要求

(1) 在词项方面,排中律要求在同一思维过程中,在用两个具有矛盾关系的词项指称同一对象的情况下,必须承认其中有一种情况是真的,而不能对两者都加以否定。例如:不能既否定刘某的行为是"重婚罪",又否定刘某的行为是"非重婚罪"。而必须承认刘某的行为或者是"重婚罪",或者是"非重婚罪",二者必居其一。

(2) 在命题方面,排中律要求在同一思维过程中,不能同时否定两个具有矛盾关系或下反对关系的命题,必须肯定其中有一个是真的。如"所有证人都不是诚实的"与"有的证人是诚实的"必须肯定其中有一个是真的。

二、违反排中律要求所犯的逻辑错误

避免在鲜明的是非面前含糊其辞,顾左右而言他,或寻求第三种答案,采取似是而非的态度。两个相互矛盾的思想不能都是假的,其中必有一个是真的,这是排中律的要求。对于是非问题必须作出明确而肯定的回答。否定了其中的一个,就必须肯定另一个。否则要犯"两不可"的逻辑错误。由于这种逻辑错误的特征是对两个相互矛盾的思想都予以否定,因此,把这种错误称为"模棱两不可"。例如:

> 某单位有个职工经常违反劳动纪律,单位领导讨论对他的处理问题。领导甲主张正面教育,领导乙主张给予处分。甲乙两人争执不下,征求领导丙的意见,丙说:"动不动就给人处分,这不好吧!"甲问:"你同意不给处分?"丙又说:"我也不同意不给他处分,对这种违反纪律的人不处分是不行的。"

三、排中律的作用

在于保证思想的明确性。思想具有明确性,才能正确地反映客观事物,才便于被人们所理解和把握。排中律是揭露"骑墙居中"、"模棱两可"逻辑错误的有力武器。对于在日常生活中玩弄含糊其辞,用"模棱两可"来回避明确回答问题的手法,都应当旗帜鲜明地进行驳斥,运用排中律揭露其逻辑错误所在。在论证中,排中律是间接论证的逻辑依据。

在立法工作中,如果忽视排中律,制定出的法律不明确,作为行为准则，就无法遵循。在司法人员办案的过程中，要做到有法必依，执法必严，就必须对当事人的行为做出明确的断定：或者合法，或者非法；或者有罪，或者无罪。而不能模棱两不可，含糊其辞。

　　排中律只是正确思维应遵守的规律，它并不否认客观事物本身有可能存在两种以上的情况或某种中间状态。例如：在上和下、左和右之间客观存在着不上不下、不左不右的中间状况或某种过渡形态。排中律也并不排除人们在认识过程中由于对事物尚未作出明确断定而采取的"二不择一"的态度。不要把所谓的"复杂问语"看成是互相矛盾的判断，不应简单地对它做出肯定或否定的回答。

第五节　逻辑规律之间的关系

　　同一律、矛盾律、排中律，三者联系紧密，相辅相成，浑然一体。同一律提出总的要求，矛盾律告诉我们不能同时肯定两个互相矛盾的判断，排中律则告诉我们不能同时否定两个互相矛盾的判断。就其联系来说，同一律、矛盾律和排中律有着相同的客观基础，都是人类思维对客观事物相对稳定性及质的规定性的反映，因而，它们都仅仅在思维领域中起作用，与作为世界观的形而上学有根本区别。同一律、矛盾律与排中律都是保证思维的确定性，只是侧重点不同。同一律与矛盾律和排中律的区别比较明显，不易混淆，而矛盾律与排中律则不易区别，我们主要谈谈矛盾律和排中律的区别。

一、命题适用范围不同

　　两者的命题适用范围不同。矛盾律与排中律的不同作用，决定了它们有各自不同的适用范围。矛盾律不但适用于矛盾关系的命题，还适用于反对关系的命题。排中律则适用于矛盾关系的命题及下反对关系的命题，排中律要求矛盾关系的命题及下反对关系的命题不能同假，必有一真，至于揭示矛盾关系的命题必有一假，特别是反对关系不能同真、至少有一假，则是矛盾律的作用。

二、逻辑要求及所犯错误不同

违反两者要求而犯的逻辑错误的表现形式不同。违反矛盾律的要求，常常表现为"两可"的形式，即认为相矛盾和相反对的思想都真。违反排中律的要求，则常常表现为"两不可"的形式，即认为两个相矛盾的思想都假，不承认其中必有一真。

三、逻辑作用不同

两者的作用不同。矛盾律指出，相互否定的思想不能同真，必有一假，它能根据其中一个真推知另一个假。在揭露自相矛盾思想的虚假性时，常常运用矛盾律。矛盾律能够由真推假，用于反驳。排中律指出，两个矛盾的思想不能同假，必有一真，它能根据其中一个假推知另一个真，迫使论敌承认相互矛盾的思想必有一真，以作出明确选择就需要运用排中律。排中律能够由假推真，用于证明。

三条规律实质上是从不同角度要求正确思维必须保持确定性，避免相互混淆、自相矛盾和模棱两可。在思维和认识过程中，应当严格遵守这些逻辑规律的要求，以保持思维诊断的确定性、明析性、无矛盾性和论证性，同时要善于运用这些逻辑规律去揭露各种逻辑谬误和诡辩。

在学习和研究这些逻辑规律时，为了便于分析，常常是分别加以考察，但在实际中总是综合地加以运用。一方面，我们的思维诊断必须同时遵守这些逻辑规律的要求，一条都不能违反，否则，思维就会是不正确的。另一方面，有些逻辑错误常常是同时违反数条逻辑规律的要求，因此我们必须在相互联系中来把握这些逻辑规律的实质和内容。

思 考 题

1. 普通逻辑基本规律的定义是什么？它包括哪几种类型？

2. 同一律的基本内容、要求、作用是什么？违反同一律的要求会犯什么逻辑错误？

3. 矛盾律的基本内容、要求、作用是什么？违反矛盾律的要求会犯什么逻辑错误？

4. 排中律的基本内容、要求、作用是什么？违反排中律的要求会犯什么逻辑错误？

5. 同一律、矛盾律、排中律有什么联系？矛盾律与排中律的主要区别是什么？

练 习 题

一、下列各段文字是否符合同一律要求？如不符合，犯了什么逻辑错误？

1. 甲："你的儿子考上大学了吗？"

　乙："我的儿子心灵手巧，可能干了。"

2. 甲：今年你们厂的产值是多少？

　乙：今年原材料提了很多价，不亏本就算好了。

3. 上面不是老说领导要多听群众意见？我是群众，可领导总是不听我的意见。

4. 这门课程很难学，我花了很多时间还是学不好。

5. 凡是你所没有丧失的，就是你有的；你没有丧失角，所以你有角。

6. 唐代以后古体诗转韵的也不少，如白居易的《长恨歌》、《琵琶行》就是这样。

二、下列各段文字是否符合矛盾律和排中律的要求？如不符合，指出违反了哪条基本规律和犯了什么逻辑错误：

1. 甲：这个班有的同学通过了英语六级考试。

　　乙：有的同学没有通过。

　　丙：你们两个说的都不对。

2. 张三考试作弊，一种意见是要处分，一种意见是不要处分，这两种意见我都不赞成，关键是做好张三的思想工作。

3. 有的人死了，他还活着；有的人活着，他已经死了。

4. 万里长城是我国劳动人民智慧的结晶，也是我国的天然屏障。

5. "鲁迅是一个乡土作家"是一种意见，"鲁迅不是一个乡土作家"也是一种意见，对这两种意见我很难表态。如果一定要我表态的话。我认为："如果鲁迅是一个乡土作家，那么，他就是一个乡土作家，如果鲁迅不是一个乡土作家，那么，他就不是一个乡土作家。"

6. 既不能说这筒胶卷每张相片都照得很好，也不能说这筒胶卷每张相片都照得不好。

三、请运用基本规律知识，回答下列问题：

1. 一家珠宝店的珠宝被盗，经查可以肯定是甲、乙、丙、丁中的某一人所为。审讯中，四人是这样说的：

甲："我不是罪犯。"

乙："丁是罪犯。"

丙："乙是罪犯。"

丁："我不是罪犯。"

到底谁是罪犯？

2. 老师在一张纸条上写了甲、乙、丙、丁四个人中的一个人的名字，然后握在手里让这四个人猜一猜是谁的名字。

甲说：是丙的名字。

乙说：不是我的名字。

丙说：不是我的名字。

丁说：是甲的名字。

听完后，老师说："只有一个人说对了。请再猜一遍。"

问：这张纸条上究竟写的是谁的名字?

3. 设 A 为："某班没有一个学生不是广东人"，B 为"并非某班学生都是广东人"。请分析在下列情况下，甲、乙、丙、丁是否违反基本规律? 如违反，请说明理由：

甲肯定 A 又肯定 B。

乙否定 A 又否定 B。

丙肯定 A 而否定 B。

丁既不断定 A 又不断定 B。

4. 双语幼儿园小班的英语课上，一个平时表现突出的小朋友上厕所，一回到教室就告诉我："老师，厕所有很多蚂蚁。"蚂蚁 ant 这个单词我一开学就教过了，为了想看看他是否还记得，便问他："蚂蚁怎么说?"结果他一脸茫然，过了一会儿才回答我："他没有说话!"

请问：这个笑话为什么会出现?

5. 相传古希腊有个国王，他要处死一批囚犯。他规定，允许每个囚犯说一句话。如果说的是真话，就处绞刑，如果说的是假话，就处砍头。

问：囚犯说了一句什么话使国王无法执行他的规定。

第九章　归 纳 逻 辑

　　在逻辑学众多的分支中，归纳逻辑是一个应用极为广泛、发展前景极为广阔的分支学科。对于人类认识、实践活动而言，归纳与演绎一样是不可或缺的推理方式，是人类思维中两个密切相关、不可分离的过程。演绎逻辑产生于两千三百多年前的古希腊，而由弗兰西斯·培根创立的古典归纳逻辑却比演绎逻辑的产生迟了整整两千年，演绎逻辑在其创始人亚里士多德那里就已形成系统的理论，发展到今天更已成为博大精深的学科门类。而从 19 世纪末到 20 世纪的百余年中，归纳逻辑经历了从古典类型向现代类型的演进，并获得了长足的发展。至今归纳逻辑还在不断的发展完善过程中。比起演绎逻辑，归纳逻辑不太为人们所知晓，特别原本拥有悠久的逻辑学传统的中国，对于西方逻辑学的知晓就更加有局限。

　　20 世纪初，梁启超、严复等人率先在国内传播西方逻辑学，作为向西方学习研究科学的思想方法，严复所翻译的《穆勒名学》、《名学浅说》两本逻辑著作，都是注重介绍归纳逻辑的西方传统逻辑教科书。此后几十年间，国外归纳逻辑获得了长足的发展，现代归纳逻辑无论在理论的深度还是广度上，都已大大突破了古典归纳逻辑的狭窄范围，但直到 20 世纪 80 年代之前，国内逻辑学界对归纳逻辑的研究却一直停留于古典归纳逻辑阶段。现代归纳逻辑是 20 世纪 80 年代以后才开始传入国内并开始得到研究。

　　简要地说来，归纳逻辑是以归纳推理为研究对象的逻辑理论。它研究归纳推理的形式和种类、归纳推理形式的可靠性、提高归纳结论概然性程度的一般性原则，还研究概率演算、求初始概率的方式以及归纳悖论等问题。

第一节　归　纳　推　理

一、什么是归纳推理

日常思维中的推理并不总是必然性的演绎推理，有很大一部分推理并不具有必然性，但仍是合乎情理的，这类推理应当得到逻辑的刻画。普遍性知识的命题通常被作为演绎推理的大前提，从而构造严格的演绎证明体系，比如科学证明；但这样的大前提却常常是通过归纳法得到，比如某些科学发现。与演绎推理不同，归纳推理只能在一定程度上保证依据前提得到有一定可靠性的结论。其可靠性并非由推理的形式完全决定，而是取决于一系列相关条件。归纳推理的条件需要搜集事实材料和整理事实材料，搜集事实材料包括观察、实验、调查，整理事实材料的方法有比较和分类、分析和综合、抽象和概括。

所谓的归纳推理就是以个别或特殊性的知识为前提推出一般知识作为结论的推理。简单地说就是从个别推出一般的推理。个别与一般是相对而言的，只有在具体的关系中，才可以确定孰为个别、孰为一般。在归纳推理中，前提相对于结论为个别，而结论相对于前提则为一般。

非演绎推理的前提并不蕴涵结论，演绎推理相比归纳推理有如下特点：

(1) 归纳推理的思维过程是从个别到一般。演绎推理的思维过程是从一般到个别，即从一般性的前提出发，推出特殊性的结论；而归纳推理的思维过程则是从一些个别性、特殊性的知识出发，概括出一般性的结论。

(2) 归纳推理对前提(前提一般称为证据)的要求不同。有效的演绎推理不关心前提内容是否真实,而可靠的归纳推理则要求前提必须是真实的。

(3) 归纳推理前提和结论之间没有必然联系,前提的真不保证结论的真(前提对结论的支持程度,称为确证度)。演绎推理的前提和结论之间存在着蕴涵关系、必然联系,从真前提必然能得出真结论。而归纳推理的前提和结论之间则是诱导关系、或然联系,从真前提只能或然地得出真结论。

(4) 归纳推理的结论超出了前提的知识范围。演绎推理的结论是从前提中必然推导出来的,所以结论未超出前提的范围;而归纳推理不是从前提中必然推导出来的,所以结论有可能超出前提的范围。通过归纳,人们能大大地拓展知识的范围。

例如:

铜的晶体中有自由电子;

铁的晶体中有自由电子;

铝的晶体中有自由电子;

……

铜、铁、铝……都是导体;

所以,所有导体的晶体中都有自由电子。

又如:

直角三角形的内角之和是180度;

钝角三角形的内角之和是180度;

锐角三角形的内角之和是180度;

直角三角形、钝角三角形、锐角三角形是平面几何中的全部三角形;

所以,平面几何学中的三角形内角之和都是180度。

二、归纳推理的种类

根据归纳推理的前提是否考察了一类对象中的每一个别对象，可以把归纳推理分为完全归纳推理和不完全归纳推理；根据不完全归纳推理的前提与结论之间是否存在必然联系，又可以将其分为简单枚举归纳推理和科学归纳推理、概率归纳推理和统计归纳推理。

第二节　完全归纳推理

一、什么是完全归纳推理

完全归纳推理是根据某类事物中每一个对象都具有(或不具有)某种属性，从而推出该类全部对象都具有(或不具有)某种属性的归纳推理。这种推理的实质是从"每一个"推出"全部"。

完全归纳推理的结构形式：

S_1 是(或不是)P

S_2 是(或不是)P

S_3 是(或不是)P

……

S_n 是(或不是)P

$S_1 \sim S_n$ 为 S 类全部对象

所以，所有 S 是(或不是)P

例如：

铜是优良导电休；

银是优良导电体；

金是优良导电体；

以上元素是第一族副族的全部元素。

所以，凡第一族副族的全部元素都是优良导电体。

又如：

直角三角形内角和是 180 度；

锐角三角形内角和是 180 度；

钝角三角形内角和是 180 度；

直角三角形、锐角三角形、钝角三角形是三角形的全部类型。

所以，三角形的内角和是 180 度。

二、应用完全归纳推理的条件

不确知某类事物的确切数量，不能运用完全归纳推理。在前提中必须考察一类事物的每一个对象，不能有遗漏，该类事物有多少个对象，就要相应地有多少个前提。推理的每一个前提都必须真实可靠，与客观事实相符，否则其结论必假。由于完全归纳推理必须逐一地考察一类对象的每一个个别对象，所以在考察之前，必须弄清楚所需考察的对象的确切数量和范围；否则，完全归纳推理有可能降格为简单枚举推理，而结论也不再具有必然性。

违背这些要求所犯的逻辑错误：一是前提不真实；二是考察不完备，犯"列举前提未穷尽"。

例如：

硝酸钠能溶解于水；

硝酸钾能溶解于水；

硝酸铵能溶解于水；

硝酸钙也能溶解于水；

硝酸钠，硝酸钾，硝酸铵，硝酸钙是硝酸的全部类属。

可见，凡硝酸类化合物均能溶解于水。

三、完全归纳推理的作用及其局限性

归纳推理是一种概然性推理，它主要的根据是事物情况的多次重复，而不分析事物情况出现的原因，因此，这种推理结论的可靠性不大，前提与结论之间的联系是概然(或然)的。一旦发现相反情况，结论就被推翻。例如：

《韩非子》一书中有一个《守株待兔》的寓言说，有一个人看见一只兔子撞到树上死了，他就每天守在树旁等待，以为兔子每天都会撞到树上。这种只根据一次情况就概括一般，必是不可靠的了。

完全归纳推理的前提蕴涵结论，结论是从前提中必然推导出的，这是其优点。但是，必须把某类事物的对象全部考察完才能得出结论，这又使它很有局限性，在许多场合都不适用。当我们考察的一类事物在数量上是无穷的，或者某类事物数量虽有限，但由于受条件的限制，不能对其对象进行逐一考察时，这种推理便不适用了。

因此，应用完全归纳推理要获得正确的结论，必须遵循以下两点：

(1) 前提中的每一个经验命题必须是真实可靠的。如果前提中有不真实的命题，那么就不能得出真实的一般性结论。

(2) 完全归纳推理必须毫无遗漏地考察到一类事物中的全部对象，否则得出的结论就不是必然的了。

第三节　全称归纳推理与统计归纳推理

一、简单枚举归纳推理

简单枚举归纳推理根据已观察到的某类事物中的部分对象具有(或不具有)某种属性，并且没有遇到任何反例，从而推出该类事物都具有(或不具有)某种属性的归纳推理，是根据一类对象中部分对象的情况，推出该类对象本身的情况的一种推理，这种推理的实质是从"某些"推出"全部"。

简单枚举归纳推理的结构形式：

S_1 是(或不是)P

S_2 是(或不是)P

S_3 是(或不是)P

······

S_n 是(或不是)P

$S_1 \sim S_n$ 为 S 类部分对象，并且没有遇到任何反例

所以，(可能)所有 S 是(或不是)P

例如：

"特洛依木马"病毒可以通过杀毒软件清除；

"步行者"病毒可以通过杀毒软件清除；

"CIH"病毒可以通过杀毒软件清除；

"爱虫"病毒可以通过杀毒软件清除；

"红色代码"病毒可以通过杀毒软件清除；

所以，所有病毒都可以通过杀毒软件清除。

简单枚举归纳推理中，结论的断定范围超出了前提的断定范围，是一种扩展性推理；前提和结论的联系是或然的，即前提对结论提供了一定程度的支持；对简单枚举法而言，前提是结论的必要条件，结论是前提的充分条件；简单枚举法只是根据经验中的事例进行概括，所以，是知其然而不知其所以然的推理。

提高简单枚举归纳推理结论的可靠性程度，应注意：尽量增加被考察对象的数量和扩大考察对象的范围，要注意对可能出现反面事例的地方重点考察，如果不遵循以上两点要求，就会犯"以偏概全"或"轻率概括"的逻辑错误。例如：

冷在三九，热在中伏。

燕低飞，披蓑衣。

月晕而风，础润而雨。

失败是成功之母。

满遭损，谦受益。

由于简单枚举归纳推理的结论是或然性的，所以它的结论便存在一个可靠性高低的问题。简单枚举归纳推理的结论的可靠性取决于前提所考察的对象的数量。如果一类对象的外延极其宽泛而我们所考察的对象又太少，那么它的结论便很不可靠；反之，尽可能增加考察的对象则可提高结论的可靠性。

二、科学归纳推理

科学归纳推理是指列举某类事物中的部分对象具有(或不具有)某种属性后，以科学理论分析作指导，发现部分对象与属性之间具有因果联系，并以此为根据，推出这一类事物具有(或不具有)某种属性的归纳推理。这种推理的实质虽然也是从"某些"推出"全部"，但它的可靠性却极高。

科学归纳推理的结构形式：

S_1 是(或不是)P

S_2 是(或不是)P

……

S_n 是(或不是)P

$S_1 \sim S_n$ 是 S 类的部分对象，并且科学研究表明，S 和 P 之间有因果联系

所以，所有 S 都是(或不是)P

例如：

金受热后体积膨胀；

银受热后体积膨胀；

铜受热后体积膨胀；

铁受热后体积膨胀；

因为金属受热后，分子的凝聚力减弱，分子运动加速，分

子彼此距离加大，从而导致膨胀，而金、银、铜、铁都是金属；

所以，所有金属受热后体积都膨胀。

科学归纳推理和简单枚举归纳推理都只是考察了一类事物的部分对象，结论断定的范围都超出了前提断定的范围，都属于不完全归纳推理。当人们对枚举的事物的认识由表面现象深入到因果联系时，简单枚举归纳推理可以转化为科学归纳推理。但简单枚举归纳推理是以经验认识为依据，建立在经验认识的基础之上的，它是根据某种属性在一类事物的部分对象中不断重复出现，当未遇到反例时，而概括出一般性结论。科学归纳推理是通过揭示对象和属性之间的因果联系，而概括出一般性结论，它是以理性认识为依据，是建立在科学实验和科学分析基础上的。

简单枚举归纳推理在没有遇到反例的情况下，前提数量越多，结论越可靠。科学归纳推理前提的数量对结论的可靠性影响不大，只要把握了对象和属性之间的因果联系，结论就比较可靠。科学归纳推理和简单枚举归纳推理虽然在前提中都只枚举了一类事物的部分对象，但由于科学归纳推理分析了事物间的因果联系，所以科学归纳推理的结论要比简单枚举归纳推理的结论可靠的多。

科学归纳推理的结论的性质既不能简单地说是必然的，也不能简单地说是或然的，我们只能说它的结论可靠性极高，近似于必然，它是一种"相对真理"。

三、概率归纳推理

概率归纳推理是建立在概率基础上的，根据对一类事件中的部分事件出现的概率，进而推出该类所有事件出现的概率的推理。概率推理是按照推理规则，根据一个命题的概率而计算出其他命题的概率的推理。其前提与结论的联系是或然的，它是一种现代逻辑意义上的归纳推理。

要掌握概率推理，首先要了解什么是概率。概率，又称或然率、

机会率或机率、可能性，是数学概率论的基本概念，是一个在 0 到
1 之间的实数，是对随机事件发生的可能性的度量。物理学中常称
为几率。

在一个随机试验中总是存在不确定性，即一个特殊的事件可能
出现也可能不出现。作为我们所能期望的该事件出现的机会或概率
的度量，通常约定为 0 和 1 之间的一个数值。如果我们肯定该事件
一定出现，则它的概率是百分之百或 1，如果我们肯定该事件不会
出现，则它的概率是 0。又比如，当概率是 1/4 时，我们认为它出
现的机会是 0.25，不出现的机会是 75%。等价地，我们可以说相对
它的实现反映出的优势比为 75%∶25%，或 3∶1。

某一预期事件发生的概率等于该类事物考察的总次数除该预
期事件发生的次数，用公式表示为：

$$出现的概率 (A) = \frac{该预期事件发生的次数 (V)}{该类事物考察的总次数 (N)}$$

某种随机事件的概率愈大，表明该事件发生的可能性程度就愈
大；反之，其概率愈小，表明该事件发生的可能性程度也就愈小。
因此，某一随机事件的概率大小，标志着该事件发生的可能性的大
小。运用概率这种逻辑方法(它更是一种数学方法)进行逻辑推理时，
首先需要对大量的基本事件进行广泛的考查。考查范围愈广，对象
愈多，从中获得的概率本身的正确性就愈大；反之，如果考查范围
很窄，对象很少，那么从中获得的概率，未必就是该类事件的概率。
因此还可以说，概率是从个别中归纳出一种关于一般的可能性
规律。例如：

根据概率论，抛掷一枚均匀的硬币，其正面朝上和反面朝
上的概率几乎相等，我与人打赌，若抛掷硬币正面朝上，我赢；
若反面朝上，我输；我抛掷 6 次，结果都是反面朝上，已经连
输 6 次。因此，我后面的几次抛掷肯定是正面朝上，一定会赢
回来。

该实例是一个简单的概率问题。大家知道，每一次抛掷都是独立事件，与前面的结果没有关系。所以不能根据前面的现象得出后面的结果。因此，实例中的推理是没有道理的。

第四节 典型归纳推理

典型归纳推理是从一类事物中选择一个作为典型，对它进行考察。然后将其显示的某种属性概括为同类其它个体对象共同具有的属性。毛泽东所说的解剖麻雀的方法就是典型归纳法。

典型归纳推理是以研究作为类的标本代表性个体为基础的，典型归纳能否具有有效性，不在于考察对象的数量多少，而在于选出的标本是否典型，是否为某类事物的代表性个体。

典型归纳推理是从总体中选出一个样本 S_i 作为典型，若 S_i 有性质 P，所以，可能所有 S 是 P。其特点是：由一类的一个典型样本推及全体。

典型归纳推理的逻辑形式表示如下：

S_i 是(或不是)P

S_i 为 S 类的代表性个体

所以，可能所有 S 是(或不是)P

典型归纳推理是从作为典型的个体所具有某种属性推广到类的全体都具有该属性，其结论是或然的。因为：第一，人们选择典型是依据定义属性的，然而人们关于定义属性所作的规定，是一定时期的认识的结果，并不是完备的和一成不变的。随着人们对某类事物认识的深化和发展，人们列入作为某类事物定义属性的构成也必然会发生变化，所以，定义属性的相对性使得这种推理具有或然性。第二，在典型归纳中，对于某种属性的概括推广是依赖与背景知识的，然而背景知识是人们在特定时期拥有的知识，它也是不完备的，可能含有误解。在科学史上常常有这样的情形：根据当时的背景知识不可能推出某种结论，可是如果人们对这些"不可能的东西"进一步加以研究，其结果往往是突破背景知识的局限，使人类的知识向更广或更深的领域发展。从而，背景知识的局限性也使得这种推理具有或然性。

提高典型归纳推理结论的可靠性程度要注意两点：

(1) 选择作为类的代表性个体愈是准确、恰当，结论就愈可靠。

(2) 典型概括所依据的理论愈是先进的，所作的理论分析愈是严密的，其结论愈可靠。

第五节　探求因果联系的逻辑方法

事物现象之间都是相互联系、相互依赖、相互制约的。如果某个现象的存在必然引起另一个现象发生，那么两个现象之间就具有因果联系。其中，引起另一现象发生的现象叫做原因，而被某一现象引起的现象叫做结果。因果关系具有普遍性、必然性和确定性；原因和结果一般是原因在前，结果在后，也就是二者之间是前后相继的，但要注意并非前后相继的都具有因果关系，比如白天和黑夜、春夏秋冬四季更替；因果联系也具有复杂多样性，有一果一因、一果多因、一因多果、同因异果等，因此，把握因果联系，必须研究因果联系的复杂多样性。

探求事物间因果联系的逻辑方法就是依据事物之间的因果关系而进行的归纳推理。它是最基本、并且应用也最广泛的归纳法。普通逻辑中所介绍的探索事物现象之间因果关系寻求因果联系的方法主要是求同法、求异法、求同求异法、共变法和剩余法五种归纳法。由于它们是由十九世纪英国经验主义哲学家穆勒加以系统总结和概括的，因此，通常也叫"穆勒五法"。

在寻找现象间因果联系时要注意避免"因果倒置"的逻辑错误。同时还要注意公认的原因后面是否还隐藏有真正的原因,以及要对相关现象之间的联系做细致的分析,不要被表面的无关联所迷惑而放掉隐藏着的因果联系;简而言之,要透过表面的假的因果联系找出真正的因果联系,要透过表面的不相关找出隐藏着的因果联系。

一、求同法

求同法又称为契合法,它是这样来探求现象间的因果关系的:在被研究现象出现的若干场合中,如果仅有唯一一个情况在这些场合中是共同具有的,而其他情况都不相同,那么,这个唯一的共同情况就视同与被研究现象有因果关系。例如:

有人为了探索长寿的原因,调查走访了 20 多位百岁以上的老人,发现他们有的生活在山区,有的生活在平原;有的长期吃素,有的喜欢吃肉;有的从来滴酒不沾,有的爱喝几口……尽管有许多不同,但有一点是共同的:他们性格开朗,心情舒畅,整天过得乐呵呵的。于是得出结论说:"性格开朗,心情舒畅,同人的健康长寿有因果联系。"

求同法的逻辑形式如下:

场合	相关情况			被研究现象
1	A	B	C	a
2	A	D	E	a
3	A	F	G	a
4	A	H	I	a
……	……			……

所以,A 与 a 之间有因果联系

其中,a 表示被研究现象,A 表示不同场合中唯一相同的情况,B、C、D、E、F、G、H、I 表示不同场合中各个不同的情况。

求同法的特点是"异中求同",即在各种不同的情况中寻求唯一相同的情况。由于事物的相关因素往往是复杂的，很可能表面相同的而实非相同，或表面相异而实非相异。而且，求同法没有考察所有场合，也没有考察各个场合中所有的情况，所以，求同法得出的结论是或然的。

要提高求同法结论的可靠性，就要注意以下两点：

(1) 各个场合是否还有其他的共同情况。人们运用求同法时，往往发现了一个共同情况后，就把它当作被研究现象的原因(或结果)，而忽略了隐藏着的另一个共同情况，而这个隐藏着的共同情况又恰好是被研究现象的真正原因(或结果)。例如，人们最早寻找疟疾病的原因时发现，住在低洼潮湿的环境是患病的原因，经过长期的探索，人们才弄清楚，疟疾原虫才是疟疾病的真正原因，蚊子是疟疾原虫的传播者，而低洼环境只是蚊子滋生的主要场所。

(2) 比较的场所越多，结论的可靠性就越大。比较的场合数量少，往往会有一个不相干的现象恰好是它们所共同的，人们就可能会把它误以为是被研究现象的原因(或结果)。比较的场合越多，各场合共有一个不相干现象的可能性就越少。也就是说，结论的可靠程度就越大。

二、求异法

求异法又称为差异法，是指在被研究现象出现和不出现的两个场合中，如果只有一个情况不同，其他情况完全相同，而且这个唯一的情况在被研究现象出现的场合中存在，在被研究现象不出现的场合中不存在，那么这个唯一不同的情况就是被研究现象的原因(或结果)。例如：

研究"给小鸡切翼可促进生长，改善品质"。

首先根据医学和生物学等知识确定可能的促进生长、改善品质的因素：鸡种、饲料、护理、鸡舍、切翼。

建立对照组进行实验：在鸡种、饲料、护理、鸡舍等完全相同的条件下，实验组的鸡(20 只鸡)切翼，对照组的鸡(20 只鸡)不切翼；观察结果。

求异法的结构用公式表示为：

场合	相关因素	被研究现象
1. 实验组	切翼	生长快、品质好
2. 对照组	不切翼	生长、品质如旧

在切翼出现和不出现的各个场合，鸡种、饲料、护理、鸡舍情况都相同，可以排除它们是不同结果的原因。但伴随促进生长和改善品质的出现或不出现，切翼也相应出现或不出现。因此，切翼就是最可能的原因：给小鸡切翼可促进生长，改善品质。

求异法逻辑形式如下：

场合	相关情况	被研究现象
1	ABC	a
2	－ BC	－

所以，A 与 a 之间有因果关系

求异法的特点是"同中求异"，求异法在科学实验中是广为应用的方法。因为求异法要求被研究现象在出现的场合和不出现的场合只有一个情况不同，其余的情况完全相同，这在天然条件下是极为罕见的，在人工控制的条件下才能满足。所以，求异法大多以实验观察为依据的。被观察的两个场合是用作实验的一组和用作对照的一组，以便人们进行精确的比较。求异法的结论，一般来讲，要比求同法的结论可靠得多，因为在运用求异法时要求在被研究的现象出现和不出现的场合中，只有一个情况不同，其余情况必须完全相同，这样就能比较准确地判明某个情况与所研究的现象之间的因果联系。

在应用求异法时需要注意：

(1) 两个场合是否还有其他差异情况，尤其是在表面的差异背后是否还有真正的差异情况被掩盖着。如果还有真正的差异情况存在，就不能说我们所看到的差异情况就是被研究现象的部分原因。

(2) 两个场合唯一不同的情况，是被研究现象的整个原因，还是被研究现象的部分原因，如果被研究现象的原因是复合的，而且各部分原因的单独作用是不同的，那么总原因的一部分消失时，被研究现象也就不出现。只有抓住了被研究现象的总原因才能把握这种因果联系的整体。

三、求同求异并用法

在被研究对象出现与不出现的两组场合中，如果在正事例组的场合中出现的唯一共同情况，在负事例组的场合中都没有出现，那么这个共同情况与被研究对象有因果联系。这种寻求因果联系的方法叫做求同求异并用法。例如：

人们在种植豆类植物如大豆、蚕豆、豌豆时，不仅不需要给土壤施氮肥，而且豆类植物还可以使土壤增加氮；而种植其他植物则没有这种现象。经过研究后，人们发现，豆类植物的根部有称作根瘤菌的东西，其他植物则没有。由此，人们得出结论：豆类植物的根瘤菌能使土壤中增加氮。

求同求异并用法的逻辑形式如下：

场合	相关情况	被研究现象	
1	A　B　C　F	a	
2	A　D　E　G	a	正事列组
3	A　F　G　C	a	
……	……	……	
1′	$\overline{A}$　B　C　F	$\overline{a}$	
2′	$\overline{A}$　D　E　G	$\overline{a}$	负事列组
3′	$\overline{A}$　F　G　C	$\overline{a}$	
……	……	……	

所以，A 与 a 之间有因果关系

一般认为，求同求异并用法由两次求同法和一次差异法复合而成。

第一次求同法：

场合	相关情况				被研究现象
1	A	B	C	F	a
2	A	D	E	G	a
3	A	F	G	C	a
……		……			……

所以，A 与 a 之间有因果关系

第二次求同法：

	相关情况				被研究现象
1′	$\overline{A}$	B	C	F	$\overline{a}$
2′	$\overline{A}$	D	E	G	$\overline{a}$
3′	$\overline{A}$	F	G	C	$\overline{a}$
……		……			……

所以，$\overline{A}$ 与 $\overline{a}$ 之间有因果关系

第二次求同法解释有些问题，结合第一次求同法看它才有意义，否则它是荒谬的。因为在逻辑上，我们不可能仅仅以某一因素与某一现象同时未出现这一事实本身为依据来确认二者之间有因果关系。

之后为差异比较：

场合	相关情况	被研究现象
1	A	a
2	$\overline{A}$	$\overline{a}$

所以，A 与 a 之间有因果关系

在这个差异法中，其他因素被排除在考查范围之外。

运用求同求异并用法探索现象间的因果联系时应该注意：

(1) 求同求异并用法是在两次运用求同法(即一次求被研究现象出现的正事例组的共同点，一次求被研究现象不出现的负事例组的共同点)所得结论的基础上，再运用一次求异法(即求正事例组与负事例组的相异)得出结论。

(2) 考查的正负事例组越多，结论的可靠性也就越大。因为考

察的场合越多，就越能排除偶然的凑巧情形，这样就不大容易把一个不相干的因素与被研究现象联系起来。

(3) 负事例组与正事例组的事例越相似，结论的可靠性就越大。这是因为负事例组场合是无数多的，它们对于探求被研究现象的因果联系并不都是有意义的，只有考察那些与正事例组相似的场合才是有意义的。

四、共变法

共变法也是探求现象间的因果关系的一种方法，其方法的实质是：如果在被研究现象发生变化的几个场合中，其他情况都不变化，只有一个因素发生变化，并且在这一因素发生一定程度的变化时，被研究现象也随之发生相应的变化，且两者的变化在一定的范围内有相同的趋势，那么就可以得出结论，这个相应情况或因素所发生的变化与被研究现象所发生的变化之间有因果关系。

例如：

研究粮食增产的原因。

首先根据植物学和农学等知识确定可能影响粮食增产的因素：施肥量、土壤状况、种子、灌水、田间管理、植物保护。建立对照组进行考查：土壤状况、种子、灌水、田间管理、植物保护均完全相同的条件下，观察施肥量的变化与产量变化的相关性。

场合	相关情况					被研究现象
1	施肥量1	土壤状况	种子	灌水	田间管理	粮食增产1
2	施肥量2	土壤状况	种子	灌水	田间管理	粮食增产2
3	施肥量3	土壤状况	种子	灌水	田间管理	粮食增产3
4	施肥量4	土壤状况	种子	灌水	田间管理	粮食增产4
……		……				……

所以，施肥量的增加是粮食增产的原因

共变法的逻辑形式如下：

场合	相关情况	被研究现象
1	A_1 B C D	a_1
2	A_2 B C D	a_2
3	A_3 B C D	a_3
4	A_4 B C D	a_4
……	……	……

所以，A 与 a 有因果联系。

共变法的特点是"同中求变"，即在其他有关情况都保持不变的条件下，寻求唯一与被研究现象发生相应变化的情况。如果许多情况都在变化，就很难确定哪个情况与被研究现象有因果联系。显然在自然条件下，要做到这一点是很困难的。所以，共变法通常是在人工控制的条件下应用的，因而其结论的可靠性程度也较高。但在最终的原因未得到证实之前，它的结论仍具有或然性。

运用共变法需要注意：

(1) 只能有一个相关情况随被研究现象发生变化而变化，其他情况应保持不变。如果还有其他的情况在发生变化，那么运用共变法时就有可能出错。

(2) 两个现象有共变关系，常常是在一定的限度之内，超过这个限度，它们的共变关系就会消失，或者发生一种相反的共变关系。

(3) 各场合中唯一变化的情况与被研究现象之间是不可逆的单向作用，还是可逆的相互作用。也就是说，结果随原因变化，但原因不见得随结果变化。

(4) 共变法和求异法关系密切。求异法的场合是共变法的极限场合。如果把两个具有共变关系的现象改变至极限，就得到求异法的条件。例如，在一定范围内，随着施肥多少的变化，就能引起粮食多少的变化，这是共变法的运用，如果施肥过多，粮食就不会增产，这就是求异法的应用。

五、剩余法

剩余法是这样定义的：如果已知某一复合的被研究对象与另一复合现象有因果联系，又知这两个复合现象中的部分现象间有因果联系，那么，这两个复合现象中剩下的部分现象间也有因果联系。

剩余法的结构可用公式表示为

复合现象 A、B、C、D、E 与复合现象 a、b、c、d、e 有因果联系

A 与 a 有因果联系

B 与 b 有因果联系

C 与 c 有因果联系

D 与 d 有因果联系

所以，E 与 e 有因果联系

例如：

在海王星尚未被发现的时候，天文学家发现，天王星的实际位置与计算出来的它应该在的位置相比有一点偏差，这种偏差可能是当时已知行星或一个未知星体吸引的结果。但计算的结果，排除了这个偏差是由已知行星的引力所致。通过进一步精密的计算，终于确定那颗神秘的未知星体在理论上所应处的位置。后来果然在计算出来的位置附近找到了被命名为海王星的那颗行星，海王星是使天王星轨道发生偏差的原因。

剩余法的特点是"余中求因"，即已知两个复合现象之间有因果联系后，把其中已确定了有因果联系的部分除去，再从剩余的结果中分析原因。由于剩余法不能保证将各种因果联系都研究穷尽，可能还有其他因素未被研究，因而其结论也具有或然性。

运用剩余法探求现象间的因果关系时应注意：

(1) 必须确认复合情况的一部分(A、B、C、D)是复合现象的一部分(a、b、c、d)的原因(或结果)，而复合情况的剩余部分(E)不可

能是复合现象的这一部分(a、b、c、d)的原因(或结果)。如果复合情况的剩余部分(E)是复合现象的这一部分(a、b、c、d)的原因(或结果)，那就不能断定 E 是 e 的原因(或结果)。

(2) 复合情况的剩余部分(E)还可能是一个复合情况，如果这样，则需要作进一步的分解。

第六节 类 比 推 理

一、类比推理概述

(一) 什么是类比推理

类比推理，就是根据两个或两类对象有若干属性相同，从而推出它们另一属性也相同的非必然性推理。类比推理也简称类推或类比。

类比推理形式可以表示为：

A 对象和 B 对象都有属性 a，b，c

A 对象还具有属性 d

所以，B 对象也具有属性 d

例如：

甲、乙两厂在技术力量、工人素质、资金设备、原料供应、管理水平等方面大体相同，既然甲厂的产品能打入国际市场。那么乙厂的产品也应该能打入国际市场。

(二) 如何提高类比推理结论的可靠性程度

类比推理是从个别到个别或从一般到一般的推理，其结论所断定的范围超出了前提所断定的范围，是一种或然性推理。为了提高类比推理的可靠性一般要注意以下几点：

(1) 两个具体对象，如果是同类或者是在属种关系上相邻近的类，那么其结论的可靠性就大。也就是说如果两相比较的对象之间相同属性愈多，就愈能排除偶然因素，另外属性相同的可能性就愈大，结论就愈趋于真实可靠。例如：天文学家发现，宇宙中的恒星有各种各样的，但全都是灼热的庞大的气球体，全都是发光发热的，并且，太阳有行星，从而推论其他恒星也有行星。如果能更多地找出恒星具有的相同属性，那么，结论的可靠程度就会大大提高。

(2) 在类比推理中，相比较的属性如果是对象的本质属性，找出彼此之间联系紧密的属性进行类比，那么这个类比推理的结论的可靠性就较高；如果相比较的属性是对象的非本质属性甚至是偶有属性，其属性与属性之间联系不紧密，那么这个类比推理的结论的可靠性就较低。例如：钱伟长教授对新疆经济建设远景的预测，就找出了联系紧密的属性进行类比。经济建设需要资金，而积累资金的途径之一就是开矿办厂，而开矿、办厂需要能源，需要人力，需要生活必需品，这就必须大力发展农业，而水利工程既能解决能源，又利于农业发展。这是一条顺应经济发展规律的致富之路。可见，这些属性之间是有着紧密的内在联系的。因此，推出的结论，可靠程度就很高。

在进行类比推理时，需要注意所要推出的属性应该与前提中提供的相同属性或相似属性具有密切的联系，如果仅仅根据了两对象表面相同或相似，就会犯"机械类比"的逻辑错误。所谓"机械类比"就是根据对象之间表面相似便进行类推。例如：柏拉图的"理想国"、达芬奇的扑翼机。再如，基督教神学认为，宇宙是由许多部分构成的和谐整体，正如钟表是由许多部分构成的和谐整体一样，钟表有一个创造者，所以宇宙也有一个创造者即上帝。这个推理也犯有"机械类比"的逻辑错误。

(三) 类比推理的作用

(1) 类比推理能够启发人们的思路，在创造性思维中，它具有提供线索、触类旁通、举一反三的作用。

(2) 类比推理可以帮助人们提出科学假说，不少科学发现就是运用类比推理的结果。

(3) 类比推理为现代科学技术中经常应用的仿生学等模拟方法提供了理论基础和逻辑依据。专门研究模仿生物的构造及其功能以建造先进技术装置的仿生学，就是在本世纪六十年代出现的一门崭新的科学。

此外，类比推理还能在人们表达思想、论述道理、驳斥谬误中起到不可低估的作用。根据对象之间具有某些相同特点进行比较的类比，往往能使抽象的道理具体化，使论述生动、形象，收到良好的表达效果。

二、类比推理的类型

(一) 肯定类比、否定类比和中性类比

1. 肯定类比

肯定类比又称为正类比，是根据两个或两类对象的若干属性相同，又已知其中一对象还有某种属性，从而推出，另一对象也具有某种属性的思维方式。

肯定类比的逻辑形式：

A 有 a、b、c、d

B 有 a、b、c

所以，可能 B 也有 d

例如：

18 世纪中叶，维也纳有位开业的医生叫奥恩布鲁格，有一次他给一位病人看病，从外观上检查不出什么严重的疾病，但这个病人很快死了。解剖病人的尸体才发现他的胸腔化脓，积满脓水。那么，今后如何才能诊断出这类疾病呢？忽然他想起

其父亲经营酒时，常用木棍敲击木制的酒桶，根据酒桶被敲击所发出的扑扑声，就能估量桶内是否有酒及酒的部位。那么，人的胸腔不也很像酒桶吗？岂不是也可以用手指叩击胸腔，根据其声响而做出诊断吗？于是，他发明了"叩诊法"。

2. 否定类比

否定类比又称为反类比，是根据甲乙两个或两类对象一些属性不同，推导它们在另一属性上也不同的思维形式。

否定类比的逻辑形式：

A 有 a、b、c、d

B 无 a、b、c

所以，可能 B 无 d

例如：

在探讨月球上是否存在生命的过程中，人们发现月球和地球之间存在着一些重要的差别，如地球上有空气、水分、昼夜温差很小，而月球上没有空气、水分、昼夜温差很大。所以，人们早在登月之前就做出推断：月球不可能像地球一样有生命现象存在。

3. 中性类比

中性类比又称为合类比，是正类比和反类比的结合应用，根据两个对象一些属性相同，一些属性不相同，平衡后推导它们在另一属性上相同或相异。

中性类比的逻辑形式：

A 有 a、b、c 和 p、q、r，还有 x

B 有 a、b、c，但无 p、q、r

所以，可能 B 有 x(无 x)

究竟得出有 x 还是无 x，视 x 与 a、b、c 或 p、q、r 哪一组属性的相关性更强。例如：

在探索火星有无生命的过程中，人们发现：火星和地球都是太阳系的行星，有几乎相同的昼夜，都有大气层、水分、适中的表面温度，其他物质组成也相似，这是他们的共同点。但是火星周围大气稀薄，严重缺氧，水蒸气只有地球上的千万分之一，大气压力也仅为地球上的百分之一，没有磁场，这又是火星和地球的差异点。在平衡上述这些相同点和差异点的基础上经过反复研究后，从而得出了火星上没有生命现象的结论。

(二) 性质类比和关系类比

1. 性质类比

性质类比是根据对象在某些性质上相同，进而推出它们在其他性质上也相同的类比推理。

性质类比的逻辑形式：

A 有 a、b、c，并且还具有 d

B 有 a、b、c

所以，B 有 d

例如：

人们根据光和声音具有一系列相似的性质，如光的反射与声音的回声相似。光的亮度与声音的响亮度相似，光的颜色与声音的音调相似。而声音具有波动性，由此可推出光也具有波动性。

2. 关系类比

关系类比是根据两个对象在某些关系上的相同，进而推出它们在其他关系上也相同的类比推理。

关系类比的逻辑形式：

A 存在关系 a、b、c，并且还存在关系 d

B 存在关系 a、b、c

所以，B 也存在关系 d

例如:

17 世纪伽利略解释哥白尼的太阳中心说时就运用了关系类比。它比较了木星的卫星系和太阳系的一些类似关系:都是一个巨大的星体同一些小得多的星体体系联结在一起,所有的小成员几乎是在一个平面上旋转。在木星体系中有一个最大的星体位于星系的中心,因此,在太阳系中也有一个体积最大的星体位于行星运动的中心。

思 考 题

1. 什么是归纳推理? 它包括哪些类型?

2. 什么是完全归纳推理? 它的作用与局限是什么?

3. 什么是不完全归纳推理? 它分为哪些类型? 如何提高不完全归纳推理结论的可靠性?

4. 什么是科学归纳推理? 它与简单枚举归纳推理有何联系?

5. 什么是典型归纳推理? 提高典型归纳推理结论的可靠性程度需要注意哪些问题?

6. 什么是类比推理? 它有什么作用?

7. 寻求因果联系的逻辑方法有哪几种? 为提高其可靠性,各自应当注意什么?

练 习 题

一、指出下列结论是运用哪种归纳推理推出的:

1. 秋寒则冬暖;春涝则夏旱。

2. 某班所有学生都是南方人。

3. 春夏秋冬,周而复始。

4. 太阳系行星都以椭圆轨道围绕太阳运行。

5. 5 个连续自然数之和能被 5 整除。

6. 金是固体，银是固体，铜是固体，铝是固体，因此所有的金属都是固体。

7. 有时，雨后出现虹，人们可以看到红、橙、黄、绿、青、蓝、紫七种颜色，在吹肥皂泡时，也可见到这七种颜色，阳光透过水珠、浪花、三棱镜时，也可见到这七种颜色。由此可见，阳光穿过球体或棱形的镜体，可以见到这七种颜色。

8. A 命题主项周延，E 命题主项周延，A 命题、E 命题是全称命题的全部，所以，所有的全称命题主词都周延。

二、分析下列实例，在下述研究中使用了哪些推理形式或方法？

1. 在非洲进行考察的动物学家们，通过几年的观察，看到狮子吃饱后总是懒洋洋地躺在地上。于是得出结论：所有的狮子吃饱后都懒得动。

2. 水稻能够进行光合作用，大豆能进行光合作用，松树能进行光合作用。所以，凡绿色植物都能进行光合作用。

3. 对氮、氢、氧这些气体加热时，人们屡次发现，随着气体的增温，体积就增大。于是人们得出结论：各种气体在加热时体积都会膨胀。

4. 达尔文研究动物的形态构造与生活环境的关系时，考察了鳘鱼、鱼龙、海豚这三种动物，发现它们就有相同的体形，即都呈被形，也都有胸鳍、背鳍和尾鳍、外貌也很相似。而这三种动物却分别属于鱼类、爬行类和哺乳类，它们的许多情况都不同，只有长期生活的环境相同，于是得出结论：动物的生活环境与形态构造有因果联系。

5. 科学研究表明，噪声超过一定限度，对人体危害极大，会导致哮喘、溃疡、肠胃炎、高血压、心脏病、失眠，到一百六十分贝

(大炮轰鸣，为一百四十至一百六十分贝)时耳膜将穿孔，达一百七十分贝会出现"强音致死"。但人们是否绝对不需要噪声呢?几年前，美国落成一座高层建筑，房间隔音材料过于吸音，使室内音响等于零分贝。使用一段时间后，许多办事人员都患了一种无名的病疾:血压降低、白血球降低、忧郁、失眠。人们无法适应这种过分宁静的环境。后来，在每个房间里安装了一台小型振动器，轻微的噪声便治好了这种病。因此，科学家们得出结论说，没有适量的噪声，是导致患无名病症的原因。目前，大多数国家都把九十分贝(蒸汽机汽笛声为七十至八十分贝)定为听力保护标准。

6. 物理学家根据物体的温度不断增高，它的体积也相应膨胀的现象，作出结论说，温度升高是物体膨胀的原因，根据分子的平均动能越大，物体的温度就越高，分子平均动能越小，物体的温度就越低的现象，作出分子的平均动能与温度有因果联系的结论。又如，医学工作者考察发现，人们的烟龄愈长，呼吸道疾病愈多，愈厉害，于是作出抽烟与呼吸道疾病有因果关系的结论。

7. 科学家在地磁学的研究中发现，地磁场除了有规则地昼夜变化之外，还周期性地发生强烈的磁暴。在探索这一现象的原因时，又发现磁暴的周期性与太阳黑子的数量的多少有紧密联系，太阳黑子的数目减少时，其强烈程度也随之减少。据此，科学家们作出推论：太阳上所发生的变化(黑子数量的变化)和磁暴有因果联系。

8. 蚊子能传染疟疾，蚊子叮咬了人之后经常会使人感染疟疾，消灭了蚊子，疟疾也就消失了。于是有人运用求异法得出结论：蚊子是传染疟疾的元凶。但后来科学证明这种结论是错误的，传播疟疾的真正元凶是疟原虫，蚊子只不过是它的中间宿主。它叮咬了疟疾病人以后便把疟疾病人的疟原虫传染给其他的健康人。

9. 居里夫人发现在提取铀以后的沥青铀矿残渣中，仍有放射性，有放射线一定有放射性元素存在，那么，这个放射性元素既可能是残余的铀，也可能是其他的放射性元素；但铀的放射线强度远不如这种残渣的放射性大。这样，就可以排除是铀使现有的放射线强度如此之强的原因，一定是存在其他的放射性物质造成目前的放射现象。后来，通过居里夫妇二人的不懈努力，果真提炼出了镭。

10. 据英国政府的一个医学研究委员会研究和统计，发现葡萄酒的消耗量和心脏病的死亡率之间有着密切的关系。在他们调查的国家中，喜爱喝葡萄酒的法国人和意大利人，心脏病死亡率都较低。而喝葡萄酒少，喝烈性酒多的芬兰人和美国人，患心脏病的死亡率就高。这是因为葡萄酒中含有的烟酸和肌醇，它们能降低血脂和软化血管。

11. 美国物理学家富兰克林发现，闪电与用摩擦方法产生电的现象有许多相似之处：它们都发光，光的颜色相同；电摩擦产生的电火花和闪电的形状都呈弯曲的方向；二者都是瞬时产生、所发的光都能使物体着火、都能熔解金属、都能杀死生物体等。于是他得出结论：闪电是空中的放电现象。后来，富兰克林和他儿子在费城做了著名的风筝实验，验证了他的结论。也是在这个基础上，富兰克林发明了避雷针。

12. 罗马体育馆的设计师，分析研究了人的头盖骨由八块骨片组成，形薄、体轻，但却比较坚固。他想，体育馆的屋顶用 1620 块形薄、体轻的构件组成颅形，也应该是坚固的。设计师按照这种想法设计施工，果然达到了预期的效果。

第十章　假　说

第一节　什么是假说

　　人们认识客观世界的真正任务是了解客观事物的规律性并形成科学研究理论，以便为改造客观世界提供一定的依据。然而在实践活动中，有时遇到的事物现象能用已知的理论作出正确的解释，但是有些事物现象用目前的理论无法进行解释。例如：地球上的生命究竟是如何起源的？正常细胞是如何转化为癌细胞的？"外星人"究竟是什么等。这时，如何正确解释和说明这类事物现象，便成为人们实践中所面临的疑难问题。在探索中，人们往往会从已有的事实材料出发，以已有的科学原理作为指导，对这些未知的事物现象作出试探性的解释。例如：门捷列夫的元素周期说，天体物理学中的宇宙大爆炸说，地质学中的大陆漂移说等，最初都是这样提出来，然后再进行验证的。事实上，我们对客观事物的规律性认识就是这样一个由不知到有知，由知之甚少到知之较多、较深、较细的过程。假说就是这个认识过程中的一个重要环节。

　　在人们的日常工作和生活中，例如：医生看病，通过望、闻、问、切而提出初步诊断。侦察员遇到新情况，要作出种种推测，指挥员根据侦察来的情况，要作出一种或数种战斗方案。公安机关根据一定的线索，要提出案件的各种可能性。所以，人们应用假设这一种思维形式，能帮助自己对未知事实和未来发展方向作出预测。

　　在形式逻辑中，假说也称科学假说，是人们以已有的事实材料和科学原理为依据，对未知的事物或现象所做出的假定性解释或推测性说明。假说是科学家或发明者提出新的理论或进行技术革新必须掌握的重要的思维方法。各门科学在其发展过程中都曾提出过各种假。在天文学领域中，关于太阳系起源于原始星云的假说；在地质学领域中，关于地壳运动发展的起因是地球内部运动而引起的地球自转速度变更的假说；在物理学领域中，关于光的本质的微粒说和波动说；在化学领域中，关于燃烧的本质的燃素说和氧化说等等。为了满足实践的需要以及理论本身发展的需要，人们必须从已有的事实材料出发，以已有的科学原理作为指导，对未知事物或现象作出各种假想的理论即猜测。例如：

　　　　长期以来，人们认为地球均衡地绕着自己的轴转动，但后来人们发现地球自转不是均匀的。在秋天转的快，而在春天转得慢。而且近 2000 年来，每过 100 年，一昼夜要加长 0.001 秒，也就是说，地球自转速度在逐渐转慢。地球自转为什么会不均匀且转慢呢？科学家提出了许多见解。有的认为这与季节风有关。英国科学家杰弗里斯计算过，每年冬天从大陆吹到海洋上，夏天从海洋吹到大陆的空气质量达 300 万亿吨。这么大重量的空气来回移动，使地球的重心发生变化，地球的自转速度也就时快时慢。有人认为影响地球均匀转动的是南极。南极巨大的冰川正在慢慢融化，南极大陆的重量在减轻，这使地球失去平衡，影响了自转速度。还有人认为，这与月亮有关。月亮能引起地球上海水的涨落，这种涨落与地球旋转方面相反，从而使地球自转的速度逐渐减慢。

　　科学家提出的各种见解都是对"地球自转不均匀"这一现象的试探性的解释，都是假说。科学发展中的无数事实证明，大凡一项发明创造也都首先是从提出假说开始的，因此，一个善于进行创造性思维的人，必须掌握并自觉运用假说。

　　人类对自然现象和社会现象的探索和研究，无非包括两个方面：一方面，探索和研究已经发生了的事物，从中找出发展规律；另一方面，根据客观事物的发展规律，预测和展望未来。因此，根据人们最初提出假说的不同目的，假说可分为解释性假说和预测性假说。

　　1. 解释性假说

　　这种假说是在已掌握的事实材料基础上，对业已存在的事物现象及规律作出的假定性解释和说明。例如：

　　　　康德关于太阳系起源于原始星云的假说，哥白尼关于地球和其他行星围绕太阳运行的假说，达尔文关于人类是从类人猿进化而来的假说等，都是根据已有事实材料，对业已存在的事物和规律作出的解释和说明，所以都属于解释性假说。

　　2. 预测性假说

　　这种假说是凭借已有事实材料和事物发展规律，对当时还不存在而在将来才会出现的事物现象作出预测和预言。例如，

　　　　毛泽东在抗战初期提出的"抗日战争是持久战，最后胜利是中国的"观点，就是预测性假说。因为毛泽东在提出这一假说时，抗日战争刚刚开始，假说所预言的结果尚未发生。再如，有人根据亚太地区经济和全球经济目前的发展态势，提出 21世纪世界经济中心将转向亚太地区的假说，这同样也是预测性假说。还有气象人员根据观测资料作出的中、长期天气预报等，也属于预测性假说。

第二节　假说的一般特征

　　任何科学理论，都必须经过假说，待进一步证实后，才能上升为理论。所以，假说必须具有它自身的特征。

一、假说是以客观事实和科学知识为依据的，因而它与种种毫无根据的迷信幻想和无知妄说是根本不同的

科学假说是在真实知识土壤里生长出来的，建立在一定的观察、实验材料和其他经验事实的基础上，以已有的科学原理作为指导并经过一定的逻辑论证而得出的，是人类洞察自然的能力和智慧的集中表现。例如：

对于恐龙在地球上灭绝的原因，一些美国科学家曾提出如下假说：在 6500 万年以前，宇宙空间的一块巨石与地球相碰撞，使地球上空的大气中形成了一层厚厚的灰土云，遮住了阳光。没有阳光照射的地球表面在若干年内一直很冷，恐龙的食物来源也被毁掉，最终导致恐龙灭绝。

上述假说依据了这些事实材料：铱元素在地球上很少见，但在陨石和一些小行星上却大量存在；意大利的一个地方发现有大量铱元素，出土深度与恐龙和其他动物遗骨相同，并且经过检测，这个地方铱元素形成的年代大约是 6500 万年以前，与恐龙和其他动物灭绝的时间相同。上述假说提出的科学依据是：两个巨大天体相碰撞会形成一层很厚的尘土云；阳光被尘土遮盖会造成地球空间温度下降；地球温度下降会影响地球上动、植物的生长。

二、假说具有想象和推测的性质

假说不同于已被证实的科学知识和科学原理，它作为对未知现象或规律的一种假定性解释和说明，带有猜想的成分，还不是确定可靠的认识，还需要在实践中加以检验。有的假说被提出后，虽历经的时间很长，但在被证实之前依然只是具有推测性的说明，只有最后被时间所证实，假说才能上升为科学的理论。例如：

哥白尼的太阳系学说。正如恩格斯指出的："哥白尼的太阳系学说作为一种假说有 300 年之久，这个假说尽管有 99%、

99.9%、99.99%的可靠性，但毕竟是一种假说；而当勒维列从这个太阳系学说所提出的数据，不仅推算出一定还存在一个尚未知道的行星，而且还推算出这个行星在太空中的位置的时候，当后来加勒确实发现了这个行星的时候，哥白尼的学说就被证实了。"

正因为假说具有推测性，所以任何假说都需经过实践验证。

三、假说具有科学预见的功能

假说是人的认识接近客观真理的方式。恩格斯曾经说过："只要自然科学在思维着，它的发展形式就是假说。一个新的事实被观察到了，它使得过去用来说明和它同类的事实的方式就不中用了。从这一瞬间起，就需要新的说明方式了——它最初仅仅以有限数量的事实和观察为基础。进一步观察材料会使这些假说纯化，取消一些，修正一些，直到最后纯粹地构成定律。如果要等待构成定律的材料纯粹化起来，那么这就是在此以前要把运用思维的研究停下来，而定律也就永远不会出现。"这说明，科学发展的形式表现为假说的提出、验证和更新。在实践基础上，通过提出假说、验证假说，以及修改、补充和更新假说，人的认识就会愈来愈正确地反映客观现实，掌握客观真理。就这个意义而言，假说是人的认识接近客观真理的方式，因而具有科学预见的功能。

四、假说具有一定的过渡性

假说作为对各种未知机制的假定性解释，它是否把握了客观真理，是有待证实的。但假说又作为有根据的推测，是人们的认识接近客观真理的方式。因为人们的认识是从不知到知，从知之不多到知之甚多的无限发展过程。人们对客观事物的认识，总是先要提出假说，然后从假说中引申出许多关于事实的结论，并在实践中经受检验，使得有些假说被抛弃，有些假说被证实、补充，从而形成科学理论。所以，假说是通往真理的桥梁。

民法中的"宣告死亡"实质上也是一种假说。例如：

钱某失踪已满一定期限，经钱某的利害关系人申请，户籍管理机关查明事实，人民法院依照审判程序就可以宣告死亡。

可见"宣告死亡"实际上是"假定死亡"，因为失踪人可能还活着。不过这种假说与一般的假说不同，即它暂时被认定为真，并且具有法律效力。如果以后被宣告死亡的人生还，法院应当撤销其死亡宣告。

第三节　假说的形成

假说的形成是一个十分复杂的创造性思维过程，很难找出固定的程序，不同的假说形成的具体方式也各不相同。但在形成某个假说之前，研究者往往先从不同角度出发，提出关于未知事物或现象的种种初步设想，然后运用现有科学理论或事实材料去分析、论证这些设想。那些与已有的科学理论或事实材料相矛盾的设想被一一否定，只有那个经得起反复推敲并与现有科学理论和事实材料相一致的设想，才能作为假说正式提出来。例如：

在 1921 年～1965 年几十年间，上海市地面下沉，有的区域甚至下沉两米以上。在当时还不明原因的情况下，研究人员提出了如下几种初步设想：

① 海平面不断上升，因而城市相对下沉。

② 高层建筑多，地面负荷太重而下沉。

③ 大量开采天然气，使地面压缩而下沉。

④ 大量抽取地下水，引起地面下沉。

在这些设想中，哪一个比较可靠呢？研究人员对之进行了分析和论证：

① 如果是海平面升高引起上海地面下沉，则上海所有检测站

的记录，都会是水位逐步升高。但事实并非这样，所以这种说法被否定了。

② 如果是高层建筑的压力促使上海地面下沉，那么，随着高层建筑的逐年增多，上海地面会一直沉降下去。但这与资料记载的事实不符合，所以此说不成立。

③ 如果是天然气开采使上海地面下沉，那么，停止天然气的开采，上海地面就不会下沉。事实上，上海地下天然气的开采早已停止，而地面仍在下沉，所以此说不成立。

④ 如果是大量抽取地下水引起上海地面下沉，则抽水最多的年份下降最快，抽取地下水多的区域，也应该是地面下沉最明显、下沉幅度最大的区域。反之，抽取地下水少的年份，地面下降就会较慢。人们查阅了大量历史资料，发现从 1860 年～1949 年解放前夕，共有 708 口深井，每天出水量为 24 万吨，1948 年地面下沉 35 毫米；从解放到第一个五年计划期间，深井增加到 854 口，每天出水量达到 34 万吨，地面下沉到 54 毫米；到 1958 年，深井增加到 1183 口，出水量为每天 56 万吨，地面沉降增至 98 毫米；特别是在上海东西方面的几个大工业区，纺织厂比较集中，抽取地下水量多，地面下沉也最显著。上述数字说明，抽取地下水引起上海地面下沉这一假说成立。

类比推理和归纳推理在假说的形成过程中起着重要作用。科学史上许多具有重大影响的假说，都是借助类比推理或归纳推理等或然性推理提出的。如达尔文的"进化论"、魏格纳的"大陆漂移说"以及惠更斯的"光的波动说"等，都是运用类比推理提出的。普鲁斯特的"定比定律"、门捷列夫的"元素周期"等假说，则是运用归纳推理提出的。其中一些假说已为实践所证实，上升为科学的理论或定律。

假说形成的过程，是在科学发展及社会实践的具体场合提出问题并初步研究问题的过程。在假说形成的过程中，要注意以下几点：

(1) 假说的提出必须以事实为依据，但无需等事实材料全面系统地积累起来后才提出假说。

假说与无事实根据的迷信预测(如占卜术)最根本的区别在于：假说是依据已有科学知识和事实材料提出来的，即使后来被否定的那些假说，原先也是有一定的事实依据的。也就是说，任何假说的提出都必须以事实为根据，事实材料是形成假说的基础和出发点。在提出假说之前，研究者要千方百计搜集事实，事实材料愈丰富、愈全面，以这些事实作为依据提出的假说也就愈可靠。但是，也不能等待事实材料全面、系统地累积之后再提出假说，因为事实材料的搜集是一个历史的过程，常常受到一定时期的技术条件和实践范围的限制，而人对自然的认识则是能动反映的过程，人们完全可以凭借有限的事实材料和已有的科学知识，借助逻辑推理提出假说。例如：

　　哈维提出血液循环假说时，医学上尚未运用显微镜。哈维曾猜测四肢的血液如何从动脉进入静脉。只是到了后来，马尔比基和列文虎克才先后用显微镜在蛙肺中看到了小动脉中的血流入小静脉。

另外，研究者也不必为存在着个别"反例"或"异例"就不敢提出假说，这是因为，在对事实材料的收集过程中也可能存在错误，假说只能是尽可能地对相关的事实作出圆满的解释，不能仅仅因为个别相关事实得不到解释而放弃自己的设想。

(2) 假说必须运用科学原理为指导，但不受传统观点和已有知识的束缚。

创立假说是人类认识扩大与深化的过程。科学假说不能与科学中已经证实的定律相矛盾。相反，它应当遵循和运用已有的科学原理。科学的基本理论已为人类的长期实践所证实，因此，提出假说应该以科学的基本理论为依据，而不能与之相矛盾。但应该注意，人的认识是一个由浅入深不断前进的发展过程，已经取得的认识成果不可能绝对正确，原有的知识和原理也不会完美无缺。人们提出假说，常常是因为以往的科学理论对某些现象无法进行解释或解释的不完备，通过假说使原有的认识得到扩展和深化。当实践中新发现的事实与传统观念发生冲突，旧知识体系的局限性暴露在人们面前时，人们就应敢于向某种传统理论挑战，打破条条框框，大胆提出假说。科学史上不乏这样的例子，如哥白尼提出日心说、达尔文提出进化论、爱因斯坦提出相对论等，都勇敢地突破了旧有的传统观念，使人类知识提高到一个新水平。

(3) 假说不仅要圆满地解释已有事实，而且还必须包含可在实践中检验的新结论。

正是由于发现了原有理论无法解释的新事实，人们才提出了假说，所以只有当假说对各种有关事实都能给予正确解释时，才表明它具有较大的适用性并得到大量事实的支持，它才有意义，如果一个假说无法解释现有的相关事实，那么这个假说就毫无意义，对科学的发展起不了作用。不仅如此，一个假说还必须尽可能多地预言未知的新事实，以表明假说不仅有巨大的启发作用，而且是可以广泛地在实践中验证的。否则，就不是科学的假说，而是神话式的空谈。例如：

门捷列夫 1869 年提出的元素周期律假说，不但对已发现的63 种元素作了科学解释，还预言了一些当时尚未被人们发现的新元素。后来，这些被预言的新元素相继被发现，而且其化学性质和原子量等与门捷列夫的预言极其吻合，从而证明了元素周期律不仅是科学假说，而且是为实践所广泛证实的化学原理。

(4) 假说的内容不能包含逻辑矛盾，假说的结论必须简明扼要。

假说往往包含有许多内容，这些内容在逻辑上不能是相互否定的，即不能有逻辑矛盾。如果假说存在逻辑矛盾，就应该设法消除或抛弃该假说。假说过于复杂往往就不严密，并且也往往会使假说的核心，即研究者设想的基本观点淹没在繁杂的甚至无关的材料之中。因此，简洁明了便成为科学假说的又一特征。至于要简明到何种程度，则要依对象性质而定。基本要求是，无论如何要消除无关紧要的、非必要的东西，以精炼内容，突出重点。

第四节 假说的验证

假说被提出之后，就会面临验证的问题。任何假说的真理性都不依赖于人们的主观信仰或社会公认，也不依赖于它能否作为某种方便的手段或工具，而在于它是否符合客观实际。因此，假说形成之后，必须通过人类社会实践的检验。

假说的验证过程，从某种意义上说，不是从假说形成之后才开始的，而是在研究者刚有某个简单设想时，就做实验或收集事实材料，检查自己的设想是否正确时就已开始了。例如：

在形成假说的初始阶段，研究者在提出几个尝试性假定后，必须进行多方面的考察、分析和论证，方能从中选出比较合理的初步假定，而这一过程本身既是对各种初步假定的选择，又是对它们的初步验证。

又如，

由初步假定到推出推论时，研究者也必须借助于已知事实检查假说的合理性。但是，上面的验证只是局部的和不全面的。对假说的真理性具有决定意义的验证，是在假说形成之后才开始的。只有假说形成后，人们才从整体上对假说的真理性给予全面的、严格的验证，这样才有决定意义。

假说的验证可分为两个步骤：

(1) 从假说的基本观点出发，结合一定的背景知识，推导出一些关于事实的论断。这些论断有的是对已知事实的解释，有的是对未来事实的预言。其中，前者在验证假说真伪方面远不及后者有说服力。例如：

牛顿的万有引力假说提出之后，曾依此解释了涨潮和退潮的现象。但是，这并不能为该假说提供强有力的确证。到了 18 世纪，法国数学家克雷洛根据万有引力假说，计算出哈雷彗星的轨道，并预言哈雷彗星经过近日点的日期将是 1759 年 4 月 4 日或 5 日，可能前后偏差一个月。后来，天文学家果真在 3 月 12 日用望远镜看到哈雷彗星经过了近日点，比克雷洛预言的日期只早了 23 天。这就是为牛顿万有引力假说的真理性提供了有力的证据。

假说验证的第一步是个逻辑推理的过程，往往表现为若干个充分条件假言命题：

如果 A，那么 B_1

如果 A，那么 B_2

如果 A，那么 B_3；

……

如果 A，那么 B_n

其中 A 代表假说的基本理论观点与一定的背景知识，B_1、B_2、B_3、…、B_n 代表由假说推演出的关于事实的命题。这些命题可以是需要解释的已知事实的命题，也可以是预见到未知事实的命题。

(2) 通过社会实践，检查从假说基本观点结合背景知识所引出的结论是否真实。要验证假说的推论，有时仅仅观察就够了。例如：

生物学家施旺与施列登分别发现了动物和植物机体都是由细胞组成的。施列登又在植物细胞中发现了细胞核。施旺设想：如果动物与植物在本质上相似，那么动物也应有细胞核。后来，用显微镜反复观察，动物细胞中果然存在细胞核。

这一假说的验证就通过观察而得到了证实。有时，假说需要设计复杂的实验，并通过运用探求因果联系的方法，才能对假说的推论作出检验。若假说的推论与事实相符，人们一般就认为假说得到了证实；若假说的推论与事实不符，人们一般就认为假说被否证(证伪了)。例如：

1927 年，美国科学家戴维森在精密实验条件下，做了电子束在镍晶体表面反射时产生散射现象的实验，经计算机证实了德布罗意公式。同年，英国科学家汤姆孙用高速电子穿透金属箔，直接拍摄到电子衍射图样。这样，德布罗意的物质波假说就被证实了。

再如：

根据人类居住的大地的地球是球形的假说，必然引申出"人们从某一地点出发，保持同一方向往前旅行，最终会回到当初出发的地点上"的结论。验证这个结论是否真实，只需要作一次世界旅行，就可以从经验中直接得到验证。

如果假说推出的结论与事实相符，那么人们一般就认为假说得到证实，如果它不与事实相符合，那么人们一般就认为假说被证伪或被否定。对假说进行逻辑推演和实践验证，只是假说验证过程中的基本步骤。实际的验证过程中，无论是证实一个假说，还是证伪一个假说，都是非常复杂的。因此，在验证假说时要注意以下两个问题：

(1) 假说验证的完成是一个历史的过程。

假说的验证不是仅由个别的实践活动所能解决的，而是在人类社会历史的长期实践中逐步得到证实或者证伪的。

从证实假说的逻辑推理可以看出，证实假说的推断(B)，并不能完全证实作为推断理由的假说(A)的成立，即

如果 A，那么 B

B

所以，A

这个推理形式是充分条件假言推理的肯定后件式，在逻辑上不是一个有效的推理形式，充分条件假言推理肯定后件不能必然推出肯定前件。所以，假说 A 在这一推理中，只是得到了某种程度的验证。因此，人们往往需要从假说中引申出一系列关于事实的命题，支持假说的事实越多，假说得到的确证程度就越高。

另外，由假说推演出的未知事实的命题，如果能够在实践中得到证实，也能在极大程度上支持假说。例如：

俄国化学家门捷列夫提出了化学元素周期律的假说后，他从假说推出一系列推断，预言了几种未知元素的存在及其性质。后来这些元素一一被人们发现，并且他们的性质也与门前列夫的预言一致。自此，元素周期律也就被确证并被公认为科学的定律了。

假说的证伪也极其复杂，其推理形式是：

如果 A，那么 B

非 B

所以，并非 A

这个推理是充分条件假言推理的否定后件式，从形式上看这个推理是有效的，因为充分条件假言推理否定后件能必然推出否定前件。虽然证伪某个假说的推理形式是有效的，其结论是必然的，但在实际提出假说、尤其是科学假说时，总是要结合一定的背景知识，亦即前提中的 A 是假说的基本理论观点与一定的背景知识的联合，所以在证伪某些复杂的假说时，得出结论 A 假可能是假说的基本观点虚假，也可能是已知的某些背景知识虚假。也就是说，由推断 B 的虚假，不能必然推出假说的基本观点是虚假的。

综上所述，个别的一次实践活动不足以证实或证伪假说的基本观点，假说的验证往往要经历较长时期、反复多次的科学实验或社会实践的检验，才可能转化为科学的理论。

(2) 假说的验证具有相对性。

假说验证的相对性，一方面是指人类的具体实践总是不完备的、带有历史的局限性。科学史上常有这样的情况，某些假说的基本观点包含有局部的真理。由于当时的生产技术水平的局限性或人们认识水平的局限性，这些假说所包含的局部真理可能被人们认为是错误的。这些局部真理只有在将来更高的生产技术水平和认识水平上才能被重新证实。另一方面，是指在验证假说的过程中，由于观察、实验等技术手段的不完善，致使所得到的事实材料不准确，其至是错误的，也可能出现假说验证的不准确。

假说的验证就是这样，需要在实践中不断得到修改、补充、完善。当假说得到越来越多的事实材料的支持，特别是经过长期实践的验证，并且战胜了在这一问题上的其他假说时，它就发展成为科学的理论。而有的假说在实践验证中错误越来越明显，最后终将被新的假说所代替。这就是假说的发展。

假说能解释已有的事实或现象，而且具有科学预见新事物、新情况的功能。如果一个假说无法解释现有的相关事实，那么这个假说就毫无意义，对科学的发展起不了作用。同时假说还应能对未知的事物或现象作出具有推测性的论断，并且这些论断能在实践中得到检验。否则，就不是科学的假说，而是神话式的空谈。

第五节　侦　查　假　说

侦查假说亦称"侦查推论"或"侦查假设"，它是指在案件(主要指刑事案件)发生后,侦查人员根据案件中已知的事实材料以及相关的科学知识和办案经验，对案件中需要查明的问题(犯罪的构成、实施犯罪的动机、可能实施犯罪的人等)，作出的推测性解释。侦查假说是一种工作假说，是假说这种思维方法在侦查活动中的具体应用。侦查假说对于侦查工作起着导向的作用，甚至可以说侦破案件的全部过程也就是侦查假说的提出、推演、检验、修正和证实的过程。例如：

当我们看到某盗窃案件现场，室内陈设和存放物品整齐，案犯盗窃目标明确——直接撬开保险柜。案犯的作案时间也把握恰当——主人外出送小孩上学的 1 小时之内。据此，侦查员提出"本案很可能是熟悉内情的人所为"的假说。这个假说就是侦查假说。

侦查假说是假说的一种特殊形式，它与一般假说的共同点在于：都是对现象(案件)发生的原因或过程作出的一种推测性解释，也是科学性和猜测性的统一。但是侦查假说又不完全等同于一般的假说。它与医学上的临床诊断相似，其目的不是为了获得规律性的认识，只是用以指导开展并完成某项工作。侦查假说被证实之日，就是案件侦破之时，该侦查假说的使命也就随之终结。侦查假说的价值，体现于与现实的吻合程度及其对于未然事件的准确预测，得到了事实的证明，就充分说明当初建立侦查假说的科学性和可靠性。所以说，侦查假说更多地带有思维想象力和创造性的特点，预测未知是判断侦查假设成立的决定性因素。

侦查假说在犯罪侦查中常见的种类有：关于案件性质的假设、关于作案人的假设、关于作案时间和地点的假设、关于作案工具及作案方法的假设、关于犯罪过程的假设等。其中尤其以对案件性质和作案人的假说最为重要。

案件侦破工作的开展是从建立侦查假说开始的。因为案件发生在前，侦破工作在后。案情的发生发展，是罪犯在隐蔽中操作的，这就给侦查员认识案件的本质造成了各种困难。侦查员只能从已掌握的材料(现场勘查结果和调查访问所获得的材料)出发，依据已有的知识或经验，运用各种形式的推理，对案件发生的原因、过程等作出各种推测性解释，即建立侦查假说。然后以侦查假说为指导，拟定侦破方案和步骤并付诸实施。因此，侦查假说是开展破案工作的不可或缺的手段。

案情的分析过程实质上就是一个侦查假说的建立过程。在提出侦查假说时，要注意作为侦查假说根据的事实材料必须真实可靠；不管是关于案件的个别事实的假设还是关于整个案件的性质的假设，都不能与案件的事实相矛盾。否则，案件的侦破就会误入歧途，甚至造成冤假错案。

沿着侦查假说而开展下去的案件侦破工作，则是侦查假说的验证阶段。一个案件，一般来说同时会提出若干个侦查假说。对提出的各个假说，侦查员都要一一加以验证。具体来讲，侦查假说的验证有两种：

(1) 在分析侦查假说时，侦查员应根据已有的事实材料尽可能地否定一些，以缩小侦查范围，逐步达到靠近真实的假说。几个假说，特别是互相矛盾的假说，根据矛盾律，不可能同时为真。否定原来不真实的假说是比较容易的，有时只需少量的事实材料或客观规律就能达到目的，有时只要从假说中推出一个或一些必然结果，在验证过程中如果发现结论与现实相矛盾，根据充分条件假言推理的否定后件式就能达到否定的目的。

(2) 在确定了某个侦查假说后，侦查员就要逐个调查、核实假说引申出来的所有判断。例如：

　　在某起杀人案件的侦破过程中，侦查员提出了"如果钱某是凶手，那么他：① 有 4 月 5 日晚 9 点左右这个作案时间；② 有或已转移与死者失去的一样的玉手镯；③ 有或已转移或销毁沾有与死者一样血型血迹的血衣；④ 有或能找到与使死者致死的一样的锐器；⑤ 有或已转移或已销毁与现场遗留鞋印一样的鞋子"的侦查假说。侦查员先后证实了这五个结论，但根据充分条件假言推理的知识，肯定后件不能必然肯定前件。但是由于这五个结论只有"如果钱某是凶手"应当推出的全部判断而没有遗漏，不仅全部为真，而且相互之间没有矛盾并相互印证，所以能够证实"钱某是凶手"。

当然，在实际侦查活动中，这两种方法有时是分开使用的，更多的时候是结合使用的。

需要注意的是，侦查假说的根据往往是有限的事实材料，因而它的猜测的性质——结果的或然性特点更为突出。侦查实践证明，根据作案现场，要求准确无误地必然推出其原因或结果，实际上很难办到。客观世界的丰富性和多样性，以及人的认识的相对局限性告诉我们，侦查经验再丰富、推理分析再缜密，也未必能够对客观世界的复杂性有稍许完备的概括。何况，一些比较老道的斗争对手擅长反侦查伎俩，又为发觉案情真相增加了难度。此外，侦查人员囿于经验或个人信念的原因，在建立侦查假说时，易于失之于主观臆断而造成判断失误。此类案件屡见不鲜。造成这一认识误区的原因，多是由于仅仅凭借以往经验和少量证据——甚至这些证据也有主观色彩——就建立起自以为是的唯一的逻辑联系，用以解释犯罪事实(后果)。于是往往就忽视了考虑"一果多因"地解释事物现象，不能对现象进行多视角扫描、全方位解释。

案件侦查过程实际上就是一个侦查假说的提出、证伪、修正或再提出新假说的循环往复的过程，只有提出了正确的侦查假说，指导侦查实践，并使案件成功告破，这一循环过程才得以宣告终结。因为案件成功告破也就证实了侦查假说，使侦查假说画上了圆满的句号。

思 考 题

1. 什么是假说？科学假说有什么特征？
2. 在假说形成过程中主要运用什么推理？请举例说明。
3. 简述假说的形成过程。
4. 简述假说的验证过程。
5. 在提出和验证假说的过程中怎样运用逻辑推理？
6. 提出假说应注意哪些问题？
7. 验证假说的基本步骤是什么？
8. 为什么说假说是复杂的历史过程？
9. 假说对科学(特别是自然科学)发展的作用是什么？
10. 什么是侦查假说？它有什么特点？
11. 侦查假说通常有哪几种？试举例说明。
12. 如何建立正确的侦查假说？
13. 怎样验证侦查假说？

练 习 题

一、下面这段议论陈述了哪几个假说？

法国博物学家拉马克在人们还无法解释生物进化的原因时，曾经提出环境使有机体产生变异，而变异又遗传给它们的后代的观点。他认为，有一种羚羊经常靠吃高处的树叶而使颈部变长，此一特征代代相传，羚羊就变成了长颈鹿。拉马克的这一设想遇到了一个难题，就是长颈鹿身上的斑皮无法解释。这个问题，曾经促使德国生物学家魏斯曼进行认真思考，他怀疑拉马克的这种解释，提出"种质连续性"即细胞原生质遗传的假设。此外，达尔文提出了"自然选择"理论，认为长颈鹿并非伸长脖子的结果，而是因为某些长颈鹿生来脖子就比其同伴长些，而脖子长些的个体，获得食物的机会也多些，通过"自然选择"，长颈的种胜利了。达尔文的观点同样能够解释长颈鹿身上的斑皮，斑马的毛皮同阳光照耀下的草木相混，因而有更多机会逃脱强敌的袭击。

二、指出下例中提出了什么假说？并分析其主要运用的逻辑推理是什么？

法国医生歇尔·奥当在他新近出版的《水与性》一书中认为，人与海豚比与类人猿更相近。这一看法表明他对人类进化的常规理论提出了异议。奥当认为，在人类史前的某个时候，人类经历过一个海生时期。人类的直接祖先也许是设想中存在于类人猿与人类之间的过渡生物——水生灵长目。他认为，人与类人猿有许多差异，而其中多半与水有关，而人与海豚则有更多相似的地方。

——类人猿不喜欢水，而刚出世的婴儿则能够在水中游泳。对于孕妇来说，她们在9个月中能够安全锻炼的唯一项目是游泳。

——类人猿不会流泪，而海豚和其他海洋哺乳动物则会流泪。

人是唯一以流泪方式表示某种感情的灵长目动物,这是因为人类曾经历过水生时期。

——人奶酷似海豚乳而不像类人猿的乳汁。

——人与类人猿不同,具有潜水反应能力,而且食鱼。

——人和海豚皮肤下有脂肪层,而类人猿没有。

——与海洋哺乳动物一样,人体绝大部分是光滑的,唯独在游泳时露出水面的头部才长头发。

——人有伸曲自如的脊柱,对水具有适应性。类人猿则不能向后弯曲。

——类人猿的交配方式与人不同。而大多数海洋哺乳动物的交配方式则与人相似。

——海豚像人那样在分娩时有经验丰富的雌性"助产士"在身旁守候,准备接生新生儿,而类人猿则不是如此。

——人和海豚一样,相互之间是通过声音交流复杂的信息的。

三、请根据以下的材料,分析假说提出的一般步骤。

人们早就发现,蝙蝠能在黑夜作快速飞行,而不会撞在障碍物上。这个现象如何解释呢?眼睛是视觉器官。根据这个认识,生物学家曾提出一个假说:蝙蝠能在黑夜避开障碍物是由于它有特别强的视力。这个假说对不对?如果是对的,那么,要是把蝙蝠的眼睛蒙上,照理它就会撞到障碍物上。为了验证这个推论,有个科学家设计了一个实验:在一个暗室中系上许多条纵横交错的钢丝,并在每条钢丝上系上一个铃。将一些蝙蝠蒙上眼睛,放在这个暗室中飞行。实验结果,蝙蝠仍然能作快速飞行而没有撞在钢丝上。这个事实推翻了以上假说。

四、分析在下例中是如何验证"鸽子利用地球磁场导航"这一假说的。

一百多年前,有人提出鸽子利用地球磁场导航的假说,现已用实验部分得以证实。把小磁棒缚在鸽子身上，使鸽子周围的地磁场发生畸变。把这些鸽子运到外地，如果在阴天放飞，它们便向八方飞散而去，而带铜棒的对照鸽子则取回家的方向；如果在晴天放飞，带磁棒和带铜棒的鸽子没什么区别，都能向故乡方向飞去。为了进一步证实这些实验结果，人们在鸽子头顶和脖子上绕上线圈，通以电流，使鸽子头部产生一个均匀的附加磁场。当电流反时针方向流动时，线圈产生的磁场北极朝上，这时无论晴天或阴天，在外地放飞的鸽子都取回家的方向；如果电流顺时针方向流动，线圈产生的磁场南极朝上，晴天放飞的鸽子回家，而阴天放飞的鸽子则"南辕北辙"；同时，人们也观察到，在强大的无线电台附近，在太阳发生强烈磁暴期间，以及在月蚀时，鸽子也会失去定向能力。而太阳耀斑和黑子引起的地磁变化，虽小于 100 伽马(1 伽马 10^{-5} 高斯)，但足以显示对鸽子选择飞行方向的影响。上述事实说明，鸽子能按地磁导航。

五、请分析以下材料，要求回答：

(1) 初步提出的假说是什么？

(2) 假说的提出运用了什么推理形式？

(3) 验证假说用的是什么方法？

1. 鲁班是我国春秋战国时代优秀的手工业家，一生中有很多发明创造。传说有一次，为了完成一项建筑任务，他带着徒弟上山砍木料，累得筋疲力尽，木料还是远远供应不上，因此他心里十分着急，不料，一不小心，手被一种野草的叶子划破了，他仔细一看，原来这种叶子两边都长着很锋利的齿。他想，有齿就能把东西锯开，从这里，他得到了启发。后来他又看到一棵野草上有条大蝗虫，两颗大板牙也排列着许多小齿，他就是用这种小锯齿很快咬断草叶的。鲁班从这两个事例中想到：锯齿能锯开东西，那么做成锯齿的竹片，也能锯开东西，他到小树上去试验，几下就把树皮拉破了，不久，小树干就划出了一道深沟；但是拉了一会儿，小锯齿有的断了，有的钝了，不能再使用。鲁班想：如果用比竹片坚硬的东西代替它，不就可以了吗？他想用铁片代替竹片。于是立即下山，请铁匠打了一条有小锯齿的铁片，拿到山上试验。他和徒弟两人在一棵树上一来一往地拉了起来，很快就把树锯断了。锯就是这样发明的。

2. 传说在蔡伦以前(西汉时)，我国劳动妇女们在生产中已发现了原始的纸。当时，妇女们把蚕茧煮熟以后，铺在帘子上浸到河里去，用棍子敲烂成丝绵，把丝绵取下之后，在帘子上留有一层薄薄的纤维，把它剥下来晒干就成了一片纸。以后人们就正式把废丝绵放在水中捣烂，用同样的方法做成丝绵纸，但太贵。蔡伦心想：能不能用一些价值低廉的原材料纤维来造纸呢？他找来许多树皮、麻头、破布、废渔网等原料，把这些东西捣烂成浆状物，然后把浆状物薄薄地平摊在细帘子上，它们干燥后变成薄纤维，这就是纸张了，经过反复研究和多次试验，他终于成功地制成了植物纤维纸。

3. 南北朝时的贾思勰，很会读书。当他读到荀子《劝学篇》中"蓬生麻中，不扶自直"名句时，他想：纤细的蓬长在粗壮的麻中，就会变很直，那么，把细弱的槐树苗种在麻田里，也会这样吗？于是他做实验。槐树苗由于周围的阳光被麻遮住，便拼命向上长。三年后，槐树果然长得又高又直。

4. 我国最大的工业城市上海，自 1921 年开始，地面逐年下降，到 1965 年，最严重的地区下沉了 2.37 米。建国以来，党和国家采取了许多措施，尽力减少地面沉降给生产和人民生活带来的影响。要控制地面沉降，首先就要找到沉降的原因。上海水文地质学大队接受了这个任务。他们依靠群众，进行了广泛的勘查工作并对大量的历史和现实资料进行了详尽分析。经过几年的调查、研究、实验，发现东西几个工业区沉降量最大。开凿深井多，地下用水量大，这是纺织厂的特点。顺着这条线索，又对全市的深井和使用地下水的历史、现状进行了调查，为每口井立了"档案"。研究结果进一步发现：从1860年开凿上海第一口井到建国前的708口深井，每天出水量为24万吨。1948年地面沉降为35毫米，建国后到第一个五年计划期间，深井增加到1183口，出水量每天达到56万吨，地面沉降也提高到每年98毫米。这个简单数字清楚反映出深井越多，地下水用的越多，地面沉降也就越快。"谜"终于揭开了——大量抽取地下水是造成上海地面沉降的主要原因。为了验证假说，科学工作者根据这一结论进一步做逻辑推演，认为如果这一假说是真的，那么用水多的夏天比冬天沉降多；用水多的工业区一定比用水少的其他地区地面沉降多。这一经逻辑推演有待验证的结论，经过进一步的调查、分析，终于在实践中得到了证实。

5. 库克(Koch)发现豚鼠、老鼠和其他的动物会染炭疽热而死，而鸟类都不受影响。巴斯德已经由实验知道，炭疽热菌在44℃时不能发育。鸟的体温在41℃～42℃。巴斯德考虑：鸟类所以不染炭疽热，是否由于它们的血很暖，并且鸟类的抵抗力能使它们的体温增加到44℃，如果是这样，则使鸟类血液的温度下降，将使他们感染炭疽热。于是巴斯德将患炭疽热者的血液注射给一只母鸡，并将这只母鸡的爪子浸于25℃的水中。这只鸡的体温降至37℃。24小时后这只母鸡死亡，它的血中充满了炭疽热菌。又另取一只母鸡，注射病菌如前，开始也把脚浸在水中，等鸡发热得厉害时，把它从水中取出，裹以棉花，置于35℃的温室中。这只鸡逐渐恢复了健康，数小时后完全恢复健康。杀死这只鸡，检验它的血液，不见炭疽热菌。巴斯德在研究感染炭疽热与动物体温的关系问题时正是运用了假说这种思维方法。

6. 大夫给一个病人看病，经过初步检查，知道病人消瘦、咳嗽、食欲不振、困倦无力，长时间每天下午规律性的低热烧等。究竟是什么原因呢？也许是患有结核病。可是"如果是患感冒，它就消瘦、咳嗽、食欲不振，困倦无力，长时间每天下午规律性的低热"，这是不正确的，因为暂时性感冒未必消瘦，感冒发热一般是持续性的，不会长时期每天下午规律性低热。另外"如果病人身体深部有炎症，他就消瘦、咳嗽、食欲不振、困倦无力，长时间每天下午规律低热"，这也是不正确的，因为身体深部有炎症，如果发热是持续的，那么未必咳嗽。最后，只有"如果病人是患结核，那么就会有这种症状"这是正确的。这样，大夫就可以初步对病人做出诊断：病人可能患有结核病。再详加检查，证实了以上诊断，对症下药，病情很快好转。

7. 20 世纪 20 年代，物理学界发现了衰变现象。衰变是一种放射性现象。在这个过程中原子核放出电子，并转变为另一种原子核。按能量守恒定律，原子核因内部状态的变化而失去的能量，应当等于它所放电的电子所带的能量。实验结果表明，电子所携带的能量比原子核释放的量少。原子核所释放的能量有一部分"丢失了"。对此，物理学家们曾提出种种假设，但都无法解释这种现象。

1933 年，在玻尔领导的哥本哈根物理研究所的奥地利青年物理学家泡利，根据能量守恒定律，提出一个大胆的假说，认为原子核丢失的那部分能量，是被另一个粒子带走了；由于这个粒子不带电，质量非常的小，同周围物质的相互作用很弱，所以，被它从测量仪下溜走了。当时，也在哥本哈根工作的著名意大利物理学家费米十分欣赏泡利的假说，他用泡利的观点成功地解释了原子核的衰变现象，并给这个新粒子命名了"中粒子"，即微小的中性粒子。

为了找到这个同其他粒子发生微弱的相互作用的新粒子，人们又进行了长期的观察和实验。1956 年，物理学家柯万和雷尼斯，在一大型原子反应堆旁的特制的大水箱里，首先测到了"反中微子"的存在。物理学家戴维斯根据中微子同其他物质相互作用极弱，可以自由穿过很厚的地层，而其他粒子都不能通过地壳这个"过滤器"的设想，从 1956 年起，他便到一个废弃的金矿的深处进行实验，直到 1968 年才得到第一批实验结果，终于证实了中微子的存在。

六、根据假说提出时应该注意的逻辑问题，结合下述案例，分析侦察人员提出的两个初步假说，哪个比较可靠。

"某日凌晨，某地发生了一起特大杀人案：该地拘留所干警钱××在家中的六名亲属全部被杀。其中有钱妻张××、钱的两个小孩(一个8岁，一个5岁)、钱的岳母(60岁)以及钱的外侄儿黄×(10岁)和外侄女黄××(22岁)，经查，六人共被砍78刀，其中，黄×和钱的大儿子钱×各被砍20刀，钱妻被砍16刀。黄××的尸体躺在离钱家大门约35米外的小沟内，她被砍12刀。六人被砍的部分，多集中在头、面部和颈部，刀痕全属一种工具形成，尸体血迹斑斑，惨不忍睹。

经了解还得知，被害人家里还被盗走了42寸液晶电视机一台，笔记本电脑一台，摩托车一辆，手表一块。"

基于上述已知事实，侦查人员对本案性质提出了两种初步假说：一个认为"本案是报复杀人"(即"仇杀")，二是认为"本案是盗窃后杀人灭口"(即"财杀")。

七、某年3月18日上午7时半，某市公安局接到报案，市二轻局工艺展销公司3月17日(星期六)夜里失窃人民币11000元，外汇兑换券8000元。市公安局立即派出刑侦人员、技术人员，在副局长的带领下赶赴现场。

现场勘查所获得情况是：案犯戴手套作案。从行动路线看，案犯潜入公司办公室后直奔业务员和出纳办公桌，先用螺丝刀撬开4个抽屉，盗走人民币11 000元，再从抽屉里取出钥匙打开保险柜，盗取外汇兑换券8000元，但保险柜中仍留下3000元外汇券。办公室后门两个插销被拨开，门上气窗上留有几处戴手套的手指印。报案人、该公司批发部主任甄某称：他一早到公司办公室取烟抽，看见大门仍然锁着，当他要打开门锁时，锁牌自然掉落在地。

根据以上初步掌握的情况，刑侦人员断定：本案属单独作案。

从门锁开锁的痕迹看，案犯有仿制钥匙；进出口都是办公室正门，锁牌撬掉，拨开后门插销和在气窗上留下戴手套的手指印，均属案犯伪造现场；从目标准确，掌握公司财务内情等情况看，本案属内盗或内外勾结的盗案。

经对公司内部干部、职工 28 人排查摸底，侦破组最后把报案人甄某定为重点嫌疑对象。就是说，侦破组建立了一个侦察假设"甄某是本案作案者"。从这一侦查假设出发，刑侦人员引出了以下 5 个推断并逐个进行验证：

(1) 甄某有机会接触公司办公室门锁的钥匙。经查，甄某平时掌握有办公室门锁原配和仿制钥匙各 1 把。

(2) 甄某应了解公司的财务内情。

据了解，公司所收款平时都在当天下午送往银行，唯有发生失窃的这个星期天下午，因超出时间，出纳员所收款项，银行不办理业务，所以例外地存放在公司的保险柜内。这一情况为甄某知道。

(3) 甄某应了解公司现金、外汇券、保险柜钥匙存放的准确位置。

经查，甄某不但清楚知道这几样东西存放的准确位置，而且 17 日晚上最后一个离开办公室。

(4) 案发前，甄某可能有可疑的举动。

据公司值班员反映，3 月 17 日晚发生案件的前若干小时，甄曾给他送去一瓶酒和一些花生，使他酒后熟睡。

(5) 案发后，甄某可能有反常的言行。

经查，发案当天，一早他第一个进入办公室，触摸了作案现场的物件。他对办案人员解释说，他一早到办公室是为了取烟抽，但事后在他家里发现还有不少香烟。发案后第 12 天，即 3 月 29 日早，他提前上班，发现公司办公室旁水沟里有一个纸包，打开一看，里面有外汇券 7350 元，上交侦破组，后经查验，确定这些外汇券乃失窃的赃款。当侦破组找他了解情况时，他精神紧张，答非所问，漏洞百出。

从侦查假设"甄某是作案者"引出的 5 个推断都一一得到了证实，侦破组里有的同志认定甄某就是作案者，提出对甄某实行停职审查。

请问，侦查工作进行到此，能否认定甄某是作案者，为什么？

八、下列假说的证明是否成立？为什么？

1. 魏××和 3 岁的女儿于×晚惨遭杀害。发案后，魏××的丈夫黄××下落不明。据了解，魏××生前与人关系尚好，但据魏××的姐姐讲，黄××是来魏××家做上门女婿的。夫妻经常吵架。魏××曾说："总有一天要死在黄××手上。"办案的同志根据以上的情况判断：黄××很可能是杀人后畏罪潜逃。因此，只有找到黄××才能查清全案。

第二天，群众在村头河里发现了黄××的尸体，打捞后发现其身上有大量血迹，穿一双新力士鞋。经黄的亲属辨认，新力士鞋不是黄××的，也没有发现黄买过这种鞋。

侦查员据此判定，黄××系作案后畏罪自杀无疑。黄××穿一双新力士鞋，有作案畏罪自杀的思想准备；黄身上有行凶杀人时所沾的大量血迹；全身无伤迹，有生前入水特征，说明不是他杀。对胃内未消化的食物，经查虽是头天吃的晚饭，与第二天早上死亡的时间有矛盾，但因黄生前有胃病，可能是消化不良所致。

2. 有一罪犯某晚将连玉林家七口人全部杀死，并抢走连家的金项链、金戒指、手表等物。根据罪犯作案手段分析，作案人应具有白纱手套、匕首、厦门出品的某解放鞋，衣服上可能染有血迹。后经调查，发现连产枝有重大嫌疑。连产枝，男，28 岁，本村人，一贯好逸恶劳，曾因盗窃被拘留教育。近来生活困难，在发案前与连玉林家来往密切。发案第二天换了衣服，脚上穿的厦门产某解放鞋是湿的，鞋面上似乎有血迹。据其父提供，连半夜回家后还打开厨房洗刷衣鞋，还去了柴草间。专案组立即进行搜查，结果在他家里找出了刚换洗的三件衣服，一把还沾有血迹的匕首和一只白纱手套。在柴草间经反复翻找，搜出捆在稻草里的金银首饰，进口的人参、玛瑙以及布料、毛线等物。将搜到之物品连夜组织检验、辨认，确定连产枝的衣服、鞋子均粘有人血，他的鞋底花纹特征与现场采得的犯罪分子鞋印完全相同，从稻草中搜出的物品均是连玉林家被劫之物。从而证实连产枝是杀害连玉林一家七口的凶手。

3. 某地一代销店被盗。罪犯取下气窗玻璃，从窗口入室。从地上拣获的气窗玻璃上发现留有的左手拇指指纹一枚。后来根据作案条件，排出了十多个嫌疑人。对这些人的指纹进行勘验。发现七连农业工人张××的左手拇指指纹与现场留下的指纹相似，经进一步鉴定，认定系同一指纹。因而确定张××系作案人。

九、根据下面提供的材料，分析指出：这里提出的假说是什么？提出该假说的依据是什么？验证该假说时用的是什么样的方法？

元旦刚过，城里人似乎还处在节日的欢乐热闹中。可1月3日这天早上，发生了一件怪事：有人在城郊杜家村北大坝和一处方井里，发现了20多块被截肢的人体；有人在井西小桥下，发现一辆沾有血迹的自行车；西三里村的农民在城里掏粪时，又掏出了几块被割下的男、女生殖器，还先后有人在附近发现20多件衣、被、牛皮纸、电线等物品。人们见到这些东西，纷纷议论，节日欢乐热闹的气氛荡然无存了。市公安局的侦察员们在勘察几处现场后，对案情作出初步判断：

(1) 三处现场均不是原始杀人现场，但原始现场应该就在附近。

(2) 自行车是凶手作案时使用的运输工具。

(3) 被害人是一男一女二人，且均被割去生殖器，可能为奸情杀人，碎尸目的在于移尸方便；

(4) 检验尸体发现，胃内容有酒精和大量未消化的食物，尸块上没有其他反抗伤痕，二人可能是在酒后熟睡中遇害的，受害人应与凶手熟悉。

(5) 尸体截肢部位相同，凶器相似，手法一致，可能系一人所为。

(6) 最早发现大坝上的血迹时间是早上 7 时 30 分，案件发生时间应在 7 时 30 分之前。

于是，侦查员在现场附近展开了紧张而细致的调查侦查。不久，有群众反映，王某和马某失踪了。很快，侦查员认定："被害人就是王某和马某。"王某，24 岁，某副食店营业员。马某，34 岁，无业，与丈夫离婚后，与王某住在一起。于是，侦查员围绕王某、马某的关系展开进一步调查，结果发现王某、马某二人的往来关系十分复杂。案前，马某与丽娜交往甚密。丽娜，女，25 岁，曾因流氓行为受过治安处罚，与弹簧厂工人纯安打得火热。纯安也不是什么安分守己的"角儿"，曾因流氓行为，受过公安机关的处罚。

据此，侦查员将纯安和丽娜二人作为重点嫌疑对象进行审查。

在纯安的居室进行观察时，侦查员发现：在其洗晾的衣服和家中的炕壁上，有可疑血迹；而在地上，还有被物品掩盖着的血泊。经化验，血迹也罢，血泊也罢，其血型均与死者血迹相同。铁证在此，侦查员认定：此处就是杀人碎尸的原始现场。"纯安、丽娜犯罪嫌疑重大"。

审查中，纯安和丽娜二人供述：案前，纯安、丽娜分别与王某和马某相识，且交往较频繁。而王某和马某二人，又经常在纯安家中留宿，二人相约今年要在纯安家过年。交往中，纯安则发现王某这个人很有钱。案件发生的这天晚上，王某和马某睡在纯安家，于是，纯安趁二人熟睡之机，用榔头猛击他们的头部，将二人砸死。然后，劫走了他们身上所带的全部现金，烧掉了他们的部分衣物。为了移尸方便，又肢解二人尸体，用自行车将尸块运至郊外，抛尸灭迹。

第十一章 论证与谬误

第一节 论证的概述

一、什么是论证

(一) 传统论证的概念

1. 哈克的论证概念

哈克的论证概念——论证是什么？人们认识到某些话语的展开旨在通过前提来支持结论，旨在从前提推出结论；在自然语言的非形式话语中，这一想法可通过"所以""因此""由此推出""因为"等习惯用语来标明由一个陈述到另一个陈述的过渡。在形式逻辑中，可通过展示一串公式来标明这种过渡，在每一行上都加这样的说明：声称它是根据如此这般的推理规则，从如此这般的先前一行或几行中推出的。但是，人们所判定为有效的和非有效的那些东西可以简单地看做是话语的展开：如果人们考虑的是形式的论证，便是一个形式语言中的合式公式组成的一个序列，或者是，如果人们考虑的是非形式论证，可以看作是自然语言的语句(或者是陈述、或命题)组成的一个序列。

苏珊·哈克的《逻辑哲学》(Philosophy of Logics)一书可以说是当代逻辑哲学的一本经典之作。从上述引文不难发现，哈克对论证概念的理解其实可以归结为一个"合规则的语句序列"，即论证只是一个展示着合规则的过渡的语句序列。尽管她明确地区分了形式论证和非形式论证，但这种区分的标准突出的只是——作为一个序列的语句是形式语句(即合式公式)还是自然语句。也就是说，除了表达语句的形式化(或公式化)与否这一区别外，不论作为形式论证还是非形式论证，其实质都是一个语句序列。此外，这个序列本身还必需一些特征或满足一些特定的要求才能被称为论证，即它表征着一个从语句到语句的过渡(from…to…)。而这个过渡必须符合一定的规则，"通过前提来支持结论"、"从前提到结论"(由"所以"、"因此"来标示)或是根据相应的"推理规则"。对于非形式论证，这种过渡强调的是"前提对结论的支持"，而对于形式论证则意味着"合推理规则的推出"。就后者说，哈克所理解的形式论证，其实完全可以等同于形式系统中的证明——一个合规则的公式推导序列即形式论证也就是一个证明。

2. 柯比的论证概念

柯比的论证概念——(尽管"论证"一词通常还有其它意味，但……)从逻辑学家的角度来说，论证是一个命题的集合，其中的一个命题被宣称(is claimed to)是得自(follow from)其它的那些命题，而其它的那些命题则被看作(are regardedas)是为该命题的真(truth)提供了支持或理由。……从逻辑学家的角度来说，一个论证并不仅仅是一个命题的集合，而是有一个结构(structure)。通常以前提和结论来描述这个结构，在其它命题的基础上被断定的那个命题是结论，而那些为接受结论而提供支持和理由的命题是前提。

尽管柯比所理解的论证概念首先被定义为"一个命题的集合"，但上述理解中更重要的是所谓论证的结构性特征，即一些命题作为理由(前提)支持着另一个命题(结论)的真实性。相异于哈克把论证概念理解为"合规则的语句序列"，柯比的论证概念所要突出和强调的并不仅仅是论证作为一个命题或语句序列，而是论证具有一种结构。"一个论证并不仅仅是一个命题的集合，而是有一个结构"，一个"某些命题为另一个命题提供支持和理由的结构"，一个"可以明确以前提和结论来区分和描述的结构。另一方面，柯比对论证概念的理解似乎又非"结构"一说所能完全范围。在上述引文中，我们可以清楚地看到一些对论证之结构性理解以外的东西。首先，柯比对论证概念的理解涉及了论证的语用和实践的维度，即论证是被明确地用来"宣称命题(结论)的真实性"的。同时，在他的论证概念理解中还有诸如"被宣称"和"被看作"之类的语词。那么，又是被谁宣称，被谁看作呢？无论柯比的回答是什么，都表明他的论证概念牵涉到了论证活动的主体性、意向性因素。这些都提醒我们柯比的论证概念其实并不能完全归结为一种结构性的理解，或者退一步说，柯比的论证概念实际上强调的是一种带有主体性、意向性因素的结构。

(二) 当代论证的概念

论证就是用一个(或一些)真实命题确定另一命题真实性的思维过程。在实际工作和科学研究中，在认识的各种场合，经常需要确定某一命题的真实性，为此，人们引用某个(或某些)真实命题作为根据，从这个(或这些)命题中推出需要确定的命题的真实性，这就是论证。例如：

在《文物》杂志上曾经刊出一篇文章《马王堆一号汉墓女尸研究的几个问题》，其中有这样一段文字：女尸的年龄约五十岁左右，皮下脂肪丰满，并无高度衰老现象，不可能是自然老死。经仔细检查，也未见任何暴力造成的致死创伤，故推测是病死。但女尸营养状况良好，皮肤未见久卧病床后常见的褥疮，也未见慢性消耗性疾病证据，而且消化道内还见到甜瓜子。这些情况表明，墓主人当系因某种急性病或者慢性病急性发作，在进食甜瓜后不久死的。

这一段论述，实际上就是一个论证的过程，或者说证明的过程。从以上论述中，我们可以得出，研究者以"尸体上没有遭遇暴力的痕迹，所以不可能死于暴力"和"尸体上没有营养不良，长期卧床的迹象，所以不可能死于慢性病"这两个真实命题，确定了"墓主人只能是死于急性病或者是慢性病的急性发作"这一命题的真实性。

在实际思维当中，论证有简单和复杂之分。但就逻辑结构而言，它们都由论题、论据和论证方式三部分组成，这三部分被称为论证三要素。

1. 论题

论题是通过论证要确定其真实性的命题，是论证的主题和核心。

上述例子中的论题就是墓主人的死因。在论证中回答"论证什么"的问题，在讨论中提出看法、主张、论点等就是要论证的判断，通常也称作论题。刑事案件侦查过程中对案情做初步论证，立法中对立法理由所作的解释、说明，诉讼中的起诉书、公诉书、判决书提出的被告人犯罪问题及如何处理等，也是论证中的论题。

一般来说，论题主要分为两类：

(1) 一类是已经被证明的命题，这类论证在于使人确信其论证的真实性。例如老师上课向学生论证科学的原理、定律等科学理论等。这类论证的目的是为了使人们确信某个论题的真实性。

(2) 一类是真实性需要检验的判断，这类论证在于探索论题的真实性。如科学猜想、科学假说、侦查假设等。对这类论题的论证，主要是为了探索论题的真实性。

2. 论据

论据是被引用来作为论题真实性的根据的命题，用来证明论题真实性的判断，它是使人们信服论题的根据和理由。在一个论证中，论题只能有一个，论据可以有很多。

论据主要分为两类：

(1) 真实性明显的命题。所谓真实性明显的命题，就是那些无需为他们提供论据即被人们承认其真实性的命题。如已被确认的有关事实，关于事实的论据是多种多样的，我们可以用历史知识作为论据，也可以用现实事例做论据，可以用具体的事实做论据，也可以用概括的材料做论据，如表述科学理论的判断(定义、公理、定律、原理等)。

(2) 不是真实性明显的命题。所谓不是真实性明显的论据，就是在论证的过程中其真实性又被加以说明的论据，也就是本身带有论据的论据。对于这类论据在论证中必须进一步为它们提供论据(后者称为第二层论据)，如果这些论据的论据仍然不是真实性明显的命题，则对这些论据的论据仍应提供论据(即第三层论据)……直到最后一层论据为真实性明显的命题位置。在论证中凡自身不再带有论据的论据，称为基本论据，凡自身带有论据的论据，称为非基本论据。

3. 论证方式

论证方式是指用论据来证明论题时所采用的逻辑推理方式。在论证过程中，论据和论题要通过论证方式的中介才能建立内在联系。一个论证过程可以只有一个推理，也可以包含一系列的推理。如果是包含一系列推理的论证过程，那么这个论证过程还可以分为几个层次。在确定某个论题真实性的过程中，如果引用的论据(第一层论据)本身还不是直接支持论题的论据，那么就要引用其他论据(第二层论据)对第一层论据再进行论证。如此类推，还可以有第三层、第四层论据等，这样就使得论证过程呈现出明显的层次性，加强了论证的可靠性和说服力。论证过程中所有的推理形式的总和就是论证方法。

论证和推理是有着密切联系的。与论题和论据相比，论证方式不是十分明显，因为论证方式不是单独存在于论题和论据之外，而是以隐含的方式存在于整个论证过程当中。所以，分析论证方式实际上就是分析论证过程中的推理形式，论题相当于推理的结论，论据相当于推理的前提和条件。

从另外一个角度来看，论证和推理又是有所区别的：第一，思维和认识的进程不同。论证属于先有论题，然后在引用论据对论题进行论证；推理是一个由前提到结论的过程；第二，论证的逻辑结构更为复杂。论证的逻辑结构通常是由一系列的推理组成的，所以其逻辑结构往往比推理复杂很多；第三，追求的结果不同。推理是根据一个命题或几个命题得出另一命题，它并不必然断定前提和结论的真实性，而论证不但要求论证方式符合逻辑，而且要求论题和论据真实。因此，并非任何推理都是论证，但是任何论证都需要推理。

二、逻辑论证的作用

逻辑论证在认识上具有重大的作用，因为它能够根据已知为真命题去确定另一命题的真实性。

(1) 逻辑论证是人们普遍接受某一原理、定理的重要前提。即使是已经被实践证明了的原理、定理等，也需要在向别人宣传、传授时进行论证，这样才更容易使人们普遍接受，例如在数学课上，老师往往通过对一些定理进行证明，使得其更有说服力，更容易被同学理解和接受，相反在传播知识、宣传真理的过程中，如果缺乏有力的逻辑论证，就往往会影响到知识、理论的可信度。

(2) 真理往往需要实践的检验，而实践的检验是一个漫长的过程，在这个过程中，常常要使用逻辑论证对实践达到的结果进行分析。例如：美国科学家利用电子计算机做了 200 亿个逻辑命题的证明之后发现了"四色定理"，而在这之前，人们发现在平面或者球面上画图，只需要四种颜色就可以把任意两个区域分开这一实践结果只是一种经验和猜测，因为它没有严格的逻辑论证。

(3) 通过逻辑论证，可以使人们学习、获取更多的新的知识。例如阿基米德在论证国王的王冠内是否掺假这一命题的论证过程中，联想到了船只漂浮在海面上的问题，进而发现了浮力的定律。在研究数学的过程中，根据公理通过论证，同样可以发现新的定理。

(4) 一些科学假说的提出也需要以逻辑论证为基础。假说和狂想的区别在于，假说往往建立在逻辑论证基础上，例如在科学发展史上一些著名的假说，其在提出时都附有逻辑论证。

逻辑论证对实践起着重要的辅助作用，而认识真理性的检验往往是一个漫长的过程，在这个过程中，经常需要对不同实践所得到的结果做出理论分析，而这时往往需要逻辑论证。逻辑论证是以实践为基础的，它不能代替实践成为检验真理的标准。第一，逻辑论证需要引用真实的命题作为论据，但是作为论据，任何命题都需要用实践去检验其真实性；第二，逻辑论证所运用的推理形式，都是客观事物规律的反映，其来源于实践，同时通过实践检验其正确性。

第二节　论证的种类

一、直接论证和间接论证

基于论证的具体方式即是否直接从论据的真实性推出论题的真实性，可以将论证的种类分为直接论证和间接论证。

(一) 直接论证

直接论证时根据已知为真的论据，直接推出论题的真实性的论证，即从论据的真实性直接推出论题的真实性的论证，这并非是说论据只有一个或者只有一层，而是说它不是首先通过确定其它命题的虚假来间接推出论题的真实性的。其特点是引用论据从正面确定论题的真实性，不经过中间环节，也就是说论据和论题直接发生联系。

直接论证的要素和形式是：

论题：P

论据：Q，R…

论证方式：Q 和 R…合乎逻辑规则的推出 P

(二) 间接论证

间接论证就是在论证过程中，通过论证另一个或者另一些其他命题的虚假，进而来确定论题真实性的论证。间接论证的特点是，它并不是从论据的真实性直接推出论题的真实性，而是首先提出与论题有关的其他命题作为逻辑中介，然后通过确定这些或者某个命题的虚假，最终确定论题的真实性。

间接论证通常有以下两个方法：

1. 反证法

反证法就是通过确定与原命题相矛盾的判断(即反论题)的虚假，来论证论题真实性的间接论证。例如：

毛泽东的《论人民民主专政》一文，在论述"我们必须实行人民民主专政"时，就使用了反证法。

对人民内部的民主方面和对反动派的专政方面，相互结合，就是人民民主专政。为什么要这样做？大家很清楚。不这样，革命就要失败，人民就要遭殃，国家就要灭亡。

这里的论题是"我们必须实行人民民主专政"，反论题是"我们不实行人民民主专政"，由反论题推出的结果是"革命就要失败，人民就要遭殃，国家就要灭亡"，但是中国不允许这种结果出现，根据充分条件假言推理否定后件就要否定前件的规则，得出反论题

为假,即原论题为真。所以,"我们必须实行人民民主专政"。反证法的论证过程是:

论题:P(即原论题)

反论题:非 P

论证:反论题"非 P"虚假,根据排中律(两个相互矛盾的思想不能同假,必有一真),由反论题"非 P"假,推出原论题"P"真。

需要注意的是,在使用反证法时,首先要确定提出的反论题与原论题必须是矛盾关系,不能是反对关系,因为反对关系不能由一个假推出另一个真;其次,反证法的论证方式必须是充分条件假言推理,有反论题作为前件和由一个或一些虚假命题作为后件构成的充分条件假言命题必须正确,否则不能达到"反证"的目的。反证法的优点在于,它在没有直接证据证明原论题,但有证据证明反论题的虚假时发挥作用。

2. 选言证法

选言证法,是通过否定与论题相关的某些反论题(一般指反对判断),也就是通过选言推理的否定形式,确定除论题所指情况外,其余可能情况都是假的,从而确定论题真实性的一种方法。选言证法又称排除法、淘汰法、穷举法等。例如:

1983 年 4 月 11 日的中午,无锡市东门上空有一块巨冰直坠地面,落地一声巨响,碎成许多小块飞散开去。这一奇特的现象引起了国内外科研人员的关注,国家气象局气象科学研究院专门组织了一个由科研人员组成的科研组进行考察,最终揭开了坠冰之谜:这是宇宙坠冰。

考察组是怎样证明这一点的?他们首先提出了坠冰的几种可能性:高层建筑抛冰;雹冰;龙卷风携冰;飞机坠冰;宇宙坠冰。然后经过调查排除了前四种可能性,最后确定是宇宙坠冰。这一个证明过程就是运用选言证法论证的:天上的坠冰,或者是搞成建筑抛冰;或者是雹冰;或者是龙卷风携冰;或者是飞机坠冰;或者是宇宙坠冰。附近没有高层建筑物，所以高层建筑物抛冰不成立；当时附近地区没有冰雹和龙卷风气象出现，所以雹冰和龙卷风坠冰不能成立；当时附近区域上空没有飞机飞行，所以飞机坠冰也不成立，所以高空坠冰只能是宇宙坠冰。

选言证法的论证过程如下：

求证：P 真

设：或 P，或 Q，或 R

证：非 Q，非 R

所以，P

运用选言证法进行间接论证通常需要三个步骤：第一，构造一个包括论题在内的选言判断；第二，论证除了论题之外的其他选言支都不能成立；第三，再根据选言推理的否定肯定式，推出论题真。所以，选言证法是通过论证其他各种可能都不成立，来证明论题的成立。

二、演绎论证和归纳论证

根据论证时所运用的推理形式的不同，论证方向的区别，可以将论证分为演绎论证和归纳论证。

(一) 演绎论证

演绎论证是指在论证中运用演绎推理的形式，证明论题真实性的论证。人们在实际思维当中，以科学原理、定律或者其他真实判断为依据，运用演绎推理的形式，推出某个命题的真实性。例如：

所有的犯罪行为都是具有社会危害性的，

抢夺行为是犯罪行为，

所以，抢夺行为是具有社会危害性的。

此论证就是一个演绎论证，它的论据是"所有的犯罪行为都是具有社会危害性的"这一具有一般性的论断，结论是"抢夺行为是具有社会危害性的"这一具体的、个别的经验性结论。论证时采用

了从一般性原理到个别性结论的三段论论证方式。又如:

> 经济规律是不依人们的意志为转移的。因为,客观规律是不以人们的意志为转移的。

这也是一个运用三段论的推理形式进行演绎论证的例子,具体表现为:客观规律是不依人们的意志为转移的,经济规律是客观规律,所以经济规律是不依人们的意志为转移的。

由于演绎推理的前提与结论之间具有必然的逻辑联系,前提蕴涵结论,所以,只要演绎论证的论据真实,演绎论证对论题真实性的确定是完全有效的。凡是运用直接推理、三段论推理、关系推理、联言推理、选言推理、假言推理、二难推理等演绎推理进行论证的,都属于演绎论证。

(二) 归纳论证

归纳论证是运用归纳推理的形式进行的论证。它是用一些个别的或者特殊的论断来论证一般原理。人们运用一些有关个别或特殊事物的判断作为论据来论证一般性的论题,这就是归纳论证。例如:

> 城市里的气温比郊区高。宋代爱国诗人陆游曾写道:城市尚余三伏热,秋光先到野人家。这首诗表明在陆游那个时代,人们就察觉到城市里的气温高于郊区的事实了。最近几十年的观测资料表明,城市里的温度比郊区确实要高得多,这就是所谓的城市热岛效应。例如,上海、纽约年平均温度要比近郊高 1.1℃,柏林要高 1℃,费城要高 0.8℃,莫斯科、巴黎、洛杉矶要高 0.7℃,华盛顿要高 0.6℃。有些日子还高得十分惊人呢!1979 年 2 月 13 日,上海市区比郊区高出 4.5℃;1981 年 7 月 10 日午后,北京市区比郊区高出 4.7℃。1972 年 7 月 4 日傍晚,在加拿大温哥华,曾测到一次强热岛效应,城内比近郊高 11.0℃,这意味着,温哥华的近郊还是略带寒意的初春气候,城市里却有初夏的气息了。

这是一个证明城市气温比郊区气温高的论证。这一论证运用的就是归纳论证的方法,这个归纳论证可以分为三个层次进行:首先是从历史到现实,引用陆游的诗"城市尚余三伏热,秋光先到野人家"来证明古代城市的气温就高于郊区;其次是归纳国际国内大城市的气温测量记录来证明城市气温比郊区高;最后,列举一些个别的特殊事例来证明城市气温高于郊区。通过这样的归纳论证证明了"城市气温高于郊区"这个论题。

在论证过程中,如果是完全归纳推理,那么只要前提是真实的,结论就必然是真实的。因此,运用完全归纳推理进行论证,能有效的确定论题的真实性。需要注意的是,不完全归纳推理的结论超出了前提所断定的范围,前提与结论之间只存在或然性联系,所以即使前提是真实的,结论仍有可能是假的。所以,单独运用不完全归纳推理进行论证,不能完全有效地证明论题的真实性。当然,在运用简单枚举归纳推理进行论证时,如果对论据的选择能做到典型加充分,那么,应该说这样的论证还是具有一定的说服力的。此外,由于科学归纳推理是建立在对事物因果联系认识的基础上,其结论具有较高的可靠性,所以,运用科学归纳推理进行的归纳论证是具有较强的说服力的。

第三节 论证的规律和规则

一、充足理由律

(一) 充足理由律的基本内容

论证必须遵循充足理由原则。在传统逻辑的历史上,曾把"充足理由原则"当做逻辑的基本规律之一。实际上,它并不是逻辑的基本规律,因为它不能很好的适用于各种推理形式。但是,我们在进行正确的论证中却离不开它,因此,把它作为正确论证的一条原则，不仅是必要的，而且是极有意义的。

充足理由律的内容是：在思维论证过程中，要确定一个判断是真的，必须有充足理由，如果没有充足理由，那就是没有论证性。简而言之，即如果使尚在思维中的某事物获得肯定的回答，必须从多方面进行论证，证明其确实可行。

其公式为：A 真，是因为 B 真，并且由 B 能推出 A。其中 A 代表一个判断，B 代表一个或一组判断。

在这个公式中，A 代表论题，B(他可以是一个或一组命题)代表论据，如果 B 是真的，且 B 能够推出 A，那么 B 是 A 的充足理由。也就是说，在一个论证过程中，如果确定这个论题为真，那么这个论证就一定为这个论题提供了充足的理由，即他提供的论据都是真的，并且论据和论题之间存在逻辑关系。相反，如果在一个论证过程中，没有为他的论题提供充足的理由，该论题也就不能真的被确定为真。

充足理由律要求人们的思维要有论证性，即人们提出论题、作出判断都必须有充足的根据。没有充足根据的判断是不可信的。充足理由律是不以人的意志为转移的逻辑规律。例如：

要证明"死者是他杀"为真，可以提出以下几点理由：

① 死者遍体鳞伤，这是自杀所做不到的。

② 致命伤由背后用刀刺入，这不符合自杀的规律。

③ 现场未发现致伤工具，显系凶犯将凶器带走；如果是自杀，现场应有自杀的工具。

这三点理由是真实的，又可以从中必然地推出"死者是他杀"这一论断是真实的。所以，这三点理由对于结论"死者是他杀"的推出就是充足的、充分的。

充足理由律是客观事物因果条件规律的反映。某一断定为真的思想不仅通常与某一事物相对应，同时，它的充足理由与该事物情况存在的充分条件往往也是相对应的。但是，不能把一种论断与其充足理由的关系和事物情况与充分条件的关系混淆起来。一方面，论断与其充足理由之间的关系属于意识领域的命题之间的关系；另一方面，逻辑论断的充足理由并非总是与客观条件相对应的。我们通常所说的"摆事实讲道理"、"以理服人"、"言之有理"、"持之有故"等都体现了充足理由律的要求。

(二) 充足理由律的逻辑要求和常见违反充足理由律的逻辑错误

1. 充足理由律的逻辑要求

充足理由律的逻辑要求主要有以下三点：

(1) 推论以理由充足为逻辑基础，推论只有提出充足理由才是可信的。

(2) 作为推论的判断本身必须是真实的。能够充当充足理由的判断主要有"国家的法律、法令等"、用经验方法确定为真的判断、科学中的公理定义等、利用其他判断证明为真的判断。

(3) 理由与推论之间有必然的逻辑联系，即从理由能够必然的推出要论证的论断。

2. 常见的几种违反充足理由律的逻辑错误

常见的几种违反充足理由律的逻辑错误主要是理由虚假和推不出两种。所谓理由虚假，就是指用作推论理由的判断是虚假的判断；所谓推不出，就是指作为推论理由的判断虽然是真实的，但是与推论之间没有必然的联系，从理由的真推不出论断的真。推不出由包括预期理由、片面理由、表面理由、以人为据、违反推理规则等。

(三) 充足理由律的作用

充足理由律在很多方面都具有重要的作用。其要求人们在提出新的论断时必须以相应的充足理由作为基石，这种崇尚理由反对空谈的精神，为我们在现实中省察任何已有学说、观点和主张，发现谬误，解放思想提供了强有力地支持。

二、论证的规则

一个正确的论证，除了应当了解论证的逻辑结构和种类以外，还必须遵守论证的规则，违反这些规则，相关的论证就会缺乏说服力和论证性。由于论证是由论题、论据、论证方式三个方面所组成的，所以，论证应该从这三个方面建立相应的规则。

(一) 论题的规则

1. 论题必须明确、清楚

论证的根本目的在于确定论题能否成立，即确定论题的真实性，因此论题是论证的中心，清楚而明确的论题是有效论证的先决条件。所谓论题清楚、明确就是指论题所表达的意思必须是清楚、确切的，如果论证的对象含糊不清，那么相应的论证也就难以谈得上严密、具有说服力。

论题是论证过程中论证者要阐明的中心，是其基于对相关问题的认识而形成的断定，一般以命题为表现形式。论题明确清楚主要有以下几个方面：首先，论证者在论证前就应该形成关于论题的清楚、明白的思想意识，并对一定的命题的形式作出断定；其次，用来表达命题的语句不能存在歧义，要清楚、明白；再次，对于命题中所涉及的关键性的概念，在需要的情况下，应加以说明，避免因概念模糊而导致论题不清楚明确。例如：

> 青年人喜欢丰富多彩的生活，比如听听流行歌曲，开开家庭舞会，穿穿喇叭裤，戴戴变色眼镜，我看没什么不可。社会在发展，时代在前进，旧的习惯总要被新的东西所代替，人们的审美观念也在改变。资产阶级的科学技术要学，难道生活方式就是一个"禁区"吗？对这个问题应该用历史唯物主义的科学态度实事求是地进行分析，当然，我并不赞成我们的青年去效仿资产阶级的生活方式。开家庭舞会、穿喇叭裤、戴变色

眼镜毕竟不符合我国的民族风俗习惯，所以，我也不赞成青年们把这一套当作宝贝吸收过来，加以模仿。

这段议论的目的就是表明对穿喇叭裤、听流行歌曲、开家庭舞会和戴变色眼镜应采取什么样的态度，对资产阶级的生活方式又应采取什么样的态度。但就议论本身来看并未达到目的，他的态度似肯定又似否定，使人感觉莫名其妙，是赞成还是反对，态度含糊不清，这就不符合论题清楚明白的要求，犯了论题模糊的逻辑错误。

2. 论题应当始终保持一致

所谓论题始终保持一致，是指在同一个论证中，不管论证过程如何复杂，如何长，论题只能有一个且保持不变，整个论证只能围绕该论题展开，这是同一律对论证的具体要求。违反这一规则，就要犯"论题转移"的逻辑错误。

"转移论题"主要有两种表现形式：

第一，如果在一个论证过程中，不去论证开始提出的论题，而去论证与原论题不同的论题，这就犯了"偷换论题"和"转换论题"的逻辑错误。例如，本来的论题是"吃核桃可以健脑"，而实际论证时却笔锋一转，去论证"吃核桃可以使你的头脑聪明"，很明显这是两个不同的论题，用后者替换前者，就犯了"转移论题"的逻辑错误；第二，用一个与原论题相近的论题替换原有论题，即看上去是同一个论题而实质上是另一个论题，通常表现为"论证过多"或"论证过少"。例如：

违法不都是犯罪。因为违法既可以是违反刑法，也可以是违反民法或者其他法律法规。骑车带人违法了，但并不犯罪，所以违法都不是犯罪。

这样的论证就犯了"论证过多"的错误，本来是要论证"违法不都是犯罪"，结果却扩大了论证的论题范围，实际上论证的变成了"违法都不是犯罪"。在一个论证过程中，如果实际论证的并非论题本身，而是另一个比论题断定较多的命题，就叫做论证过多。又如：

> 有的人本来想论证的论题是"所有的生产关系都是有阶级性的"，但是在论证的过程中只论证了"阶级社会的生产关系是有阶级性的"(即有的生产关系是有阶级性的)。

这一论证就犯了"论证过少"的逻辑错误，因为后者比前者断定得少。在一个论证过程中，如果不去论证本来的命题，而是去论证某个比论题断定较少的命题，就叫做论证过少。

(二) 论据的规则

(1) 论据应当是已知为真的判断，即论据必须是真实的命题

论据是确立论题真实性的根据，在论证中，论题的真实性是从论据的真实性中推出来的，也就是说论题的真实性依赖于论据的真实性来论证。假设论据本是虚假的或者未经证实的，那么，论题的真实性也就得不到论证。违反这一规则，就会出现两种错误，一种是"虚假论据"，另一种是"预期理由"。例如：

> 在科学史上，法国古生物学家居维叶曾在论证他的突变理论时说，从远古以来，地球发生许多次周期性的大突变，每次突变后，生物全部灭绝了，而造物主又重新制造了一批生物，所以化石也都不一样。

可见居维叶的"突变论"中用了虚假论据，即"上帝创造说"，他在论证过程中使用了虚假命题为论据，即"虚假论据"。这种情况就属于存在认识水平的限制，把虚假的命题当做论据；还有的情况是刻意的制造虚假的论据，以达到欺骗人的目的，这也属于"虚假论据"的一种。又如：

> 在"火星上是否有人"的论辩中，有人这样论证，人们用望远镜观察火星，发现有许多有规则的条状阴影，而据有的科

学家说，这就是火星人开凿的运河，所以火星上有人。

这段论证用据说而未经证实的个别材料作为论据，犯了"预期理由"的错误。如果以真实性未确知的判断作为论据，就会犯"预期理由"的逻辑错误，也就是说论据不仅不能是假的，也不能是真假未定的。

(2) 论据的真实性应当限于论题的真实性，不能依赖于论题的真实性来论证

从逻辑上讲，论据的真实性在先，论题的真实性在后，从论据的真实性能够逻辑地论证论题的真实性。在论证中，论题的真实性是从论据的真实性中推出的，是依赖于论据来论证的，所以，如果论据的真实性反转过来又依赖论题的真实性来论证，那就等于在原地兜圈子，什么也没有论证。违反这一规则而产生的逻辑错误，叫做"循环论证"。"循环论证"就是指在论证过程中把论题反过来又作为论据的论据而犯的逻辑错误。例如：

莫里哀的剧作《假病人》中有一位医生，他在回答鸦片为什么能够催眠的问题时说："鸦片烟之所以能催眠，是因为它有催眠的力量。"那么，鸦片烟为什么有催眠的力量？他又回答说，"因为它是鸦片。"

这里，医生犯下了"循环论证"的错误。这样的论证等于原地兜圈子，论题始终得不到有效论证。

(三) 论证方式的规则

在论证中，论证方式是联结论题与论据的桥梁，只有合乎逻辑的论证方式才能保证从论据的真实性可靠地推出论题。论证方式的规则只有一条，就是从论据能够推出论题，所谓从论据推出论题，就是说论据是论题的充足理由，从论据的真实性可以推出论题的真实性。

在实际论证中，如果违反论证方式的规则，就会出现"推不出"

的逻辑错误，主要表现为以下几种形式：

(1) 论证中违反逻辑规律或推理规则

论证的过程需要借助于一定的推理来完成，并符合一定的逻辑规律，如果违反了这些规则、规律就意味着论题其实不是从论据推出的，也就是犯了"推不出"的错误。所以，从论据推出论题时，必须遵守有关的推理规则或要求。例如：

某死者是服砒中毒死亡。因为死者体内有砷的残余物质；

如果死者是服砒中毒死亡，那么其体内就会有砷的残余物质。

在该例中，从论据推不出论题的真实性。因为，论证中充分运用了充分条件直言推理的肯定后件式，而这是违反充分条件直言推理的"肯定后件不能肯定前件"这一规则。

(2) 论据与论题不相干的错误

这种错误，虽然论据也可能是真实的，但是论据的真实性与论题的真实性毫无关系，二者风马牛不相及。这样，从论据的真实性当然推不出论题的真实性。例如：有人说，唐山 1976 年发生大地震，是由于采煤把地下挖空了。因为地下挖空了，沉积在地壳中的岩浆就易于喷发，也就很可能发生大地震。事实上，唐山之所以发生 1976 年大地震，是因为地壳运动所引起，跟采煤是风马牛不相及、毫无逻辑联系的两码事，这就是"论据与论题不相干"的错误。

(3) 论据不充足、不充分的错误

论据不充分，是指在论证过程中，所引用的论据对于推论论题的真实性来说，虽然是必要的，但是不充分的，从论据的真实性不足以推出论题的真实性。如果论题的真实性确立，则还必须补充其他论据，不然就不能推出论题的真实性。例如：

某甲已经年满 18 周岁，他一定享有选举权和被选举权。

在这个例子中，"年满 18 周岁"对于"享有选举权和被选举权"而言，只是必要条件，还不是充分条件，所以，仅有它作为论据是不够的。

(4) 以相对为绝对的错误

以相对为绝对，就是把一定条件下为真的命题视为无条件的、绝对真实的命题而使用，把一定时间、地点、条件下的真实的判断绝对化。例如：

在正常大气压条件下，水的沸点是 100℃，

可见，"水的沸点是 100℃"这个命题为真是有条件的。在实际论证中，如果忽视了这一点，把它作为无条件的命题去论证有关命题，就会犯"以相对为绝对"的错误。

(5) 以人为据的错误

以人为据也是一种"推不出"的错误，就是用某个权威人士或者某个权威人士的观点作为论据而论证论题的真实性。要肯定或者否定一句话，不是说这句话如何符合或者违反客观实际，而是说这一句话是某某权威、某某伟人讲的，或者说讲这句话的人存在什么缺点、错误等，这都是典型的"以人为据"。例如：教会为了证明上帝的存在，把亚里士多德和托勒密提出的"地球中心说"加以神化，并以此来反对哥白尼的"日心说"。他们认为"日心说"违反了亚里士多德和托勒密的"地心说"，违反了宗教信条。这在逻辑上也是犯了"以人为据"的错误。

第四节 反　　驳

一、什么是反驳

反驳就是根据一个或一些真实命题确定某一论证的论题或论据虚假，或者某个论证方式不正确，论证不能成立的思维过程。例如：

牛顿是汞中毒而死的吗？否！汞中毒的临床表现为四肢无力、痛、手指颤抖、口腔发炎、牙齿脱落。但根据《科学美国人》1981 年第 15 期报告：牛顿在他成年后致死的漫长岁月中，只脱落了一颗牙齿；而且，他生前写的各种书稿、信件中，均没有颤抖的迹象，即根本没有汞中毒的反应。

可见，牛顿并非汞中毒而死的。这就是一个反驳，它引用医学上已经证明为真的、有关汞中毒临床特征方面判断，以及关于牛顿生前情况判断的真实性，进而确定了"牛顿是汞中毒而死"这一判断的虚假。

反驳的过程即通常所说的揭露谬论的过程，一个反驳一般由三部分构成：被反驳的论题、用于反驳的论据和反驳的方式。其中，被反驳的论题是指在反驳中被确定为虚假的命题；反驳的论据是指在反驳中被引用来作为反驳根据的命题；在反驳过程中使用的各种推理形式就是反驳的方式。

反驳和论证既有联系又有区别。其联系在于，反驳的作用在于揭露、驳斥谬误，使谬误的东西被人们普遍抛弃；而论证的作用在于，探求、阐明真理，使人们普遍接受，二者是相辅相成的，他们都是人们探求真理、发展真理不可或缺的认识形式和逻辑方法。其不同之处在于，论证是证明一个判断的真实性，而反驳是证明一个论题的虚假性或者不成立。论证的目的是为了追求真理和探索真理，反驳的目的在于揭露谬误，所以论证又称为立论，反驳则成为驳论。但是，从一定意义上来说，反驳也可以看做是论证的一种特殊形式。

二、反驳的种类和方法

根据不同的标准，可以对反驳做出不同的分类。

(一) 反驳论题、反驳论据、反驳论证方式

(1) 反驳论题就是确定对方的论题是错误的，也就是通过反驳

来确定对方论题的虚假性。例如，

　　　所有的科学家都接受过高等教育。

　　这个观点是错误的，因为，事实上有的科学家并没有接受过高等教育。这就是一个反驳论题的例子。

　　(2) 反驳论据就是揭露对方论据的虚假性，也就是确定对方在进行论证时所使用的论据是虚假的或者真假未定的。例如：

　　　木星有卫星，因为所有的行星都有卫星，而木星是行星。

　　这个论证不成立，因为"所有的行星都有卫星"是一个虚假命题，例如金星是行星，它并没有卫星。这个例子正是反驳论据的例子。

　　需要特别说明的是，论据虚假，论题并不一定虚假。因此，在反驳过程中，驳倒了对方的论据并不能确定对方的论题就一定是虚假的。但是，假如确定了对方的论据为虚假，就等于驳倒了对方的论证，因为论题的真实性是由论据的真实性确定的。所以说，如果论据为虚假，那么论题也就失去了依据，论题的真实性也是值得怀疑的。

　　反驳论据的表现形式主要有两种：一种是反驳者仅仅在于反驳对方的论据。反驳者和被反驳者在论题方面不存在分歧，他们之间的争论就在于论据。反驳者反驳论据的主要目的在于说明必须为论题替换其他论据或者是只有反驳者自己提供的论据才是正确的。另一种是反驳者既反驳论据又反驳论题，将二者相结合，将反驳论据作为反驳论题的补充，使得反驳更有力，可信度更高。

　　(3) 反驳论证方式就是揭露对方论证方式的不合乎逻辑性，也就是说指出某一论证犯了"推不出"的逻辑错误。例如：

　　　有些人用建设社会主义过程中犯过错误、出现过曲折等作为论据，来论证社会主义不如资本主义，这是完全站不住脚的。社会主义制度并不等于建设社会主义的具体做法。建设社会主义缺乏经验，走了弯路，犯了错误，并不能得出社会主义制度没有优越性的结论，更得不出社会主义不如资本主义的结论。

这一段话在于说明，有一些人用建设社会主义过程中犯过错误等作为论据论证社会主义不如资本主义，是犯了"推不出"的逻辑错误，这就是反驳论证方式。

同样道理，反驳论证方式并不能确定对方论题的虚假，因为推理形式有可能错误，但是结论却可能是真实的。另一方面，论证方式不正确，论题的真实性也就不能必然被确立，所以，驳倒了论证方式，对方的论题的真实性也就存在怀疑了。

归根结底，反驳的目的在于确定某论题的虚假，所以反驳对方论题是最重要的。但是在实际的反驳中，为了使反驳更有力，人们往往不会采用一种反驳类型，而是根据情况，把不同的反驳类型相结合。

(二) 根据反驳所运用的方法的不同，反驳可分为直接反驳、间接反驳和归谬法

1. 直接反驳

所谓直接反驳，就是通过引用有关论据，直接证明某个命题假，直接推出被反驳命题错误的反驳方法。例如，《战国策·齐策二》上记载这样一个故事：

> 楚有祠者，赐其舍人卮酒。舍人相谓曰："数人饮之不足，一人饮之有余。请画地为蛇，先成者饮酒。"一人蛇先成，引酒且饮之，乃左手持卮，右手画蛇，曰："吾能为之足。"未成，一人之蛇成，夺其卮曰："蛇固无足，子安能为之足。"遂饮其酒。为蛇足者，终亡其酒。

在这个故事中，第二个人反驳第一个人的方式就是直接反驳，他指出，蛇是没有脚的，你怎么能给他安上脚呢？在直接反驳中，可以运用演绎推理来反驳，也可运用归纳推理来反驳。

2. 间接反驳

所谓间接反驳就是通过证明与被反驳的论题相矛盾或者相反

的论题为真，从而证明原论题为虚假的方法。间接反驳是相对于直接反驳而言的。例如：

基督教的教义是把上帝说成全善的，对此，有人提出了世界上总是有邪恶存在这一命题来进行反驳。

面对着"世界上总是有邪恶存在"，我们不得不承认上帝或者是愿意消灭世界上的邪恶，但是他做不到；或者他能够做到，但是他不愿意；或者他既不愿意，也做不到；或者他能做到，也愿意做到。

如果上帝愿意消灭世界上的邪恶而做不到，那么上帝就不是全能的；

如果上帝能够消灭世界上的邪恶而不愿意，那么上帝就不是全善的；

如果上帝既不愿意又不能消灭世界上的邪恶，那么上帝就不是全能全善的；

如果上帝既愿意又能够消灭世界上的邪恶，那么世界上为什么还有邪恶存在？

由此可见，上帝要么是不存在的，要么即使存在也是同人们的生活毫无关系的。

这是一个间接反驳，从上面的反驳中我们可以看到，要反驳的命题是"上帝是全能全善的"，而反驳方式是通过推理证明上帝要么不是全能的，要么不是全善的，要么既不是全能的、又不是全善的。从而反驳了"上帝是全能全善的"这一命题。从上面的反驳过程可以看出，间接反驳的反驳方式是：

反驳：P

设：非P(P与非P是矛盾关系或反对关系)

论证：非P真

所以：P假

3. 归谬法

归谬法又称归谬反驳法，是指为了反驳某个命题，先假定该命题为真，然后由它推出一个或一系列明显荒谬的命题，再运用充分条件假言推理的否定后件式确定被反驳的命题为假。归谬法是反驳中常用的一种逻辑方法。其逻辑结构为：

被反驳命题：P

假设：P 为真

论证：如果 P 真，则 Q

非 Q

所以，并非 P 真

所以，P 为假

运用归谬法的关键是，从假定被反驳的命题是真的出发，最后能得到一个荒谬的结论。这个推理过程主要有两种方式：

(1) 从被反驳的命题出发，推出一个不能成立的虚假命题。例如：

我国古代有一个笑话，甲对乙吹牛皮说："我家有一面很大的牛皮鼓，有二十间房子那么大，敲起来方圆五百里都可以听得到。"乙听了接着说："那有什么稀奇！我家里有头很大的牛，站在山脚下，牛头能直接伸到山顶上吃草。"甲不相信地说："哪有那么大的牛？"乙接着说："没有我家那么大的牛，怎能做你家那么大的鼓？"

这里，乙反驳甲的就是归谬法，如果有二十间房子那么大的鼓，那么必然有站在山脚下头能够伸到山顶吃草的牛，那么也就否定了有二十间房子那么大的牛皮鼓。

(2) 从一个被反驳的命题中推出一个自相矛盾的命题。例如：

古希腊学者克拉底鲁宣称："我们对任何事物所作的肯定或否定都是假的。"亚里士多德对此命题进行反驳说："克拉底鲁的话等于说'一切命题都是假的',而如果一切命题都是假的,那么,这个'一切命题都是假的'命题也是假的。"

这就是运用了这种归谬法的反驳形式。

(3) 从一个被反驳的命题中引出两个相互矛盾的命题。例如:

基督教宣称:"《圣经》里关于耶稣言行的记载都是真实的。"一位研究圣经的德国学者对此进行了反驳。他指出:如果《圣经》里关于耶稣的言行的记载都是真实的,那么《福音书》上说的"任何人的心思耶稣都能及时看透"这是真实的。同样《福音书》上说的"耶稣直到最后才知道有太大将出卖自己"也应该是真实的,而这意味着"有的人的心思耶稣不能及时看透"。

在这个例子中,这位德国学者就是先假定"《圣经》里关于耶稣言行的记载都是真实的"为真,然后由此推导出一对相互矛盾的命题,即"任何人的心思耶稣都能及时看透"和"有的人的心思耶稣不能及时看透"。

归谬法与反证法密切联系又有所不同。反证法通过确定反命题的假,间接确定原命题的真。而在确定反命题时,通常使用归谬法。可以说反证法中蕴涵归谬法,归谬法服务于反证法。其区别在于,首先,反证法的结构要比归谬法复杂;其次,反证法的目的在于确定某一命题为真,而归谬法用于反驳,在于确定某一命题为假;最后,反证法运用的是排中律,由确定反命题的假间接确定原命题的真,而归谬法是根据充分条件假言推理的否定后件式直接推出被反驳命题的假。

三、反驳的规则

如前文所述,反驳可以被看作是论证的一种特殊形式,因此,论证的规则也适用于反驳。如:在反驳时,反驳的命题也应该是明确、清楚的，在反驳的过程中也应该保持统一性；反驳的过程中，反驳的论据也必须是已知为真的命题，其真实性也不能依赖于论题，且论据可以推出论题等。所以说，理解了论证的规则也就理解了反驳的规则，这里就不再重述了。

第五节　谬　　误

一、什么叫谬误

谬误问题作为逻辑学研究的重要内容之一，已经有两千多年的历史。真正意义上的现代谬误理论的发展始于 1970 年，这一年，澳大利亚哲学家和计算机科学家汉布林的《谬误》一书震撼了谬误研究领域。汉布林的批评也是一个富有成效的刺激，在某种意义上，三个重要的理论发展即非形式逻辑、谬误理论和论辩理论都源于汉布林开辟的道路。当前学术界中对谬误有几种不用的解释，主要为广义和狭义之分。

广义的谬误跟真理相对，是指与客观实际不一致的认识，即一般意义上的虚假、错误、荒谬的认识或理论。狭义的谬误是指违反思维规律或规则的议论，特别是指推论中的逻辑错误。本节所讲的谬误，主要是指狭义的谬误。

一个推理和论证要得出真实的结论，要满足两个条件：一是前提真实，二是从前提能够合乎逻辑地推出结论。但前提真实这个条件，涉及命题的实际内容，涉及命题的真实内容，涉及语言、思想和世界的关系，是逻辑管不了的。但前提和结论之间的逻辑关系，却是逻辑应该管也是能够管的。谬误常常出现在前提与结论的逻辑关系上，它是指那些看似正确、具有某种说服力，但经仔细分析之后却发现其为错误的推理或论证的形式。

如果有意识地运用谬误的推理、论证形式去证明某个观点，就是诡辩。德国哲学家黑格尔指出："诡辩这个词通常意味着以任意的方式，凭借虚假的根据，或者将一个真的道理否定了，弄得动摇了，或者将一个虚假的道理弄得非常动听，好像真的一样。"因此，诡辩是一种故意违反逻辑的规律和规则，为错误观点所进行的似是而非的论证。要区分究竟是诡辩还是一般的谬误，需要结合实际情况具体分析，所以，本节只一般地讲谬误，不具体讲诡辩。

二、谬误的种类

根据不同的标准可以将谬误分为两大类。

(一) 形式谬误

所谓形式谬误，就是指逻辑上无效的推理、论证形式，即由于违反逻辑的规则而形成的各种逻辑形式不正确的谬误，如"SAP-PAS""中项不周延""充分条件假言推理从肯定后件到肯定前件""必要条件假言推理从肯定前件到肯定后件"都属于形式谬误。

1. 命题逻辑中的形式谬误

例如：

如果李鬼谋杀了他的侄子，则他是一个恶人；李鬼没有谋杀他的侄子，所以，李鬼不是一个恶人。

这是否定前件式。

李白或者是大诗人或者是唐朝人，李白是举世皆知的大诗人，所以李白不是唐朝人。

这是不正确的选言三段论。

2. 词项逻辑中的形式谬误

例如：

有些政客是骗子，有些骗子是窃贼，所以，有些政客是窃贼。

这是中项不周延谬误。

所有说谎者都是骗人者，有些说谎者不是成年人，所以，有些成年人是骗人者。

这是不正确的肯定或否定谬误。

3. 谓词逻辑中的形式错误

例如：

小强知道鲁迅是鲁迅，鲁迅是生物学家周建人的哥哥，所以，小强知道鲁迅是生物学家周建人的哥哥。

这是不正确的同一替换。

(二) 非形式谬误

所谓非形式谬误，是指一切并非由于逻辑形式上的不正确产生的谬误，如"虚假理由""预期理由""语词歧义""诉诸怜悯""以人为据"等都属于非形式谬误。

1. 语词歧义

语词歧义指由于词义不定而造成的逻辑谬误。自然语言中的词语常常是多义的，或者说语义存在模糊。例如：

凡有意杀人者当处死刑，刽子手是有意杀人者，所以刽子手当处死刑。

这个推理是不成立的，因为刽子手不是一般的"有意杀人者"，其是奉命的"有意杀人者"。

2. 语句构型歧义

语句构型歧义，即由于句子语法结构不确定而产生的一句多义，从而造成逻辑错误。例如：

一位算命先生在给人算卦时说："父在母先亡。"

由于标点不同，这句话就有两层含义：父亲健在，母亲已亡；父亲在母亲前面死亡。如果加上时态因素，这句话就既可以表示对过去的追忆，也可以表示对现实的描述，更可以表示对未来的预测，故而就有六种不同的含义，包含了所有的含义，永远都不会错。

3. 错置重音

错置重音，即同一个句子，由于强调的句子中的部分不同，就会产生不同的意义。例如：

我们不应该背后议论我们的朋友的缺点。

如果将重音放在背后，那么这句话的意思就是我们可以当面议论朋友缺点；如果将重音放在我们的朋友，那么这句话的意思就是我们可以在背后议论其他人的缺点。如果有意利用重读、强调等手法，传达不正确的、误导人的信息，就犯了错置重音的错误。例如：老王是一个好说话的人。如果读三声的好，那就是说老王人很好，很容易说话；如果读四声的好，那就是说老王话多，特别爱讲话。两句话的意思就完全不同。

4. 诉诸无知

诉诸无知是指以证明或者证伪一个命题的无知为根据，而推断该命题的真或假，即以无知为论据而造成的谬误。例如：

甲说："我戒烟了，因为吸烟会得癌症。"

乙说："这还没有被证明，所以吸烟不会得癌症，放心吸吧！"

甲："好吧！那我就点上一支。"

这里，乙凭借"吸烟会得癌症"还没有被证明，即对这一点的无知，而断言"吸烟不会得癌症"，就犯了诉诸无知的错误。

5. 诉诸怜悯

诉诸怜悯就是借助打动人们的怜悯，以诱使他人相信其命题，即以怜悯为论据而造成的谬误。例如：

《水浒传》里的李鬼假冒李逵剪径不成，谎言："小人本不敢剪径，家中因有个九十岁的老母，无人赡养，因此小人单题爷爷大名胡吓人，夺些单身的包裹，赡养老母，其实并不曾敢害一人。如今爷爷杀了小人，家中老母，必是饿杀。"

这一番话说得归家迎母的李逵心动，非但没有杀李鬼，反而倒贴他一锭大银令其改恶从善，上了大当。诉诸怜悯是这样一种谬误，不是正面论证命题，而是用种种方法引起人们的怜悯，从而使别人接受其论题。

6. 诉诸权威

诉诸权威是指在论证的过程中以本人或者他人的权威来论证某一命题，即以权威为论据而造成的谬误。例如：

古罗马的盖伦(公元 130—200)是解剖学的权威。他根据自己对猴子的解剖，断言人的大腿骨也是弯的。后世的许多医家、学者往往照本宣科。他们不屑于操刀解剖，自己高坐论坛，而让助手在台下执棒指点，由仆人执刀，学生们则环绕旁观。当解剖发现大腿骨是直的时，这些医家、学者对盖伦不敢提出一丝一毫的怀疑。那么人的大腿骨为什么是直的呢？他们认为是长期穿紧身裤造成的。

诉诸权威是这样的一种谬误，仅仅引用有权威性的人或者有权威性的书上的话作为论据，以此论证某论题。

7. 诉诸私利

诉诸私利，即把论题的真假和听众的利益混为一谈。例如，指出自己的论题是符合听众的利益的，以此求得听众对自己论题的信任。

8. 诉诸个人

诉诸个人是指论证者本人以自身的各种优势作为论据，或者以个人的言行作为某个论题真伪的标准，诱使他人相信自己的论题。

例如：

父亲说："孩子，吸烟真是有害无益，你一定要坚决戒烟！"

儿子说:"爸爸,你自己吸烟,又怎么能说吸烟有害无益,你自己不戒烟,又怎么能叫我坚决戒烟呢?"

9. 诉诸众人

诉诸众人是指援引众人的意见、见解、信念或者尝试进行论证,也叫以众取证。例如:

甲说:"鬼神是存在的。"乙说:"何以见得呢?"甲说:"因为大家都这么认为,许多人看见过鬼的形象,听到过鬼的声音(错觉、幻觉),书上也记载有许多鬼神的故事(书上记载的不等于事实)。"

甲的论证就犯了诉诸众人的错误。

10. 人身攻击

人身攻击就是反驳别人的观点,不是针对对方的观点而发表观点,而是针对提出该观点的人的出身、职业、长相、地位、道德品质等与论题无直接关系的方面进行攻击。例如:

黑格尔在《谁在抽象地思维》中说道一个很厉害的女商贩。一位德国的女顾客在挑拣了一阵以后,对卖鸡蛋的女商贩说:"你卖的鸡蛋是臭的呀!"这句大实话可捅了马蜂窝,女商贩立刻回敬道:"什么?我的鸡蛋是臭的?你自己才臭呢!你怎么敢这样说我的鸡蛋?你?你爸爸吃了虱子,你妈妈跟法国人相好吧!你奶奶死在养老院里了吧?瞧,你把整幅被单都当成自己的头巾啦!你的帽子和你漂亮的衣裳大概是床单做的吧!除了军官们的情人,是不会像你这样靠打扮来出风头的!规规矩矩的女人多半在家里照料家务的,像你这样的女人只配坐监牢!你回家去补补你袜子的窟窿吧!这一阵倾盆大雨,这一顿狂轰滥炸,直弄得女顾客哑口无言,女商贩的鸡蛋也因而"不臭"了。

除了无中生有的人身攻击,女商贩别无依据,退一步讲,即使你骂的有根据，也还是犯了人身攻击的错误。

11. 混淆整体与部分

混淆整体与部分是指属于部分的性质有些为整体所有，有些不为整体所有，整体所具有的性质，部分也不一定具有。如一台戏的每一部分在艺术上完美，推不出整台戏在艺术上完美。又如，以为某个班是先进集体，该班的每一个同学都是先进分子。

12. 因果倒置

因果倒置，即认为因即是果，果即是因。例如：

希伯莱人观察到健康的人身上有虱子，发烧的人身上没有虱子，便认为，虱子能使人的身体健康。

事实是怎样的呢？当一个人发烧的时候，虱子就觉得不舒服，于是就会离开病人。因此，应该说身体不健康是虱子离开身体的原因。希伯莱人犯了因果倒置的错误。

三、研究谬误问题的意义

有人讲过这样一句话："如果每一种花招都有一个简短、明白、恰当的名字，使得在某个人使用这个花招时，就会马上因此受到反驳，那么，这将是一件大好事。"谬误就好比一种花招，我们研究各种谬误，指出他们错误的实质，并给以适当的命名，使得人们一旦接触到这种谬误，就能够很好地识别它，对谬误的研究，无论是对于理论的研究还是指导实践都具有重要的意义。

(一) 理论意义

谬误的研究有着重要的理论意义，它有助于人们的辩论、表达和交流。但是，人们决不能仅仅满足这一点，还必须能够精确地指出什么是谬误，必须能够分析谬误和解决谬误。研究谬误产生的原因和条件，建立正确的规则，可以使人们在遇到谬误时更好地指出它，并能够揭示谬误产生的根源。

(二) 实践意义

研究谬误的实践意义主要有以下两个方面，一是有助于人们有意识地不进行荒谬的论证，或者在做出荒谬的论证后能够及时发现并改正；二是有助于人们在遇到其他人的谬误时，能够及时大胆地指出，并予以反驳。谬误的研究，可以使人们对谬误从"知其然"到"知其所以然""在某个特殊领域里有知识的人，其职责就是避免在自己的知识范围内进行荒谬的论证，并能够向进行错误论证的人指出谬误所在。这些作用就在于能够给出一个一个理由，并能够抓取到理由"。

思 考 题

1. 什么是论证？论证由哪些要素构成？它和推理的关系如何？
2. 逻辑论证的作用是什么？
3. 论证的种类有哪些？他们各有什么特点？
4. 什么是直接论证？它的特点是什么？
5. 什么是反证法？什么是选言证法？二者有什么联系？
6. 什么是充足理由律？
7. 论证有哪些规则？违反这些规则会犯什么逻辑错误？
8. 什么是反驳？为什么说反驳是论证的一种特殊形式？
9. 什么是归谬法？它与反证法有着什么样的区别和联系？
10. 什么是谬误？研究谬误的意义何在？

练 习 题

一、指出下列论证的论题、论据、论证方式和论证方法

1. "古今中外，任何杰出的发明创造都是和勤奋联系在一起

的。例如：我国明代医药学家李时珍，参考历代医药文献 800 多种，并广泛考察，亲尝百草，历时 27 年才编成医学巨著《本草纲目》；英国达尔文写的《物种起源》，历时 23 年终于在 1859 年完成这部划时代的巨著；我国著名数学家陈景润，20 年如一日，不折不挠地攀摘数学王冠上的明珠(指哥德巴赫猜想)，终于登上了数论的当代高峰。"

2. "并不是所有的社会科学都有阶级性。这一点我们可以从形式逻辑没有阶级性得到证实。因为形式逻辑是一门社会科学。"

3. 辛勤出成果。马克思辛勤劳动，艰苦奋斗四十年，阅读了数量惊人的书籍和刊物，其中做过的笔记就有 1500 种以上，写下了《资本论》；司马迁从 20 岁起就开始漫游生活，足迹遍及黄河、长江流域，并遍阅古籍。汇集了大量的社会素材和历史素材，写下了历史巨著《史记》；德国伟大诗人、小说家和戏剧家歌德前后花了 58 年的时间，搜集了大量的素材，写出了对世界文学界和思想界产生很大影响的长诗《浮士德》；我国年轻的数学家陈景润，在攀登数学的高峰道路上翻阅了国内外上千本有关资料，通宵达旦地看书学习，取得了震惊世界的成就。

4. 古希腊的无神论者伊壁鸠鲁论证了"世界上有灾难和丑恶存在就证明了神的不存在"。他是这样论证的：我们应该承认，神或者是愿意但又不能除掉世间的丑恶，或者能够但又不愿除掉世间的丑恶，或是能够但又愿意除掉世间的丑恶，如果神愿意而不能够除了世间的丑恶，那它就不算是万能的，而这种无能为力是与神的本性相矛盾的。如果神能够而不愿意除掉世间的丑恶，那么就证明了神的恶意，而这种恶意也同样是与神的本意相矛盾的。如果神愿意而又能够除掉世间的丑恶(这是唯一能够适合于神的一个假定)，那么何以在这种情况下，世间还有丑恶呢？

5. 物质世界里有十足成色的金子吗？没有，金无足赤。所谓纯金，目前最高能达到百分之九十九点九九九九；纯银、纯铜等"纯"

字号的金属，也不是百分之百的纯。其他经过化学提纯的产品的纯度也是有限的，即使是"高纯"或"超纯"的物质，像单晶硅，也还有杂质。至于清水，也含有不少溶解了的铁、钙等金属离子和氯等非金属离子。就是蒸馏水，也还有不少杂质离子。当水中的杂质离子达到极微量的时候，称为"电导水"，它还是有杂质的。人类通过实践证明，没有百分之百纯的物质。

6. 科学是无禁区的。科学是人们在社会实践基础上对客观世界的日益正确的反映，是关于客观世界及其规律性的知识体系，它随着社会实践的发展而不断发展。因此，凡是社会实践所涉及到的客观世界的一切领域，都需要科学去探索它、研究它。自然科学和社会科学，就是人们在对自然和人类社会探索的过程中，不断发展起来的。科学研究如果有禁区，就等于承认客观世界有不许接触、不能探索、不可认识的领域，这就是一种不可知论，就是蒙昧主义。斯大林说得好："科学所以叫做科学，正是因为它不承认偶像，不怕推翻过时的旧事物，很仔细地倾听实践和经验的呼声。否则，我们就根本不会有科学，譬如说，不会有天文学，而直到现在还会信奉托勒密的陈腐不堪的地心宇宙体系说了；那我们就不会有生物学，而直到现在还会迷信上帝造人的神话了；那我们就不会有化学，而直到现在还会相信炼金术士的预言了。"（《列宁主义问题》第594页）

7. "人的正确思想是从哪里来的？只能从社会实践中来。人的正确思想要么是头脑里固有的，要么是从天上掉下来的，要么是从社会实践中来的。人的正确思想是头脑里固有的，这是主观主义者的说法。人的正确思想是从天上掉下来的，这是客观唯心主义者的说法。无数科学知识表明，这两种说法是错误的。因此，人的正确思想只能从社会实践中来。"

8. 我们不得不承认上帝或者愿意扑灭世界上的邪恶，但他做不到；或者他能够做，但是他不愿做；或者他既不愿做，又做不到；

最后，或者他既愿意做，又做得到。如果上帝愿意做，但做不到，这就不符合"上帝是全能的"这个宗教观念了；如果上帝虽然可以做得到，但他不愿做，这就不符合"上帝是全善的"这一宗教观念了，这只能证明上帝的意志是邪恶的；如果他既不愿意，又做不到，这当然同上帝的"全能、全善、全智"的本性根本不相符；如果他既愿意做，同时又做得到，那么在世界上为什么还有邪恶的存在？这只能证明一个问题：如果真的有什么上帝存在的话，那么这个上帝同世界、同人的生活并没有丝毫的关系。

9. 如果人们滥用滴滴涕，那么它就向周围的地面和大气扩散开。如果它向周围的地面和大气扩散开，那么它就会随雨水降流到江、河、湖、海中。如果它随雨水降流到江、河、湖、海中，那么浮游生物吞食后就积蓄在体内。如果浮游生物吞食后积蓄在体内，那么吞食浮游生物的鱼类就在体内积蓄较高浓度的滴滴涕。如果吞食浮游生物的鱼类在体内积蓄较高浓度的滴滴涕，那么长期食用这些鱼类的人体会发生病变(水鸟、海鸟也是如此)。所以，如果人们滥用滴滴涕，那么长期食用某些鱼类的人体就会发生病变。

10. 现代自然科学从文艺复兴前的自然哲学脱胎出来时，既没有科学院，也没有研究所，人们从事科学研究都是在自己职业之外进行的。请看以下的事实：被称为科学巨人的达·芬奇，是弗朗西斯一世的臣子，他的业余研究无所不包，他不仅是画家、雕塑家，而且也是工程师、建筑师、物理学家、生物学家和哲学家。哥白尼是波兰大主教的秘书和医生，天文学是他的业余爱好，他临终时出版的《天体运行论》，是具有划时代意义的天文学著作。开普勒是天体力学和现代实验光学的奠基人，他提出的行星运动三定律，成了牛顿天文学的基础，但他的正式职业却是个编辑。伽利略的职业起初是大学教员，后来任佛罗伦萨的大公爵的首席供奉，他首次提出了"质量"的概念，并创立了"电"这个名称。军官笛卡儿把变量引入数学，提出了运动守恒。外交官莱布尼茨发现微积分，在哲学、物理学、化学、机械、生物、医学等领域都有不少创见。

以上这些科学巨匠是十六、十七世纪首屈一指的主要科学家，正是他们打下了今天自然科学发展的基础。十八世纪以后，自然科学进入日趋专业化和精密化的大发展时期。但是，就是这时候，一大批科学家也恰恰是在业余研究时期做出了重要的贡献。十九世纪三大发现之一的能量守恒和转化定律，是由四个人各自独立地提出来的。他们在这个问题上都是业余研究者：焦耳是酿酒商，迈尔是医生，赫尔姆霍茨是生物学教授，格罗夫是律师。生物进化论的先驱者之一拉马克开始时是军官，后来又是银行职员。达尔文开始学医，以后又学神学。现代遗传学的奠基人孟德尔的职业是牧师，最后又当了修道院长。乡村教员道尔顿把原子论的观念应用到化学研究上取得了科学史上的重大进展。氧的发现者和现代化学的奠基人拉瓦锡，学历上得到的却是法学学位。发现磁能生电，从而使电力时代降临人间的，是曾经以订书学徒为职业的法拉第。功勋卓著的化学家戴维，也是学徒出身，业余起家。这些伟大的科学家的伟大成果，都是在业余研究中获得的。从以上的事实，我们可以得出这样的结论：业余研究也能出第一流的科学成果，出第一流的人才。

11. 人类所认识的客观事物。从宇观天体到微观粒子，都具有一定的结构。太阳系的九大行星和小行星，为什么都在自己固定的轨道上运动，每时每刻，每个星体都各处于一定的位置上，这是因为由它们所组成的太阳系的整体是一个有序结构。而在银河系中，太阳系又是这个大系统中的一个要素。银河系是一个约有 1500 亿颗恒星和大量星云所组成的恒星系，各层次之间同样不是杂乱无章，而是有其一定结构的。银河系中心区的球形部分称为银核，周围有旋臂，是一个由恒星组成的扁平圆盘，所有恒星都按照自己的轨道和速度运动着。不仅宏观天体存在一定的结构，而且微观物质也有其内部结构。原子也是一个系统，它包含着复杂的内部结构，是系统的无限层次中的一级结构。原子中又存在着质子、电子、中子，这些并称为基本粒子。在宇宙射线和高能原子实验中发现的各种基本粒子达三百多种。现代基本粒子的研究又表明基本粒子确实不"基本"，同样是有结构的，故不再称"基本粒子"，而只称"粒子"。处于宏观天体与粒子中间的地球、生物以至分子等这些不同层次的系统，都无例外地存在着一定的结构。

12. 有个袋子里有绿、蓝、红三种颜色的玻璃球 100 只。求证：这些玻璃球中至少有一种颜色的玻璃球不少于 34 只。证明：设"这些玻璃球中至少有一种颜色的玻璃球不少于 34 只"是假的。如果它是假的，那么，这三种颜色的玻璃球相加之和最多只有 99 只，这样，就同给定的条件有矛盾。因此，上述假设是不能成立的。根据排中律，可以证明论题是真的。

13. 巴基斯坦的故事影片——《人世间》，成功地塑造了拉基雅这个典型形象。她在那冷酷的社会里，受尽了人世间的各种折磨和痛苦。人们看过影片，对她无不给以深切的同情，对她的命运给以无比的关注。在影片中，拉基雅的丈夫恶贯满盈，最后被人枪杀。凶手难道是拉基雅？拉基雅是开了枪的呀！老律师曼索尔把这个善良的妇女从绝境中解脱出来。这位正直的律师根据充分的理由证明了她不是杀死她丈夫的凶手，她是无辜的。曼索尔是这样证明的：如果拉基雅是凶手，那么，她手枪中的五颗子弹最少必有一发打中了她的丈夫，而现在经过现场检查，她手枪中的五发子弹都打在对面的墙上，打在墙上，当然没有打中她丈夫。再有，如果拉基雅是杀死她丈夫的凶手，那么，子弹一定是从正面打进她丈夫的身体的，因为拉基雅是面对面地对她丈夫开的枪。但是，经过法医检查，尸体上的子弹是从背后打进去的。

14. 法律是有阶级性的。因为迄今为止的人类历史的全部法律都是有阶级性。奴隶社会的法律是为维护奴隶主的利益，巩固奴隶主统治服务的；封建社会的法律是为维护封建主义的利益，巩固封建地主阶级的统治服务的；资本主义社会的法律是为维护资产阶级的利益，巩固资产阶级的统治服务的；社会主义的法律是为维护无产阶级、劳动人民的利益，巩固无产阶级专政服务的。而上述种种法律是人类社会历史的全部法律，都有鲜明的阶级性。

15. 对待历史文化遗产应采取批判继承的态度。对待历史文化遗产的态度，要么是全盘继承，要么是虚无主义，要么是批判继承。全盘继承，不分精华和糟粕，不能推陈出新，不利于文化的发展，这种态度是不可取的。虚无主义，割断了历史，违背了文化发展的规律，同样不利于文化的发展。只有批判继承，去其糟粕，取其精华，才能促进文化的繁荣。

16. 人的正确思想是从哪里来的？是从天上掉下来的吗？不是。是自己头脑里固有的吗？不是。人的正确思想只能是从社会实践中来，只能是从社会的生产斗争、阶级斗争和科学实验这三项实践中来。

17. 搞四个现代化，需要勤奋好学、老老实实的好作风。不管做什么事情，都要有一个老老实实的态度。不懂就是不懂，不能装懂。在四个现代化的过程中，会出现许多我们不懂的东西。不懂怎么办？承认就是了，承认不懂，才能从不懂变懂；承认不会，才能从不会变会。装，只能使自己永远是个外行，永远不懂，永远无知。当然转化是有条件的。这条件，就是靠干和学。勤勤恳恳地学，老老实实地学，努力使自己从门外汉变成有知识、懂技术、会管理的内行。如果不是这样，而是靠装混日子，长此下去，时间就会将你的军，群众就会将你的军，马脚就会越来越多，终将在新的征途上落伍，这个危害可就大了。

18. 教师就应当受到社会的尊敬，因为教师是人类文化的传播者。如果没有教师，如果教师受不到社会应有的尊敬，人类的文化知识财富就无法继承。

19. 我们要大力发展教育事业。因为，如果要发展国民经济，就要大力发展教育事业，而发展国民经济是我们的最终目的。

20. 从前，有个生逢乱世的雅典青年打算谋个职位，但他的母亲阻拦他说："一个人不管怎样做，都将徒劳无益，而且总是自食苦果。因为，如果你正直，那么世人会诋毁你；如果你不正直，神明会惩罚你，你不论怎么做，或者正直，或者不正直，结果或是受人的诋毁，或是受到神明的惩罚，总之，徒劳无益。"

21. 一个逻辑证明的错误，或是由于论题方面的原因，或是由于论据方面的原因，或是由于论证方式上的原因。这个逻辑证明的错误，既不是由于论题方面的原因，也不是由于论据方面的原因。所以，这个逻辑证明的错误是论证方式上的原因。

二、指出下列反驳中被反驳的论题、反驳的论据和反驳的方式。

1. 有位美国的参议员对逻辑学家贝克尔说："所有的共产党人都反对我，你反对我，所以你是共产党人。"贝克尔却答道："亲爱的参议员先生，你的推论真是妙极了！如果你的推论能够成立，那么，下面的推论也能成立：所有的鹅都吃白菜，您也吃白菜，所以，您是鹅。"

2. 有人说，自然科学是有阶级性的。这是胡说，自然科学研究的对象是自然界，它的理论、观点、学说、定理以及一切的法则，都是自然运动规律的质的联系的反映，因此，就自然科学本身来说，是没有阶级性的。如果自然科学有阶级性的话，那么无产阶级和资产阶级关于使用电灯的原理和技术应该截然不同，显然这是及其荒唐的。

3. 有人认为"所有语句都表达判断"，这是不对的。因为凡判断都有所肯定或有所否定；而所有的语句，如纯疑问句则既无肯定也无否定。可见，有的语句不表达判断。

4. 有人感叹曰：中国人失掉自信心了。

……我们有并不失掉自信心的中国人在。

我们自古以来，就有埋头苦干的人，有拼命硬干的人，有为民请命的人，有舍身求法的人，这一类的人们，就是现在也何尝少吗？他们有自信、不自欺；他们在前仆后继的战斗，不过是总在被摧残，被抹杀，消失于黑暗中，不能为大家所知道罢了。说中国人失掉了自信心，用以指一部分人则可，倘若加于全体，那简直是污蔑。

5. "有人认为社会主义精神文明建设不需要以共产主义思想为核心，这是不对的。如果忽视以共产主义思想为核心，人们对社会主义的理解就会陷入片面性，就会使人们的注意力仅仅限于物质文明建设，甚至仅仅限于物质利益的追求。"

6. "有人说，生产关系是阶级关系，这种观点值得商榷。原始社会的生产关系就不是阶级关系，而原始社会的生产关系也是生产关系啊！可见，有的生产关系不是阶级关系。"

7. "还是杂文时代，还要鲁迅笔法。"鲁迅处在黑暗势力统治下面，没有言论自由，所以用冷嘲热讽的杂文形式作战，鲁迅是完全正确的。我们也需要尖锐地嘲笑法西斯主义、中国的反动派和一切危害人民的事物，但在给革命文艺家以充分民主自由、仅仅不给反革命分子以民主自由的陕甘宁边区和敌后的各抗日根据地，杂文形式就不应该简单地和鲁迅的一样。我们可以大声疾呼，而不要隐晦曲折，使人民大众不易看懂。如果不是对于人民的敌人，而是对于人民自己，那么，"杂文时代"的鲁迅，也不曾嘲笑和攻击革命人民和革命政党，杂文的写法也和对于敌人的完全两样。对于人民的缺点是需要批评的，我们在前面已经说过了，但必须是真正站在人民的立场上，用保护人民、教育人民的满腔热情来说话。如果把同志当作敌人来对待，就是使自己站在敌人的立场上去了。我们是否废除讽刺？不是的，讽刺是永远需要的。但是有几种讽刺：有对付敌人的，有对付同盟者的，有对付自己队伍的，态度各有不同。我们并不一般地反对讽刺，但是必须废除讽刺的乱用。

8. 发展科学技术，从而促进生产的高速度发展，还被"四人帮"斥为"科学救国论"。什么叫"科学救国论"？我们都知道，在旧中国，如果不首先推翻国民党的反动统治，而空谈"科学救国"，那是一种实际上维护反动统治的骗人口号。但在无产阶级掌握政权以后，要振兴工农业，发展科学技术来建设我们社会主义国家，这同"科学救国论"是性质根本不同的两回事。如果我们按照"四人帮"的那套搞下去，把专业科技机构都取消，把实验室和中间试验厂都拆散，把科技人员都撵走，对科学技术实行专政，连知识也要"统统忘掉"，否则就是"知识越多越反动"，那么，只有任何科学也不研究，什么知识也没有，回到穴居野处的时代，再从人回到猿，才合乎他们的"理想"。正如恩格斯揭露的蒲鲁东分子所主张的那样：即使"我们会丧失千分之九百九十九的生产能力，整个人类会陷于极可怕的劳动奴隶状况，饥饿就要成为一种常规，那也没什么了不起"。这不正是"四人帮"想给人民安排的"命运"，想使国家走的"前途"吗!?

9. 1961 年，一个资本主义国家的记者以挑衅性的口吻问周总理：中国人口这么多，是否对别国有扩张领土的要求？周总理反驳说："你似乎认为一个国家向外扩张，是由于人的过多。我们不同意这种看法。英国的人口在第一次世界大战以前是四千五百万，不算太多，但是，英国在很长的时期内曾经是'日不落'的殖民帝国。美国的面积略小于中国，而美国的人口还不到中国人口的三分之一，但是美国的军事基地遍于全球，美国的海外驻军达一百五十万人。中国人口虽多，但是没有一兵一卒驻在外国的领土上，更没有在外国建立一个军事基地。可见一个国家是否向外扩张，并不决定于它的人口多少。"

10. "从来的文艺作品都是写光明和黑暗并重，一半对一半。"这里包含着许多糊涂观念。文艺作品并不是从来都这样。许多小资产阶级作家并没有找到过光明，他们的作品就只是暴露黑暗，被称为"暴露文学"。还有简直是专门宣传悲观厌世的。相反地，苏联在社会主义建设时期的文学就是以写光明为主。他们也写工作中的缺点，也写反面人物。但是这种描写只能作为整个光明的陪衬，并不是所谓"一半对一半"。

11. 有一天，英国大作家萧伯纳遇到一个肥头胖耳的神父。这个神父用目光上下打量着瘦骨伶仃的萧伯纳，然后说："萧伯纳先生，看你这副模样，真叫人以为英国人都在挨饿呢！"萧伯纳反驳说："尊敬的神父，看你这副模样，人们一下子就明白，这苦难的根源，就在你们这种人身上啊！"

三、指出下列反驳的结构，并指出反驳的种类。

1. 有人说逻辑也有阶级性，这种观点是不对的。如果逻辑有阶级性，那么历史上和现实中就应当有农民阶级的逻辑与地主阶级的逻辑之分、无产阶级的逻辑与资产阶级的逻辑之别。然而事实并非如此，逻辑对任何阶级都是一视同仁的。

2. 革命的发生是由于人口太多的缘故吗？古今中外有过很多革命，都是由于人口太多吗？中国几千年以来的多次革命，也是由于人口太多吗？美国一百七十四年以前的反英革命，也是由于人口太多吗？艾奇逊的历史知识等于零，他连美国独立宣言也没有读过。华盛顿杰斐逊们之所以举行反英革命，是因为英国人压迫和剥削美国人，而不是什么美国人口过剩。中国人民历次推翻自己的封建王朝，是因为这些封建朝廷压迫和剥削人民，而不是什么人口过剩。俄国人所以举行二月革命和十月革命，是因为俄皇和俄国资产阶级的压迫和剥削，而不是什么人口过剩，俄国至今还是土地多过人口很远的。蒙古土地那么大，人口那么稀少，照艾奇逊的道理是不能设想会发生革命的，但是却早已发生了。

四、指出下列论证有何逻辑错误。

1. 这个正在和人谈话的年轻人，一定是个医学院的学生，你看他对许多西药、中药的名称多熟悉。

2. 被告人陈某某被指控有杀人罪行，理由是：第一，被害人是在库房值班室被害，而陈某某昨夜曾去过库房值班室；第二，被告人的外衣上有血迹；第三，曾看到被告人家中有匕首，而被害人证实被匕首刺死的。

3. 被告人自己也承认，归其所有的财产中，绝大部分都是用自己的钱购置的。现在发生争议的这间房屋确系祖传，并非被告人自己的钱购置，因此，这间房屋理应不归被告所有。

4. 原告刘××将自己的房屋卖予被告人齐××迄今已近 10 年。虽然双方于 1974 年买卖房屋时就曾立约，但此契约应视为无效。因为原告当时并非出自自愿。何以见得呢？正如双方都已谈到的，自 1980 年以来，原告要求被告退还房屋或增加购房款，已同被告发生了多次纠纷，今天还告到法庭上来了。试问，如果原告当时出售房屋是自愿的，怎么还会在几年后发生这些纠纷呢？既然现在发生了多次纠纷，足见当时并非自愿。既然不是出于自愿，原立契约当然应视为无效。

5. 小孩不宜吃味精。因为据说味精中所含的氨基酸要影响大脑的发育，而且，我邻居家那个小孩大概就是因为经常吃味精的缘故，现在快四岁了，还是智力低下。可见，小孩吃味精确实不好。

6. 自然科学是有阶级性的，因为：第一，自然科学就是自然哲学，而哲学是有阶级性的；第二，自然科学是上层建筑，而上层建筑是有阶级性的。

7. 有一年，某省中专入学考试的数学题目中，有这样一道题目："有一个三角形，它的三条边分别为 3 厘米，4 厘米，5 厘米。请问：这是什么三角形？"

许多考生都知道这个是直角三角形。不少考生是这样论证的：从毕达哥拉斯定理中得知，凡是直角三角形都是斜边的平方等于其他两边平方之和；这个三角形的斜边平方等于其他两边平方之和；所以，这个三角形是直角三角形。

8. 某人的话是不会错的，因为据他说是听他爸爸说的，而他爸爸是一个治学严谨、受人尊敬的、造诣很深的、世界著名的数学家。

9. 某高中即将举行春季运动会,校长办公室在布告栏里张贴了一个通知:本校全体师生员工必须参加运动会的开幕式。

在布告栏前,小孙发表议论说:我们学校的运动会是一个学校的运动会,如果一个学校的运动会要一个学校的全体人员参加开幕式,那么,奥林匹克运动会是全世界的运动会,就该让全世界的所有人都参加开幕式,而这是不可能的,因此,我们学校的全体人员都参加开幕式也是不必要的。

10. 小李和小刘两人都非常喜欢辩论。有一天,他们在路上相遇,不知为什么马上辩论起"爸爸和儿子哪一个更聪明的问题"。他们的论证如下:

小李:我可以证明儿子一定比爸爸聪明,因为电灯是爱迪生发明的,而不是爱迪生的爸爸。

小刘:恰恰相反,这个例子只能证明爸爸比儿子聪明,因为发明电灯的是爱迪生,而不是爱迪生的儿子。

11. 我们为什么不能避免自我改造,因为避免自我改造是不好的,为什么避免自我改造不好呢? 因为一个人怎么有理由避免自我改造呢?

12. 我两次看见他从这个学校里走出来,才知道这位热心帮助病人的老大爷,原来是这个学校的门卫。

13. 在法律面前人人平等。无论是谁,只要触犯了法律就应当受到法律的制裁。如果不是这样,某些人就会借手中的权利胡作非为。有的干部带头搞不正之风,损公肥私,使不正之风愈演愈烈。要纠正这种不正之风,首先要搞好党风,特别是党内各级领导干部更应以身作则。为政要廉洁、办事要公道。党风正派了就会带动整个社会风气的好转。当然,党外的同志也应自觉纠正和抵制不正之风,那种你搞我也搞的态度是不对的。

五、指出下列各段议论中的谬误，并分析其实质和种类。

1. 某人的哲学不值一言。因为他曾经因接受过不正当馈赠，而被免除一切官职。

2. 王安石之子王元泽自幼聪明，数岁时，有一位客人用一只笼子装一只獐(鹿科动物，无角)与一只鹿敬献。客人问王元泽："你说哪一只是獐，哪一只是鹿？"王元泽不认识，想了一下说："獐旁边是鹿，鹿旁边是獐。"

3. 顾某对何某说："您的姓是荷花的荷？还是河水的河？"何某对顾某说："您的姓是坚固的固？还是故旧的故？"

4. 种瓜得瓜，种豆得豆。所以，春天种5美元一蒲式耳玉米，秋天将收获5美元一蒲式耳玉米。

5. 亚里士多德发现每次把装满了米、麦的口袋放在墙角，过一段时间就有老鼠出现，于是说老鼠是米、麦变的。

6. 一个漂亮的女人怀孕后，对他丑陋的丈夫抱怨道："要是孩子像你，你实在是该诅咒的。"丈夫回答："要是孩子不像我，你才是该诅咒的呢！"

7. 有一艘船，一启航，船长就同大副闹翻了。大副爱喝酒的癖好加剧了二人的对立。因为船长严禁船员喝酒。大副的过失招致船长不断地教训，而这又使大副喝酒更加厉害。数次警告之后，一次大副喝得比平时还多，船长遂把此事记入航海日志："大副今天喝醉了。"后轮到大副记航海日志，发现船长的记录，担心被船主解雇，于是请求船长把这句话删去，遭拒绝。大副沮丧中苦思一计，在航海日志中写道："船长今天没有喝醉。"

8. 某航空公司的广告说："乘飞机比乘汽车安全。因为飞机平均飞行1亿公里才死一个人，而汽车平均开行5000万公里就死一个人。请乘飞机旅游吧！"某汽车公司的广告说："乘汽车比乘飞机安全。因为汽车平均开行200万小时才死一个人，而飞机平均飞行20万小时就死一个人。请乘汽车旅游吧！"

9. 一位律师为被告陈某辩护说："你们看他有如此美丽温柔的妻子和讨人喜欢的女孩，他会去诱拐别人的孩子吗？"

10. 张某说："天是圆的，地是方的。"李某说："你怎么知道？"张某说："嘿！大家都这么说！"

11. 甲地公安局一年的抓获人贩数高于乙地公安局的抓获数，所以，甲地的每名民警抓获的人贩数高于乙地每名民警抓获的人贩数。

12. 学生蒋某的逻辑学成绩没考好，他找到老师说："如果您给我判不及格，我的奖学金就没了。"

13. 公共汽车的耗油量大于小汽车。因为一辆公共汽车耗油量大于一辆小汽车。

14. 两位哲学家想探讨醉酒的原因，于是二人一起去酒馆喝酒。第一夜喝了威士忌和水，第二夜喝了白兰地和水，第三夜喝了伏特加和水，三夜都喝得酩酊大醉。既然三次都喝了水，并且都醉了，于是认为喝水是醉酒的原因。

15. 老师对一名学生家长说："您应该好好为您孩子洗个澡了。没有一个同学愿意和他坐在一起，谁也忍受不了！"家长说："这关您什么事？我把儿子送到您这里来是为了让他学习，而不是让您闻他，他又不是玫瑰！"

16. 张三：我们电影和电视节目中的暴力镜头越来越多。现在是我们做出明智反应的时候了。但我们的报纸和其他媒体上充分报道公众的担忧，能激励人们对连续不断地接触这种镜头的短期和长期影响进一步研究。如果研究表明它会危害社会和人们特别是未成年人的心理，我们就可以向影视业强烈呼吁，要求他们加强自律。我们的心理和我们的社会都是脆弱的，因此这种镜头的危险是极大的。

李四：目前根本不必大惊小怪。首先，并不是所有的暴力应该使我们感到不安，特别是当我们的节目通过让坏蛋得到应有的惩罚来歌颂正义时。此外，据我所知，音像制品带来的心理和社会影响充满了如此众多的不确定因素，因此我们在敲响警钟并提议进行扫荡前，首先务必更好地了解"什么会产生什么"。如果说目前社会中的暴力才是问题的所在，那么先让我们关心像贫穷、就业和教育等根本的社会问题吧。

综 合 题

1. 我国古代有则断案故事，大意是：

妻子杀死丈夫，再放火烧掉房子，诡称丈夫被烧死。夫家怀疑，告到官府，死者之妻不服。主审官取来两头情况相同的活猪，一口先杀死，一口不杀，再一同放在柴草上烧。他发现，活猪被烧死时大口呼吸而死后在口鼻内留下大量烟灰，先杀后焚烧的猪的口鼻内无此现象。所以他认为死者口鼻内留下的大量烟灰是猪被活活烧死而滞留下来的物质。由此他推想，人若是被火烧死也会在口鼻内留下大量的烟灰，因而断定死者不是被火烧死，而是死后被焚。经过审讯，死者之妻终于服罪。

在这个案件的审理中，主审官用了哪几种推理来证明"死者是死后被焚"这一论题的真实性的？

2. 有一位被告人因抢劫赌资而被起诉。在法庭上，被告人辩称，他抢的是赌博的赃款，所以不具有社会危害性。

对于这样的狡辩，公诉人义正言辞地说："如果抢劫赌资不具有社会危害性，那么推而广之，任何人都可以用刀顶着赌徒的胸膛，甚至使其一命鸣呼，赌徒的生命可以不受法律保护吗？同理，犯罪所得的赃款任何人都可以毫无根据地将其据为私有，甚至可以非法取之，甚至犯罪分赃也不是具有社会危害性的犯罪行为，而是应该依法保护的'按劳分配'了？"

被告人没有再胡搅蛮缠，只得认罪伏法。

公诉人采用了哪种反驳方法有力的驳倒了被告人的观点？

参 考 文 献

[1] 王海传，等. 普通逻辑学. 北京：科学出版社，2009

[2] 白庆祥，韦淑梅，高家方. 逻辑学基础. 北京：警官教育出版社，1994

[3] 王莘. 逻辑. 北京：北京大学出版社，2009

[4] 贺志明，罗旭，禹明华. 普通逻辑教程. 长沙：中南大学出版社，2006

[5] 文颖丰，史晓斌. 实用逻辑. 北京：中国人民公安大学出版社，2009

[6] 郭桥，资建民. 大学逻辑导论. 北京：人民出版社，2003

[7] 史平. 案例中的逻辑. 上海：上海大学出版社，2005

[8] 刘锦方，梁彪，黄奕显，梁庆寅. 普通逻辑应试读本. 2 版. 广州：中山大学出版社，2003

[9] 普通逻辑编写组. 普通逻辑. 5 版. 上海：上海人民出版社，2010

[10] 金岳霖. 形式逻辑. 北京：人民出版社，1979

[11] 何向东. 逻辑学教程. 北京：高等教育出版社，2004

[12] 宋文坚. 逻辑学. 北京：人民出版社，1998

[13] 陈波. 逻辑学导论. 北京：人民大学出版社，2003

[14] 陈波. 逻辑学是什么. 北京：北京大学出版社，2002

[15] 中国人民大学逻辑教研室. 逻辑学. 北京：中国人民大学出版社，2002

[16] 周礼全. 逻辑—正确思维和成功交际的理论. 北京：人民出版社，1994

[17] 孙仁生，任书来，林新年. 普通逻辑原理. 大连：大连理工大学出版社，1997

[18] 张绵厘. 实用逻辑教程. 北京：中国人民大学出版社，2004

[19] 陈波. 逻辑学概论. 北京：北京师范大学出版社，2007

[20] 巨朝军，丁文方. 形式逻辑教程. 济南：山东教育出版社，1987

[21] 中国人民大学哲学系逻辑教研室. 逻辑学. 北京：中国人民大学出版社，2002

[22] 诸葛殷同，张家龙. 形式逻辑原理. 北京：社会科学文献出版社，2007

[23] 陈波. 逻辑学导论. 北京：中国人民大学出版社，2002

[24] 郭桥，资建民. 大学逻辑导论. 北京：人民出版社，2003

图书在版编目(CIP)数据

逻辑学教程/王建伟，陆媛主编.
—西安：西安电子科技大学出版社，2014.9(2023.7 重印)
ISBN 978–7–5606–3514–9

Ⅰ.① 逻…　Ⅱ.① 王…　② 陆…　Ⅲ.① 逻辑学—教材
Ⅳ.① B81

中国版本图书馆 CIP 数据核字(2014)第 208906 号

策　　划　毛红兵
责任编辑　阎　彬
出版发行　西安电子科技大学出版社(西安市太白南路 2 号)
电　　话　(029)88202421　88201467　　邮　　编　710071
网　　址　www.xduph.com　　　　　　电子邮箱　xdupfxb001@163.com
经　　销　新华书店
印刷单位　广东虎彩云印刷有限公司
版　　次　2023 年 7 月第 1 版第 7 次印刷
开　　本　850 毫米×1168 毫米　1/32　印　张　10.25
字　　数　250 千字
定　　价　29.00 元
ISBN 978–7–5606–3514–9/B

XDUP 3806001–7

如有印装问题可调换